실패를
통과하는
일

일러두기

1. 본문에 포함된 인용문 중 미처 수록 허가를 받지 못한 내용은 추후 관련 절차에 따라 진행하겠습니다.
2. 저자가 창업한 회사의 사내 문화와 소통 방식에 따라 본문에서는 회사를 '팀'으로, 구성원은 '이름'으로 표기했습니다.
3. 등장하는 인물들은 해당 시점의 직함을 기준으로 기재했으며, 현재와는 다를 수 있습니다.

실패를
통과하는
일

비전, 사람, 돈을
둘러싼
어느 창업자의 기록

박소령 지음

전에는 자세한 내용을 생략해야
사람들이 더 공감할 거라고 생각했어요.
하지만 지금은 생각이 달라졌어요.
제가 더 깊은 속내를 보여줄수록
사람들도 더 깊은 속내를 알게 됐다고 느끼니까요.
그렇게 우리 모두 중요한 무언가를 나누었다고 느끼게 되니까요.

_**테일러 스위프트**, 《**테일러 스위프트**》

프롤로그

끝에서 다시 쓰는 시작

사직서에 도장을 찍던 순간

2024년 8월 23일 금요일 오후 2시, 나는 사직서를 썼다. 대표이사가 퇴사할 때는 사인이 아니라 개인인감을 찍어야 하고, 개인인감증명서까지 제출해야 한다는 사실을 처음 알았다. 한 장짜리 사직서에 적힌 내 이름 옆에 도장을 꾹 눌러 찍으며 만감이 교차했다. 10년 동안 회사와 나를 한 몸으로 묶어두었던 무거운 쇠사슬이 뚝 끊어지는 순간, 그토록 바라던 자유를 얻어 한없이 기쁘면서도 동시에 진한 슬픔을 느꼈다. 내가 만든 회사를 인수한 대표님이 그동안 정말 고생 많았다고 말씀하실 때 눈물이 쏟아질 것 같았지만 다행히 참아냈다. 온몸으로 부딪쳐 하나씩 벽돌을 쌓듯 만들어온 회사에서 나는 그렇게 퇴사했다.

나는 소위 '유니콘 스타트업'을 만든 것도 아니고, 상장이나 매각을 통해 성공적인 '엑시트'를 달성한 것도 아니다. 매해 이익을 내고 법인세도 내면서 차곡차곡 성장하는 알짜배기 회사를 만들지도 못했다. 내 손으로 시작한 회사를 내 손으로 끝을 낸 것이 전부다. 그러므로 이 책은 성공담이 아니다. 그렇다면 과연 무슨 의미가 있을까.

나는 콘텐츠가 사람의 인생을 바꿀 수 있다고 믿는다. 나 자신이 그 증거다. 한글을 깨친 날부터 지금까지 내가 접해온 모든 콘텐츠가 크든 작든 내게 영향을 미쳤다. 책과 만화, 드라마와 영화, 다큐멘터리와 애니메이션, 야구를 비롯한 스포츠 경기들이 나에게는 학교 그 자체였다. 평생 읽고 보고 들었던 콘텐츠들로 내가 만들어졌다.

그래서 글을 써보기로 했다. 퇴사 후 안식년을 보낼 계획이었으나 어떻게 '안식'을 해야 할지 도통 감을 잡을 수 없어 몇 달간 방황이 이어졌다. '만약 그때 그랬더라면…' '혹시 이게 문제였을까…' '도대체 왜 그랬을까…'와 같은 수많은 질문과 가정이 머릿속을 도배했다. 하지만 이제는 미래로 나아가고 싶었고, 그러기 위해서는 과거부터 정리할 필요가 있었다. 그냥 눈감고 묻어둘 수는 없었다. 복잡하게 얽히고설킨 생각과 감정들을 털어내기 위한 최선의 방법은 글을 쓰는 것이었다. 내가 봐온 콘텐츠의 창작자들이 그러했듯이.

두 달 동안 날것으로 글을 썼다. A4 용지 150장 분량을 채우고 나니, 놀랍게도 치유의 효과가 있었다. 마치 컴퓨터의 모든 데이터를 클라우드로 옮겨놓은 듯 개운한 느낌이 들었다. 머리를 비우자 몸도 가벼워졌다.

앞으로의 삶을 위해서 몇몇 분들에게 조언을 구했다. 조언을 구하기에 앞서 내가 쓴 글을 보여드렸다. 마치 수술대 위에 올라간 환자가 된 기분이었다. 하지만 나를 완전히 드러내야만 얻을 수 있는 조언의 질도 높아질 것이라고 생각했다. 결과적으로 옳은 판단이었다.

조언을 구한 분 중에는 크래프톤 김강석 전 대표님이 있었다. 《크래프톤 웨이》 콘텐츠를 만드는 작업 덕분에 연결된 인연이었다. 대표님은 상세하고 귀중한 조언과 더불어 말미에 이렇게 말씀하셨다. 함께 일한 동료들, 투자자들, 그 외 알게 모르게 많은 사회적 자산이 나의 경험과 학습에 쓰였다는 사실을 꼭 기억했으면 좋겠다는 것이었다. 그런 점에서 이 글을 다듬어서 책으로 출간하는 것이, 내가 10년 동안 받아온 것에 대한 빚을 갚는 의미가 될 것이라고 격려해주셨다. 어쩌면 내가 배운 것을 다른 이들에게 전할 수 있을지도 모른다는 생각이 처음 들었던 순간이다.

pay it forward

기록을 남기는 이유

그럼에도 조심스러운 마음이 드는 것은 사실이었다. 왜 우리나라에는 인물이나 기업을 깊이 파고든 책이 많지 않을까. 왜 세상에 회자되는 자서전이나 평전, 기업사 책은 대부분 번역서일까. 알음알음 아는 사람들끼리만 공유되는 것이 아니라 콘텐츠라는 공개된 포맷으로 사람과 조직에 대한 이야기가 밖으로 나올 수 있다면, 같은 실수를 반복하거나 맨땅에 헤딩하는 일을 조금이라도 줄일 수 있지 않을까. 사회의 생산성이 높아진다는 것은 바로 이런 게 아닐까.

오랫동안 이런 생각을 마음에 품고 회사를 만들었지만, 일로서 직접 해보고 나니 이유를 알 수 있었다. 기록의 가치, 그것도 실수와 실패와 좌절이 담긴 기록의 가치를 다들 알고는 있다. 하지만 그것을 공개적인 기록으로 만드는 것은 다른 차원의 노력이 필요하다. 한국 사회의 맥락에서 고려해야 할 점도 많다. 그동안 콘텐츠 저자를 섭외하면서 종종 들었던 거절의 이유가, 책을 쓸까 말까 고민하는 현재의 나에게도 고스란히 적용되고 있었다.

그러던 차 《가난한 찰리의 연감 Poor Charlie's Almanack》을 다시

펼쳐보았다. 우연히 한 대목이 눈에 들어왔다. 찰리 멍거는 자신이 이사회 의장을 맡았던 어느 병원의 교수를 소개한다. 그는 오랜 세월의 노력 끝에 관절암 분야에서 방대한 지식을 얻었고, 이를 널리 전파해 관절암 치료에 일조하고자 했다. 그가 택한 방법은 교과서를 쓰는 것이었다. 지금 당장은 수백 권밖에 팔리지 않더라도 언젠가 전 세계의 암 치료 병원에 비치될 것이라고 믿었다.

> 안식년을 얻은 그는 세심하게 저장하고 정리한 모든 슬라이드를 가지고 컴퓨터 앞에 앉았습니다. 그러고는 1년 동안 하루도 빠짐없이 17시간씩 일했습니다. 대단한 안식년이었죠. 연말에 그는 세계적으로 손꼽히는 양대 관절암 병리학 교과서 중 하나를 출간했습니다.
> 주위에서 이런 가치관을 접하면 최대한 많이 배워야 합니다.

이 부분을 읽고 나니 한 줄기 빛이 비치는 듯했다. 내가 어떤 안식년을 보내고 싶은지도 비로소 알게 되었다. 이 의사가 행동으로 보여준 가치관은 꼭 배우고 싶은 것이었다. 그렇다면 남은 건 실행뿐이었다.

마음을 정한 후 포스트잇을 꺼냈다. "읽는 사람에게 도움이 되자"라고 적고, 모니터 아래에 붙였다. 이 목표 하나만 보고 가보기로 했다. 암 환자의 생명을 구하는 고귀한 미션까지는 아니지만, 내가 보내온 시간에 대한 솔직한 기록이 이름 모를 누군가에게 도움이 될 수도 있을 것 같았다. 그럴 수만 있다면 충분히 의미가 있을 터였다.

비슷한 길을 걷는 이들에게

2020년 제92회 아카데미 시상식에서 봉준호 감독은 "가장 개인적인 것이 가장 창의적이다"라는 마틴 스코세이지의 말을 인용하며 감독상 수상소감을 남겼다. 이 말을 내 방식대로 조금 바꿔보고 싶다. "가장 개인적인 것이 가장 보편적이다."

이 책은 어느 창업자의 지극히 개인적인 이야기다. 이성과 감정, 데이터와 직관, 돈과 사람, 이상과 현실이 뒤섞인 10년이 담겨 있다. 창업자이자 대표로서 수없이 많은 결정을 내렸다. 좋은 판단도, 나쁜 판단도, 그저 그런 판단도 많았다. 하지만 이세돌 전 바둑 기사가 한 인터뷰에서 말했듯, 좋은 판단을 내렸을 때의 기억은 잘 떠오르지 않는 반면 잘못된 판단을 내렸을 때의 기억은 훨씬 오래 간다.

그래서인지 지금 내 머릿속에 가장 강렬하게 남아 있는 10가지 장면을 꼽아보면, 대부분 잘못된 의사결정이다. 결정하자마자 '이건 망했구나' 하고 바로 알아챈 때도 있었지만, 시간이 한참 흐른 후에야 뼈아픈 실수였음을 깨닫고 머리를 땅에 쾅쾅 박고 싶은 경우가 더 많았다. 일을 하다 보면 하루에도 수십 번의 실수와 실패를 경험하지만, 창업자의 잘못된 결정이 미치는 여파는 상상 이상으로 크고 고통스럽다.

흥미로웠던 점은, 내 글을 읽은 조언자분들이 공통적으로 하는 말씀이었다. 내 이야기가 결코 특수하거나 예외적인 이야기가 아니라는 것이었다. 등장인물만 바꾸면 어떤 스타트업에서나, 어떤 기업에서나, 규모와 관계없이 어떤 조직에서나 관찰할 수 있는 지극히 보편적인 이야기라고 했다. '나만 그런 게 아니었구나'라는 위안이 되었다. 동시에 어떤 독자를 위해 써야 할지도 힌트를 얻었다.

《물리학자는 두뇌를 믿지 않는다Into the Impossible》에는 노벨물리학상을 수상한 과학자 9명의 인터뷰가 실려 있다. 2017년 노벨물리학상 수상자인 MIT 명예교수 라이너 바이스와의 인터뷰 제목은 "납득할 수 있는 실패에 도달하라"다. 저자는 실험을 언제 그만두어야 할지 어떻게 아느냐고 묻는다. 돈을 더 쏟아부으면 계속할 수 있을 텐데도 이제 그만두어야 할 때가 되었다는 것을 어떻게 알 수 있냐는 질문이다. 바이스 교수는 "난 왜 이 실험이 성공하지 못하는지 내 선에서 정확하게 이해할 수 있을 때만 실험을 포기해요. 그걸 알면 언젠가 그 실험의 한계를 해결할 기술이 생겼을 때 쉽게 알아차릴 수 있죠"라고 답한다. 이에 대한 저자의 해석이다.

> 우리는 어차피 실패한다. 그렇다면 우리에게 더 절박한 질문은 어떻게 실패하지 않을 것인가 하는 문제가 아니라 어떻게 실패를 다룰 것인가, 혹은 실패 끝에서 무엇을 할 것인가 하는 문제다. (…) 실패를 마주했을 때 패배감은 옆으로 밀어두고 가만히 상황을 살펴본다면 그 잔해에는 반짝거리는 것이 잔뜩 섞여 있다. 그리고 그 일에서 무엇인가를 배웠다면, 그것을 실패라고 부를 수 있을까?

그래서 나는 이 책을 10년 전의 나, 혹은 그때의 나와 비슷한 상황에 놓여 있는 사람들을 위해 썼다. 내 인생을 걸고 해보고 싶은 것이 있다. 그런데 무엇을 어떻게 해야 할지는 잘 모른다. 방법을 고민하다 창업을 선택한다. 그러나 아무리 사전에 많이 알아봤다 해도 링 위의 실전은 전혀 다른 세상이다. 피땀 눈물범벅이 되기 전에 조금이라도 일찍 알았더라면 얼마나 좋았을까 싶었던 것들이 많다. 10년 전의 나에게 차분하지만 단호하게 건네주고 싶은 것들을 골라 적었다.

하지만 이 책은 창업자 또는 창업하려는 사람만을 위해 쓴 것은 아니다. 창업은 자신의 목표를 이루기 위한 수많은 방법 중 하나일 뿐이다. 무엇이든 간에 스스로 세운 목표를 향해 한발씩 나아가는 사람이라면, 매일 희로애락을 경험할 것이다. 어떤 날은 밥을 먹지 않아도 배부를 듯 기쁘고, 어떤 날은 아무도 없는 곳에서 혼자 소리 내어 울거나 화를 쏟고 싶어진다. 산이 높으면 골도 깊듯, 희열만큼 좌절도 따라온다. 그만큼 자기만의 성공이나 실패를 통과하는 시간은 소중하면서도 외롭다.

그래서 성공이든 실패든, 자신만의 여정을 묵묵히 통과 중인 모든 분에게 이 책이 조금이나마 버팀목이 되기를 바란다. 원하는 곳까지 더 멀리, 더 오래 갈 수 있도록.

읽기 전에 알아두면 좋을 것들

이 책은 나의 뇌리에 가장 깊게 새겨진 10가지 장면으로 구성되어 있다. 각 장면은 '나의 기억' 그리고 '지금의 생각' 두 가지로 나뉜다.

'나의 기억'은 날것의 기록을 생생하게 전달하고자, 문단마다 숫자를 붙이고 속도감 있게 썼다. 의사결정의 결과보다 의사결정에 도달하기까지의 과정에 집중했다. 감정을 과하게 드러내지 않고자 했지만, 아무래도 조금씩의 잔향은 남아 있을 듯하다.

'지금의 생각'은 현재의 내가 한 생각들이다. 처음 썼던 150장짜리 글과 가장 많이 달라진 지점도 여기다. 독자를 생각하며 글을 쓰는 동안 과거와는 거리를 두고, 나에 대해서는 훨씬 깊숙이 파고들며 성찰할 수 있었다. 나의 내면에 영향을 미친, 좋아하고 아끼는 콘텐츠들도 같이 소개해두었다.

목차 순서대로 읽어도 좋지만, 각 장면을 살펴보고 관심 가는 것부터 골라 읽어도 무방하다. 그럼에도 불구하고, 첫 번째 장면이 왜 '창업자가 시작할 때'가 아니라 '창업자가 그만둘 때'인지에 대해서는 미리 밝혀둘 필요가 있을 것 같다.

2020년 노벨문학상을 수상한 루이즈 글릭은 "시작이 그토록 어렵다면, 그 끝이 어떨지 상상해보라"라고 썼다. 무라카미 하루키는《해변의 카프카 海邊のカフカ》에서 인간에게 정말로 중요한 것은 어떻게 사느냐보다 어떻게 죽느냐의 문제라고 적었다.

이 책이 시작이 아니라 끝을 먼저 말하는 이유도 같다. 우리에게 언젠가 죽음이 찾아오는 것이 필연적이듯, 어떤 일이든 시작이 있으면 끝도 있다. '어떻게 시작할 것인가'는 물론 중요하다. 하지만 더 중요한 것은 '어떻게 끝낼 것인가'라고 지금의 나는 생각한다. 인생의 끝인 죽음에 대해 생각할 때 진짜 자신과 마주 볼 수 있듯, 일의 끝에 대해 생각할 때 일의 방향도, 삶의 태도도 훨씬 나답게 만들어갈 수 있다. 나는 끝을 계획하고 창업한 것이 아니었기에 고통을 겪었지만, 읽는 분들께는 이 또한 반면교사가 되면 좋겠다.

하나 더, 이 책에 나오는 10년의 시간과 10가지 장면은 마치 영화〈라쇼몽 羅生門〉같은 것이라고 생각한다. 구로사와 아키라 감독은 하나의 사건을 놓고 등장인물 모두가 각자의 기억을 주장하는 모습을 보여주며 인간의 본성을 파고든다. 하지만 우리는 진실을 알 수 없다. 하나의 진실만이 존재하는 것도 아니다. 이 책의 10가지 장면과 연결된 모든 분은 각자의 입장과 각자의 진실을 갖고 있을 것이라 생각한다. 그리고 그 점을 깊이 존중한다. 이 책은 박소령이라는 개인이자 창업자가 경험하고 기억하고 생각한 진실임을 감안하고 읽어주시기를 당부드린다.

* * *

마지막으로, 시어도어 루스벨트 미국 대통령이 남긴 연설을 소개하고 싶다. 1910년 파리 소르본 대학에서 한 연설 중 일부로, 공식 제목은 따로 있지만 '경기장 안의 사람 The man in the arena'으로 더 알려져 있다.

> 중요한 것은 비평가가 아닙니다. 강한 자가 어디서 무너지는지, 혹은 행동하는 이가 무엇을 더 잘할 수 있었는지를 지적하는 사람도 아닙니다. 모든 명예는 실제로 경기장 안에서 뛰는 사람에게 돌아갑니다. 얼굴이 먼지와 땀, 피로 얼룩진 채 용감하게 나아가며, 실수를 저지르고, 반복해서 실패하는 사람의 것입니다. 실수와 실패는 불가피한 것이기 때문입니다.
> 명예의 주인공은 행동하기 위해 애쓴 사람, 위대한 열정과 위대한 헌신을 알고 있으며 가치 있는 대의를 위해 자신을 불사른 사람, 높은 성취의 승리감을 이해하는 사람, 그리고 최악의 경우 설령 실패한다 하더라도 대담하게 도전하다 실패한 사람입니다. 성공도 패배도 모르는 차갑고 소심한 영혼들과는 결코 같은 위치에 있지 않은 사람입니다.

지금 이 순간, 경기장 안에서 뛰고 있는 모든 분과 함께 읽고 싶다.

차 례

프롤로그
끝에서 다시 쓰는 시작
7

한눈에 보는 여정
18

Scene #1
창업자가 그만둘 때
20

Scene #2
창업자가 시작할 때
58

Scene #3
펀드레이징
78

Scene #4
공동창업
시작을 함께하는 사람 vs. 끝을 함께하는 사람
100

Scene #5
전시 CEO로 산다는 것
126

Scene #6
자원배분의 문제
100억 원 이상의 돈이 생겼을 때
152

Scene #7
레이오프
180

Scene #8
주주 관계의 본질
226

Scene #9
끝을 향한 여정 Part 1
252

Scene #10
끝을 향한 여정 Part 2
282

에필로그
나다운 길을 걷기 위해
328

참고자료
332

한눈에 보는 여정

'퍼블리'는 2015년 설립된 스타트업으로, 한국에서 처음으로 고객이 비용을 지불하고 콘텐츠를 소비하는 유료 디지털 콘텐츠 시장의 문을 열었다. 다른 곳에서 볼 수 없었던 신선한 콘텐츠 기획, 기술 및 데이터에 대한 공격적 투자, 고객과 적극적으로 커뮤니케이션하는 브랜딩 전략 덕분에 미디어/콘텐츠 업계에서 빠르게 주목받았다.

2015
- 3월 창업 결심
- 4월 시드 투자 유치 및 법인 설립

2016
- 2월 '퍼블리' (콘텐츠 크라우드 펀딩) 서비스 시작

2017
- 7월 '퍼블리 멤버십' (콘텐츠 정기구독) 서비스 시작
- 8월 프리A 라운드 투자 유치

2019
- 2월 시리즈A 라운드 투자 유치

2021년, 퍼블리는 콘텐츠 회사에서 커리어 회사로의 도약을 꾀했다. 일과 커리어에 고민이 많은 25~45세 고객을 대상으로 커리어 소셜미디어 서비스를 만들고, 콘텐츠와 채용 기회를 결합하여 수익을 창출하고자 했다. 지식/정보 콘텐츠 시장을 개척하면서 마주한 사업의 한계를 인정하고, 투자받은 자금으로 더 큰 시장에서 승부를 벌이려는 전략이었다.

2024년, 퍼블리의 콘텐츠 사업과 소셜미디어 사업은 분리되어 각각 매각되었다.

이 책은 10년 동안 350억 원(투자금 및 매출 합계)을 쓰면서 회사의 시작부터 끝까지 모든 과정을 겪은 한 창업자의 이야기다. 그리고 끝으로부터 1년이 지난 지금, 그 여정을 되짚으며 무엇을 배웠는지 복기한 성찰이기도 하다.

7월 시리즈B 라운드
투자 유치

2020 2021 • • 2024

4월 '커리어리'
(커리어 소셜미디어)
서비스 시작

12월 퍼블리 멤버십
일 매출 1억 원 달성

7월 (주)뉴닉에 퍼블리 멤버십
영업양수도 완료

8월 (주)시소에 (주)퍼블리
('커리어리' 포함) 매각 완료

8월 창업자 퇴사

Scene #1
창업자가 그만둘 때

시기
2023년 6월 말

장소
석촌호수

무엇을
끝을 결심하다

나의 기억

시작하기 전에

1. 2015년부터 2021년까지, 콘텐츠 사업에 집중했음. 광고로 돈을 버는 것이 아니라, 고객이 직접 돈을 내고 보는 지식/정보 콘텐츠 비즈니스를 만들겠다는 것이 출발점이었음.
2. 우리 회사에 돈을 벌어다 주는 고객과 우리 회사가 만드는 콘텐츠를 소비하는 고객이 일치할 때만 비로소 고객에게 집중해서 이 시장의 문제를 풀 수 있는 동력이 생긴다고 판단했음. (반대로 일치하지 않을 경우에는 어쩔 수 없이 회사의 리소스가 분산되거나, 현실적으로 돈을 주는 고객 쪽에 치우칠 수밖에 없다고 생각했음.)
3. 시작은 했으나, 현실은 역시 만만치 않았음. 회사의 생존을 위해 사업모델을 바꾼 것도 여러 번이고, 돈을 지불할 타깃 고객을 발굴하느라 시행착오를 겪은 것은 셀 수 없이 많았음. '퍼블리 멤버십'이라는 사업이 어느 정도 성장 궤도에 올라서는 데까지 6년이 걸렸음.
4. 2021년 여름, 시리즈B 펀드레이징 투자 유치를 마친 후 깊이 고민했고, 회사의 미래를 위해 지금껏 내린 결정 중 가장 중대한 결정을 했음. 모래주머니를 발에 묶고 달리는 듯한 지식/정보 콘텐츠 시장의 한계에서 이제는 벗어나고 싶었고, 큰돈

이 움직이는 시장에서 이번에 받은 투자금으로 원 없이 한번 달려보고 싶었음.

5. 2021년 가을, 내가 내린 결정은 콘텐츠 회사에서 커리어 서비스 회사로의 전환이었음. 링크드인과 비슷하게 커리어 소셜미디어를 회사의 중심에 두고, 채용 서비스와 업무용 노하우를 배울 수 있는 학습 콘텐츠 서비스를 양 날개 삼아 돈을 버는 것을 목표로 삼았음.
6. 이후 나는 소위 '시리즈B 함정(지출을 늘렸지만 그만큼 성장하지 못해 목표를 달성하지 못하는 상황)'에 빠졌고, 격동의 2022년을 보냄. 바로 얼마 전에 성공적인 펀드레이징을 해놓고서도, 순식간에 천당과 지옥을 오갔음.
7. 지금부터의 이야기는 그런 2022년을 어찌어찌 끝내고 난 후부터 시작됨.

손익분기점을 넘겨야만 한다

8. 2023년이 시작되었음. 터프했던 2022년은 뒤로 하고, 어서 빨리 새 마음으로 새 출발하고 싶었음.
9. 2023년 가장 중요한 목표는 손익분기점(이하 BEP)을 최대한 빨리 넘기는 것이었음. 지난해 하반기부터 급격하게 바뀐 스타트업 투자 시장에 적응하려면, 펀드레이징에 계속 목을 매지 않으려면, 자생하는 것이 최선이라 판단했음.
10. '퍼블리 멤버십(콘텐츠 정기구독 서비스)' '커리어리(커리어 소셜미디어 서비스)' '위하이어(채용관리 소프트웨어)' 세 가지 사업 가운데 퍼블리 멤버십은 2022년 기준 연간 BEP를 넘겼으므로,

다른 두 사업에서도 BEP를 넘기는 것이 새해의 목표였음.

11. '한국의 링크드인'을 목표로 삼은 커리어리는 2021년 가을부터 회사의 핵심 사업이었음. 한때 커리어리 팀 규모는 40명이 넘었고, 회사 전체 인원의 3분의 2를 차지할 정도로 큰 조직이었음. 2022년 말 레이오프layoff를 통해 고정비를 줄이고 마케팅비도 대폭 축소해서 비용은 많이 절감했으나 링크드인과 유사한 채용 또는 광고 사업모델을 붙이려면 시간이 조금 더 필요했음.

12. 그러므로 위하이어가 먼저 매출을 견인해주어야 했음. 위하이어는 채용담당자 고객의 업무 효율화를 돕기 위한 서비스형 소프트웨어(이하 SaaS)로, 1년 동안 기업 몇 곳과 긴밀하게 협업하며 제품을 개발해왔음. 이제는 시장에 공개해서 '돈을 버는 사업'임을 증명해야 했음.

타깃 고객 확보 실패

13. 문제는 타이밍이었음. 얼마 전까지 스타트업 시장에 쏟아진 투자금과 그에 따른 채용 전쟁이 투자 냉각기와 함께 한순간에 끝이 남. 시장에 돈이 마르자 일할 사람을 뽑기 위해 채용 서비스에 공격적으로 쓰던 돈도 함께 사라짐. 우리 고객인 채용담당자조차 업무가 없어져서 퇴사하는 상황이었음.

14. 시장의 변화는 모두에게 동일한 조건인 만큼 어쩔 수 없고, 이 안에서 어떻게든 생존 방법을 찾아내야 했음.

15. 우리를 차별화할 수 있는 경쟁력으로 두 가지에 집중하기로 함. 미국 테크 기업과 스타트업들처럼, 한국에서도 좋은 인재

를 뽑으려면 지원자가 찾아오길 기다리는 것이 아니라 회사가 찾아 나서는 방법이 앞으로 더 보편화되리라고 생각했음. 시장이 어려울수록 예전이라면 10명 채용할 인건비로 이제는 꼭 필요한 한두 명을 뽑으려 할 것이라는 가설도 있었음. 그래서 회사가 마음에 드는 인재에게 채용 제안을 보내는 아웃바운드 채용 효율화에 최적화된 제품이라는 것을 우리 서비스의 첫 번째 강점으로 잡았음. 두 번째는 채용을 포함한 HR 어젠다에 대해 상의할 수 있는 컨설팅 시간을 결합해서 판매하는 것이었음.

16. 2023년 2월, 위하이어를 시장에 공개함. 이제 할 일은 고객을 확보하는 것이었음.

17. 처음에 목표로 한 고객은 극초기 스타트업들이었음. 이유는 i) 극초기 팀일수록 좋은 인재를 뽑고 싶다면 회사가 먼저 나서서 아웃바운드 채용을 해야 하고 ii) 이렇게 하고 싶어도 구체적인 방법을 잘 모를 수 있기에 컨설팅 시간이 매력적으로 다가갈 것이라는 판단 때문이었음.

18. 극초기 팀들은 채용담당자가 따로 있기보다는 대표가 채용까지 담당하는 경우가 대부분이기에 두 가지 시도를 해봄.

19. 먼저 해본 것은 극초기 스타트업의 대표님들을 타깃으로 채용 어젠다에 대한 일대일 상담을 진행하면서 위하이어 세일즈를 하는 것이었음. 그러나 상담 후 결제로 이어지는 비율은 50% 이하였음.

20. 그다음 시도한 것은, 초기 투자를 하는 벤처캐피털(이하 VC) 몇 곳과 제휴해서 스타트업 대표님들을 모아 채용에 대한 세미나를 진행하는 것이었음. 세미나는 10여 명을 한 번에 만나니 일대일 상담보다는 시간당 효율이 높아 보였지만, 문제는

참석자 중 결제로 이어지는 비율이 0에 가까웠다는 것임.
21. 3월부터 5월까지 신규고객 확보를 위해 내 시간과 에너지를 집중 투여했음에도 결제 고객은 20여 개뿐이었음. 5~7명이 1년 반을 들여 만든 제품이고, 신규고객 확보를 위한 시간도 석 달 넘게 썼는데, 타깃 고객을 여전히 찾지 못한 것이 우리의 냉정한 현실이었음.

재무 계획의 중요성

22. 한편 2023년 초에는 향후 3년간의 재무 계획을 세우는 작업을 함. 특히 2023년은 사업별 매출, 고정비, 변동비, 이익 등으로 쪼개서 월 단위 목표를 세웠음. 그전까지는 투자받는 데 필요한 지표들만 집중 관리했다면, 이제는 BEP를 넘긴다는 목표가 생겼으므로 재무적인 목표 관리가 중요했음.
23. 이 작업을 해보니 기대 이상의 효과가 있었음. 일하다 보면 목표에 직결되는 중요한 일이 아닌데도 시간이 훅 빨려 들어가는 경우가 생기기 쉬움. 하지만 매월 달성해야 하는 재무 목표는 곧 매주, 매일의 목표로도 환산되기에 업무 우선순위에 대한 감각이 더 예민해지면서 긴장감을 가질 수 있었음.
24. 팀과 커뮤니케이션을 할 때도 단순히 "BEP를 달성하자"가 아니라 "2023년 4월에 ○○곳의 신규고객사가 ○○원을 결제해서 매출이 ○○원 발생하면 BEP를 달성할 수 있으니 집중하자"라고 말하면, 해야 할 일이 명료해져서 좋았음.
25. 마크 저커버그의 장점은 미래에 대한 비전을 설명할 때 구체적인 숫자로 표현하는 것이라고 페이스북에 근무했던 친구로

부터 들었음. 미래를 제시할 때 정성적으로 설명하는 경우가 많은데, 같은 단어를 써도 사람마다 해석이 천지 차이일 수 있어 정성적인 목표만으로는 동상이몽이 되기 쉬움. 구성원 간의 '생각의 오차'를 줄이는 방법으로 마크 저커버그는 숫자를 활용한다는 말이 직접 해보고 나니 조금은 이해되었음.

26. '나는 왜 이걸 이제서야 하고 있는지, 진즉 했어야 할 일을…' 하는 한탄도 나옴. 피터 드러커는 재무지향적 자세의 부족과 적절한 재무 정책의 결여가 스타트업이 초창기 바로 다음 단계에서 가장 많이 걸리는 심각한 질병이라고 지적했는데, 내가 딱 그랬던 것임.

눈 감고 있던 진실을 마주하다

27. 시간은 빠르게 흐르고, 재무 계획 대비 성과는 부족하고, 위하이어가 해줘야 할 매출 목표는 있는데 아직 타겟 고객도 찾지 못했다는 압박감이 점점 높아감.

28. 회사의 미래는 도대체 어찌 될 것인가 하는 불안감과 두려움으로부터 나를 다스리고자, 이 시기에는 퇴근 후 3km 달리기를 열심히 했음. 하나 더 추가한 것은 걷기였음. 사무실에서 집까지의 거리가 5km였는데 퇴근길 한 시간 동안 조용히 걸으면서 하루의 나를 돌아보고, 이다음에 해야 할 일들을 생각하고, 멍 때리기도 함. 마음이 차분해져서 좋았음.

29. 걸으면서 〈듄Dune〉의 유명한 기도문을 자주 생각함. 드니 빌뇌브 감독이 만든 영화에서는 이 기도가 두 번 반복됨. 한 번은 베네 게세리트의 테스트를 받는 아들 폴이 살지 죽을지 알

수 없는 가운데 어머니 제시카가 두려움에 떠는 스스로를 가라앉히고자 기도를 읊조림. 다른 한 번은 죽음을 각오하고 모래 폭풍을 뚫고 나가는 헬리콥터 안에서 어머니가 눈을 감고 외우는 기도임.

> 두려워하지 말라. 두려워하지 말라. 두려움은 정신을 죽이며, 소멸을 불러오는 작은 죽음이다. 나는 두려움에 맞서 흘려보내리. 두려움이 지나가면 마음의 눈으로 그 길을 보리라. 두려움이 사라지면 아무것도 없이 나만 남으리.

30. 이 '두려움에 맞서는 기도문 Litany against fear'을 곱씹으며 걷던 6월의 어느 날, 영화 〈매트릭스 Matrix〉가 문득 생각남. 주인공은 두 가지 약 중 하나를 골라야 함. 빨간 약은 진실을 보여주지만 대신 고통과 혼란을 감수해야 하고, 파란 약은 안락함을 계속 누리되 진실에 눈을 감는 것임.

31. 그는 빨간 약을 선택함. 나도 빨간 약을 골라보자고 마음먹음. 지금껏 내가 눈 감고 있던 진실이 있는지, 있다면 무엇인지 알고 싶었음.

32. 2015년의 나는 미디어/콘텐츠가 너무나 좋았고, 콘텐츠가 사람의 인생을 바꿀 수 있다는 신념으로 창업을 했음. 그런데 빨간 약을 먹고 정신을 차려보니, 지금의 나는 엉뚱하게도 채용 사업에 매진하고 있었음. 어쩌다 내가 이 일을 하고 있는 거지? 채용은 내 미션이 아니었는데? 도대체 어디에서부터 잘못 꼬인 걸까?

33. 쿵쾅거리는 심장을 부여잡고 좀 더 깊이 생각해봄. 결정적 순간은 2021년 여름, 시리즈B 펀드레이징에 성공한 다음이었음.

회사의 방향을 콘텐츠 기업에서 커리어 테크 기업으로 변경하는 중대한 결정을 내렸으나, 그 후 2년간은 하루하루 살얼음판을 걷는 듯했음. 기대에 못 미치는 신규 사업과 성장세가 둔화한 기존 사업 사이에서 주주들과의 관계는 점점 더 험난해지고, 투자 시장이 얼어붙자 애써 채용해서 키운 팀을 레이오프해야 했음. 이 과정에서 나 자신, 나의 초심, 나의 미션은 점점 잊혀지고 투자 직후엔 유니콘 스타트업이 되고 싶다는 욕심이, 나중에는 주주와 팀을 위해 잘해내야 한다는 의무감과 책임감이 그 자리를 채웠음.

34. 여기까지 깨닫고 나니 몹시 당황스러웠음. 나는 '이 일을 왜 하고 있지?'라는 간단한 질문에도 아무 답변을 할 수 없었음. 부끄러웠고, 화도 났고, 눈물이 쏟아졌음.

35. 마음을 가라앉히고자 노력함. 그러고 나니 '아, 이제는 끝을 내야겠다'는 생각이 떠오름. 외부 상황에 등 떠밀려서 끝나는 게 아니라, 내가 칼자루를 쥐고 직접 끝을 내야 할 것 같았음.

36. 10명에게 조언을 구했음. 선배 창업자, 우리 회사의 주주가 아닌 투자자, 전문 경영인 대표, 심리상담사, 친구 등 나를 오랫동안 봐왔고, 내가 신뢰하는 사람들이었음. 내 상황과 감정을 솔직히 털어놓고, 내가 지금 놓치고 있는 것이 있는지, 무엇을 더 고려하면 좋을지에 대해 의견을 듣고 싶었음.

37. 조언의 스펙트럼은 다양했음. 그동안 정말 고생했고 그만두기로 마음을 굳혔다면 하나씩 풀어나가면 된다며 다 괜찮을 거라고 말하는 사람이 있었고, 지금은 사업이 너무 힘들어서 그런 것이니 일과 잠시 거리 두기를 하고 천천히 생각해보라는 사람도 있었음. 지금까지 해온 게 있는데, 끝내더라도 돈은 벌고 끝내야 하는 것 아니냐며 정신 바짝 차리고 일에 집중하자

고 말하는 사람도 있었음.
38. 여러 조언을 듣고 나서 내가 진정으로 원하는 것이 무엇인지에 대해 생각함. 특히 두 가지에 대해 많이 생각했음.
39. 하나는 내가 지금 감정적, 충동적인 결론을 내리는 것은 아닌가. 스트레스가 높은 상황에서 기분에 휩쓸려 지나친 결정을 내리려는 게 아닌가. 다른 하나는 끝을 내겠다는 내 생각조차 일종의 '도망'이 아닌가. 책임감을 무엇보다 중요하게 여긴다면서 정작 스스로는 책임을 내팽개치고 도망치는 것은 아닌가.
40. 걷고 또 걸으면서 생각함. 나는 혼자 있을 때 편안함을 느끼고, 창업 후에도 외롭다는 감정을 느낀 적이 많지 않았음. 하지만 이때는 정말 고독하고 외로웠음. 누구에게도 의지할 수 없으며, 나 자신의 인생을 위해서 나밖에 내릴 수 없는 결정이었으므로.

끝에 대한 결심

41. 6월 마지막 주말, 소희에게 같이 걷자고 연락함. 석촌호수의 초여름 야경을 보며 내 생각을 정리함.
42. '나는 회사를 그만둔다. 하지만 당장은 아니다. 도망가지 않는다. 회피하지 않는다. 무슨 일이든 마무리가 가장 중요하다. 퍼블리는 내가 시작했으니 내 손으로 직접 책임을 지고 끝도 낸다. 더 투자받을 생각이 없으니 회사의 끝은 매각 또는 파산/청산 중 하나일 텐데, 모두에게 최선인 매각으로 끝내는 것을 목표로 한다. 기한은 앞으로 딱 1년인 2024년 6월까지. 이때까지

최선을 다하는 것으로 나는 창업자이자 대표의 역할을 다한다. 이것이 내가 가장 중요하게 생각하는 책임감이다.'

43. 지금까지와는 비교할 수 없을 만큼 앞으로 1년이 힘들 것이라 예상하고 굳게 마음 먹음. 그 시간을 버티기 위해 일기를 써야 겠다는 생각이 들었음. 매일 밤 잠들기 전, 머릿속 생각과 감정을 모조리 일기에 쏟아놓고 나면 마음이 훨씬 편안해졌음. (이 일기는 2023년 7월부터 2024년 8월까지 1년 2개월간 계속됨.)

44. 그 후 가장 먼저 한 일은 소리, 소희, 광종에게 이야기하는 것이었음. 일대일로 만나서 내 결심을 말하며 앞으로 최대 1년만 같이해달라고 부탁함. 현금흐름을 보수적인 시나리오로 계산하면 앞으로 1년 후 법인통장 잔고가 0이 될 테니, 그 안에 매각이든 파산/청산이든 둘 중 하나는 결론이 날 거라고.

45. 셋 다 놀라는 듯, 웃는 듯, 하지만 진지하게, 그렇게 하겠다고 답해주었음. 자신의 인생에서 1년이라는 시간을 자기 회사도 아닌 직장의 끝을 위해 사용한다는 게 결코 쉽지 않은 일임에도, 이 셋은 그 자리에서 바로 알겠다고 답함. 언젠가 갚아야 할 개인적인 빚이라고 생각함.

46. 지금 내 결정이 고통에서 도망치는 행동이 아닐까 하는 고민도 같이 털어놓음. 소리가 도망치는 사람이라면 그런 고민을 하지도 않는다면서, 전혀 아니라고 해주어서 정말 고마웠음.

47. 회사 리소스를 재정비하기 시작함. 위하이어를 접고, 커리어리 베트남을 접음.

48. 위하이어를 만들던 팀이 커리어리로 이동하기 전에, 다 함께 모여서 위하이어 사업을 회고하는 시간을 가졌음. 고객의 문제를 해결하는 제품이 아니라 고객을 '계몽'하기 위한 제품을 만들 때 발생하는 잘못된 결정들이 우수수 쏟아져 나왔음. 몸

시 뼈아팠음. 회고 전, 팀원들에게 받은 의견 중 일부임.

> 팀원A: 현재 고객이 원하는 것에 집중하기보다는, 우리가 교육하고 싶은 것에 집중한 선택이 많았다.
>
> 팀원B: 계몽하기 위해서는 고객이 제품을 쓰게 만드는 것이 먼저인데, 고객에게 초기 가치를 주지 못해 설득에 어려움을 겪은 것.
>
> 팀원C: 딱딱하고 복잡한 제품 구조. 우리가 생각하는 모범답안을 염두에 두고 설계했는데, 이게 많은 문제를 야기함. 회사마다 상황이 다른데, 딱딱한 제품 구조가 오히려 독이 된 건 아니었을까?
>
> 팀원D: 실제 유료 고객을 만족시키는 데만 집중하는 사람이 필요했다. 하지만 없었던 것 같다.

49. 피터 드러커는 벤처 기업의 최대 위험은 제품이 무엇인지, 그리고 어떻게 사용해야 하는지에 대해 '고객보다 우리가 더 잘 안다'고 생각하는 것이라고 꼬집었음. 기업이 돈을 버는 것은 고객의 요구를 변화시켰기 때문이 아니라 고객을 만족시킨 것에 대한 보상임을 기억해야 한다고 했음.
50. 아웃바운드 채용이 더 좋고 효과적인 방법이라고 우리가 아무리 떠들든, 고객에게는 아무런 쓸모가 없었던 것임.

순응하는 삶 vs. 주도하는 삶

51. 2023년 7월, 광종과 긴밀하게 붙어서 커리어리를 활용한 채용 사업을 바로 시작함. 1년 동안 개발자 고객에게 집중한 제품

을 만들어온 터라 고객 수가 꽤 모이기도 했고 고객들의 재방문율, 접속시간 지표도 괜찮게 나오고 있었음. 네트워크 효과가 만들어졌다고 자부할 수는 없었으나, 남은 시간 동안 할 수 있는 것은 다 해봐야 했음. 커리어리에서 채용 사업이 가능하다는 것을 입증하는 것이 매각에 중요하다고 생각했음.

52. 위하이어의 계몽주의에 대한 반성이 바로 직전에 있었기에, 커리어리에서 만드는 채용 사업은 고객, 즉 채용담당자들의 니즈를 집요하게 파고들어야 한다는 공감대가 팀 안에 있었음. 다행이었음.

53. 나의 주 업무는 고객을 최전선에서 만나는 것이었음. 2023년 7월부터 12월까지, 채용담당자를 150명 이상 만남. 하루 평균 한두 건의 미팅이 있었음. 그동안 모아온 명함을 털고, 한 번도 나가지 않던 대학 동문회에도 나가고, 소개에 소개를 받아 채용담당자들을 만남.

54. 투자 냉각기에 채용담당자들이 겪는 문제는 투자 호황기와 다를 테고, 그 점을 파고들기로 했음. 고객들에게 커피 한잔하는 가벼운 만남을 요청했고, 이야기를 듣다 보면 패턴이 보였음. 공통점을 바탕으로 우리가 만드는 채용 서비스로 다듬어 나갔음.

55. 아무리 시장 상황이 어렵더라도 우수한 개발자 채용에 대한 니즈는 있었음. 하지만 채용 기준이 더 까다로워졌고, 채용담당자 한 명이 해야 하는 일의 범위는 더 늘어났다는 고충이 있었음. 그래서 우리는 채용담당자의 일손을 최대한 줄여주는 것으로 승부를 보기로 함.

56. 두 가지 서비스 모델이 있었는데, 하나는 원하는 인재 조건에 부합하는 커리어리 회원 프로필을 우리가 먼저 추려서 고객

에게 전달하는 것이고, 다른 하나는 조건에 적합한 커리어리 회원과 우리가 전화 인터뷰를 해서 구체적인 정보 및 지원 의사까지 확인한 후에 채용담당자에게 연결해주는 것이었음.

57. 상반기에 신규고객을 발굴하느라 고생했던 것과 달리 하반기의 세일즈는 괜찮았는데, 여기에는 두 가지 이유가 있었음.

58. 첫 번째는 비즈니스 모델의 차이 때문이었음. 투자 냉각기의 채용담당자 입장에서는 효능이 검증되지 않은 신규 서비스에 비용을 선지급하는 것이 아무리 소액이라도 부담되는 반면, 채용 후 성사수수료를 내는 후불제는 명분이 있기에 쉽게 결정할 수 있었음.

59. 두 번째 이유는, 채용담당자의 일손을 최대한 줄여준다는 소구점이 먹혔기 때문임. 사업에서 돈을 벌려면 '남이 하기 싫은 일을 대신 해주고, 그 대가로 돈을 받는다'라는 고전적인 명제가 진리임을 다시 한번 절감함.

60. 지하철과 버스로 서울 전역을 이리저리 돌아다니면서 세일즈 미팅을 하던 시기, 《장사의 시대 The Art of the Sale》라는 책을 읽음. 하버드 경영대학원MBA을 졸업한 전직 기자가 쓴 책으로, 그는 하버드 MBA 커리큘럼에 세일즈가 없다는 것을 지적함. 사업의 근본은 좋은 물건을 만들고 파는 것인데 정작 세계 최고의 경영대학원에서 '파는 것'을 가르치지 않는다는 것은 모순이라는 주장이었음(이제는 하버드 MBA에도 세일즈 과목이 생겼음).

물건을 팔 때는 자기에 관한 진실과 마주해야 한다. 돈을 벌기 위해 기꺼이 어떤 일까지 하겠는가? 그러니까 다양한 상황에서 각양각색의 사람들에게 다양한 목적을 위해 나를 어떻게 표현하겠는가? 개인적

관계와 직업적 관계를 어느 정도까지 결합할 수 있는가? 정답도 오답도 없는 질문이지만 어떤 답변을 택하든 나는 누구이고 나의 개인적인 성공을 위해 어떤 기회가 주어질지 결정된다.

61. 흔히 '세일즈'라 하면 선입견이 있지만,《장사의 시대》에 나오는 수많은 사례처럼 세일즈의 정의는 훨씬 폭이 넓고 해볼 수 있는 방법도 다양하다고 생각함. 이 시기의 나는 여러 실험을 많이 하면서 세일즈에 대한 근육도 조금은 키운 상태였음. 그럼에도 가장 어려웠던 것은 "한번 만나자"라는 첫 번째 연락을 보내는 것이었음. 시작이 반인 것을 알면서도, 그 시작 자체가 어려웠음.

62. 그러던 어느 날, 샤워를 하다가 이런 생각이 떠오름. 순응적reactive이 아니라 주도적proactive으로 살자. 상대가 친 공을 허겁지겁 따라갈 게 아니라 내가 먼저 코트 건너편으로 공을 쳐보내자.

63. 내가 먼저 움직여야만 이 게임에서 주도권을 쥘 수 있다는 생각을 하고 나니, 한참 전에 명함을 받은 사람에게 오랜만에 연락하거나 소개로 처음 만나는 사람에게 연락할 때도 일말의 주저함이나 거리낌이 사라짐. 최악의 상황이라 해봐야 거절 회신이 오거나 회신조차 안 오는 것뿐이었음. 거절 회신이 오면 다음을 기약하자며 웃는 얼굴로 답함. 첫 펀드레이징을 하던 2017년의 나와 비교해보면 상전벽해 수준이었음.

64. 직접 고객과 만나고 현장을 뛰어다니다 보니, 커리어리의 채용 사업을 2021년 투자 유치 후 바로 시작했더라면 훨씬 좋았겠다는 생각이 강하게 들었음. 이 결정이 왜 늦어졌는지에 대해 2024년 1월, 주주에게 보낸 메모에서 이렇게 회고함.

[실패에서 배운 것들: 본진에서 더 빨리 승부했어야]

채용 사업에 제가 직접 관여하면서 얻게 된 첫 번째 깨달음은 커리어리의 개발자 네트워크를 기반으로 하는 채용 사업을 좀 더 일찍 시작할걸, 이라는 후회였습니다. 기업들에게 설령 돈을 받지 않더라도, 커리어리에 모인 인재풀의 퀄리티를 검증하면서 채용이 실제로 이루어지는지, 개인들의 어떤 정보를 더 모아야 채용이 이루어지는지, 기업 리쿠르터들이 중요하게 생각하는 것이 무엇인지 등을 파악해가면서 커리어리의 커뮤니티를 성장시켰더라면… 하는 생각을 많이 했습니다. 채용 사업을 시작하면서 기업 고객들을 많이 만나고, 실제 채용 프로세스를 겪으면서 고객과 많은 인터랙션을 하다 보니 훨씬 더 빠르게 배우고, 성과가 나고, 팀의 몰입도도 함께 올라가는 것을 체감할 수 있었기 때문입니다.

그렇다면 그동안 왜 채용 사업을 시작하지 않았는가? 이 질문에 대해서 답을 생각해보면 '황금알을 낳는 거위'의 배를 일찍 가르는 것이 아닌가, 라는 두려움이 있었기 때문인 것 같습니다. 커리어리에 '채용' 혹은 '구인구직'이라는 키워드가 붙어야 하는 시기는 충분한 네트워크 파워를 확보한 이후여야 한다고 생각했습니다.

하지만 지금 와서 돌이켜보면, 커리어리의 본진이라 할 수 있는 채용 사업에 팀의 리소스를 더 빨리 투자하는 결정을 내리지 못한 것이 제가 CEO로서 가장 후회되는 것 중 하나입니다. 정확히는, 스타트업 투자가 냉각기에 들어가기 시작한 2022년 3분기에, 다른 사업/서비스들을 다 접고 본진에서 승부를 제대로 해보자는 결정을 공격적으로 그리고 냉정하게 내리지 못했던 것이 가장 아쉽습니다. (딱 1년이 지난 2023년 3분기에 채용 사업을 시작했네요.) 반대로 본진에 뛰어드는 걸 뒤로 미루는 결정을 함으로써, 다른 사업에 집중력과 리소스를 분산시킨 1년이 아깝습니다.

끝을 말할 수 없는 고통

65. 이 시기, 윤자영 대표님(스타일쉐어 창업자)으로부터 귀중한 조언을 얻음. 매각은 내가 팔고 싶다고 파는 게 아니라 '팔려야 한다'는 것이었음. 누군가가 사고 싶은 매력적인 대상이 되어야만 팔리는 것이라고.

66. 그래서 2023년 하반기는 회사를 팔릴 만한 모습으로 만들기 위해 전력질주하기로 함. 시간은 너무나 부족했지만, 받아들이고 달리는 수밖에 없었음.

67. 주주와 팀에는 내 결심을 알리지 않았음. 미리 알렸을 때와 알리지 않았을 때 장단점을 비교해보면 후자가 더 낫겠다는 판단이 들었음.

68. 한편으로는 감정적인 동요도 있었음. 이런 결정을 한 것에 대한 죄송한 마음, 여러 사람들의 기대에 부응하지 못했다는 죄책감, 겉으로는 A라고 말하면서 속으로는 B를 생각하는 불편함, 그러나 내 생각을 밀어붙이고 싶은 의지 등이 뒤엉켜 또 다른 고통으로 이어짐.

69. 특히 매일 만나는 팀에게 앞으로 달려야 한다고 말하는 한편 사기가 처지지 않도록, 분위기가 흐트러지지 않도록 유지하는 것이 쉽지 않았음. 사람을 뽑고 신규 서비스를 만드는 행위는 회사가 성장하고 확장하고 있다는 느낌을 줌. 그러나 규모를 줄이고 서비스를 연속으로 정리하는 행위는, 아무리 '선택과 집중'이라 표현해도 조직의 힘이 빠지는 느낌을 피할 수 없었음. 그래서 작은 성과라도 있으면 다 같이 크게 축하하고, 좋은 일이 생기면 더 크게 말하도록 애를 씀.

70. 이 시기 요네자와 호노부의 《흑뢰성 黒牢城》이라는 소설을 우연

히 발견하고서 이거 혹시 내 이야기인가 싶은 마음으로 몰입하며 읽음. 일본 전국시대인 1578년이 배경임. 주인공 성주는 오다 노부나가에 맞서 휘하 장수들에게는 계속 싸워야 한다고 말하면서도, 판세를 뒤집을 수 없음을 인정하고 은밀하게 오다에게 항복 의사를 전하려고 함. 추리소설의 틀을 쓰고 있지만 전쟁 속에 드러나는 인간의 본성, 리더와 팀원 간의 입장 차이, 철학과 원칙이 다른 사람들 간의 갈등을 다루는 장면에서 얻는 교훈이 강렬했음.

> 무라시게(주인공)는 심사숙고해 결정한 일이라면 그 결과가 어떻다 해도 후회하지 않는다. 하지만 생각이 미치지 못한 일이라면… 얇은, 종잇장처럼 얇은 후회가 남았다. (…) 무라시게는 판단에 빈틈이 생겼다는 것을 느꼈다. 배에 힘을 단단히 넣었다. 결정을 번복한 게 아니라 오판을 정정했다고 생각해야 한다. 망설이지 마라. 죽는다. 무라시게는 스스로를 타일렀다.
>
> (…)
>
> 목숨을 걸고 세월을 들여 키워 온 그 신의, 유대가 일 년도 지나지 않아 무너져 간다. 무라시게는 도저히 인정할 수 없었다. 어둠 속에서 간베에(조언자)가 말했다. "그것은 셋슈 님이 승리로, 승리만으로 가신들을 이끌어왔기 때문입니다. ……. 사람 마음은 참으로 어려운 것."

71. 넷플릭스의 스포츠 다큐멘터리 〈투르 드 프랑스: 언체인드 레이스 Tour de France: Unchained〉도 봄. 이 다큐멘터리가 나에게는 '2023년 올해의 작품'이었음.

72. 사이클에 대해서는 아무것도 모르는 까막눈이지만, 1화를 보

자마자 빠져들었음. 꽂히는 대사들을 받아적었는데, 다 모아 보니 '고통'에 대한 이야기가 잔뜩이었음. 신체적·정신적인 고통과 정면으로 마주하고, 최선을 다하고, 겸허히 결과를 받아들이는 사이클 선수들을 보면서 '지금 내가 겪는 고통은 아무것도 아니야'라며 자세를 바로잡았음. 나보다 더 극한의 고통과 정면승부하는 사람들의 모습이, 이상하지만 그 무엇보다도 나에게 평온함을 주었음.

- 사이클링은 인간의 가치와 고통을 끊임없이 느끼게 하는 경주예요. 더는 고통받고 싶지 않다면 직업을 바꿔야 하죠.
- 심리적인 고통도 있죠. 정신적인 고통이에요. 계속 싸워야 해요. 계속 저를 믿어야 하죠. 고통을 두려워하면 안 돼요. 계속 자신을 밀어붙이는 거죠.
- 신체적 조건이 비슷한 두 선수가 경쟁할 땐 순전히 심리 싸움이 돼요. 고통을 더 오래 견디는 사람이 이겨요.

73. 2023년 마지막 날 한 해 결산을 하면서 내가 쓴 글 중 일부임.

- 올해 인상적으로 본 콘텐츠들의 공통점은 바로 '고통'이라는 주제를 다룬다는 것이다. 고통을 피하는 게 아니라, 고통을 정면으로 마주하고 받아들이며 견디는 사람에게 주어지는 결과(그것이 성공이든 실패든) 및 교훈에 대해 이야기하는 콘텐츠에 나는 진심으로 매혹되었다.
- 극한 상황에서 인간은 어떻게 사고하고 행동하는가, 라는 주제와도 연결되어 있다. 고통을 회피하는 자와 고통을 수용하는 자. 나는 어떤 사람이 될 것인가. 이 물음에 대해 답을 내리고 행동해온

2023년이었다. 그런 점에서 군인과 운동선수들을 다룬 콘텐츠들이 멘탈에 큰 도움이 되었다.
- 2024년에도 그 후로도 삶이 계속되는 한 고통도 계속될 것이다. 고통을 즐기고, 두려워하지 않고, 삶의 열쇠이자 본질로서 받아들이는 내가 되기를.

돈과 자유 사이에서

74. 2023년 11월, 사주를 두 번 봤음. 매각을 어떻게 해야 잘할 수 있을지 지푸라기라도 잡고 싶은 심정이었음.

75. 첫 번째로 만난 분은 내년에 매각이 잘 안 될 거라고 딱 잘라서 말함. 1~2년만 더 참고 일하면 이번에 벌 수 있는 돈보다 10배 이상의 큰돈이 들어올 테니 그 돈을 받고 쉬라고 함. 두 번째 분은 무리하지 말고 팔라고 함. 버티다가 내 건강이 상할 것 같다는 것이었음. 상반된 답변에 혼란만 왔음.

76. 지인들과 만나는 자리가 있었음. 연말이라 새해 사주 이야기로 주제가 흘러갔는데, 평소 사주를 자주 본다는 한 분의 이야기가 흥미로웠음. 고민이 생기면 여러 군데를 다니면서 사주를 보는데, 내가 원하는 답을 듣게 되면 더 이상 돌아다니지 않게 된다는 것이었음. 결국 사주를 보는 이유는 내가 진정 무엇을 원하는지 깨닫기 위해서라는 통찰이 인상적이었음.

77. 소희와 퇴근길 버스 안에서 사주에서 들은 이야기를 함. 어떻게 생각하느냐고 물어보니, 소희는 끝을 내고 자유를 추구해도 좋고, 돈을 벌기 위해 몇 년 더 일을 해도 좋으니, 둘 다 가능성을 열어놓고 내 마음이 어디로 향하는지 지켜보자고 함.

자신은 그동안 일하면서 경험과 사람, 이 두 가지를 얻은 것으로 충분하다면서 어느 쪽으로 결정하든 끝까지 계속 옆에 있겠다고 말해줌. 정말 고마웠음.

78. 12월, 퍼블리 멤버십 사업에서 가장 중요한 시기인 연말연초 프로모션이 시작되었고, 채용 사업 세일즈도 계속되었음. 새해부터는 주주에게도 알리고 매각 작업을 시작해야 한다는 타임라인을 생각해두었기 때문에, 바쁜 가운데서도 사주 결과에 대해 곱씹어봄. 내 마음은 어디로 향하는가.

79. 그러다, 머릿속에 번개가 내리치듯 한순간에 정리가 되었음. 내가 원하는 건 10배 이상이라는 큰돈이 아니었음. 실물 세계의 돈과는 비교할 바가 아니었으나, 내가 가진 주식 가치를 다시 한번 계산해봤음. '어쩌면 큰돈을 얻을 수도 있으니 1~2년 더 일할 것인가, 이 돈을 다 포기하고서라도 내 자유를 얻어낼 것인가?' '돈을 먼저 벌고 나서 자유를 얻을 것인가, 지금 자유를 얻고 그다음에 돈을 벌 것인가?'라는 질문을 스스로에게 던졌을 때, 결론은 현재의 내 자유가 모든 것에 우선한다는 것이었음.

80. 시간을 1~2년 더 썼는데도 큰돈을 벌지 못한다면, 그때 나는 누구를 원망할 것인가. 나 자신임. 그 누구도 보장하지 않는 불확실한 돈을 얻기 위해 억지로 버티듯이 사는 것이 내가 가장 바라지 않는 나였음. 돈을 벌 방법은 얼마든지 있고, 설령 그 돈이 크지 않더라도 나는 충분히 행복할 자신이 있었음. 모건 하우절의 책 《불변의 법칙 Same as Ever》에 나오듯, 기대치를 관리하는 것이야말로 행복의 핵심이므로.

첫째, 부와 행복은 두 가지 요소로 이뤄진 등식임을 항상 기억하자.

두 가지란 당신이 '가진 것(현실)'과 '기대하는 것(기대치)'이다. 이 둘은 똑같이 중요하다. 따라서 가진 것을 늘리는 데에는 엄청난 노력을 쏟으면서 기대치를 관리하는 데에는 거의 신경을 쓰지 않는 것은 말이 안 된다. 특히 우리가 훨씬 더 쉽게 통제할 수 있는 것은 현실이 아닌 기대치이므로 더욱 그렇다.

둘째, 기대치 게임의 원리를 이해하라. 기대치 게임은 결국 멘탈 게임이다. (…) 우리는, 우리가 자신과 세상을 위해 발전하기를 원한다고 생각하지만 대개의 경우 사실이 아니다. 정말로 원하는 것은 기대한 것과 실제 결과의 차이를 경험하는 일이다. 우리는 기대한 것보다 더 좋은 결과를 얻었을 때 만족과 성취감을 느낀다.

81. 여기까지 생각이 정리된 후, 나 자신에게 두 가지 질문을 추가로 더 했음.
82. 나는 어릴 때부터 죽음에 대한 생각을 많이 했음. 죽음은 삶에 바짝 달라붙어 있다는 것. 사람은 언제 어디서 어떻게 죽을지 알 수 없다는 것. 준비하고 맞이할 수 있는 죽음은 정말 행운이라는 것. 언제 죽어도 나는 더 이상 후회가 없다는 마음가짐으로 살아야 한다는 것.
83. 그래서 평소에도 출근길에 '만약 내 수명이 1년, 3년, 5년 남았다면, 나는 지금 일을 계속할 것인가?'라는 질문을 종종 했음.
84. 스티브 잡스는 세상을 떠나기 직전까지 이사회 의장직을 유지하면서 회사의 중요한 의사결정을 내렸음. 샘 월턴도 죽기 전 병실에서 월마트 매장 관리자와 업무 이야기를 나눌 정도로 자신의 일을 사랑했음. 찰리 멍거는 99세에도 정정하게 버크셔 해서웨이 주주총회에 참석했고 반년 후 생을 마쳤음. 자신의 일을 사랑하며 여한 없이 일하다 세상을 떠난 사람들을

존경했고, 나도 이런 삶을 살고 싶었음.

85. 다른 하나는 영화 〈컨택트 Arrival〉에서 비롯됨. 이 영화를 나는 이렇게 해석함. '어느 날 신이 앞으로 나에게 펼쳐질 일들에 대해 모두 알려주면서, 이 길을 선택해도 되고 안 해도 된다고 말한다면? 나는 앞으로 다가올 모든 일을 다 알면서도 이 길을 선택할 것인가?'라는 질문을 하는 영화라고.

86. 매년 창립기념일에도, 결단을 해야만 하는 고비의 순간에도 스스로에게 질문했음. '만약 내가 2015년으로 돌아가서, 그때부터 지금까지 펼쳐진 모든 일들을 미리 알았다고 해도, 나는 창업을 했을 것인가?'

87. 펀드레이징이 어려웠을 때도, 레이오프를 밀어붙였어야 했을 때도, 법인통장의 돈이 언제 떨어질지 모르는 상황에도, 지표가 정체인 채 발버둥 쳐야 했을 때도, 인간관계의 갈등과 진통을 해결해야 했을 때도, 나는 스스로에게 물어보고 답을 내렸음. 이 일들이 펼쳐질 것을 미리 다 알았다고 해도, 나는 회사를 시작했을 거라고.

88. 그러나 2023년 여름의 나는 위의 두 가지 질문에 대해 더 이상 'Yes'라고 답하지 않았음. 가을에도, 겨울에도, 그 답은 동일했음. 진짜로 끝이 다가온 것임.

나 자신을 속이지 말기

89. 12월, 미국에서 온 친구를 오랜만에 만나기로 함. 임경선 작가의 에세이 《나 자신으로 살아가기》를 선물로 주고 싶어서, 내가 밑줄 그어두었던 부분을 다시 찾아 읽었음. 이 구절을 읽고

최종적으로 마음을 정함.

내가 이야기한 '물 흐르듯이 자연스럽게 내리게 되는 선택'에는 불안감이 없다. 그것이 완벽한 결과를 가져다주기 때문이 아니라 내가 원하는 선택이라는 확신이 있기 때문이다. 이 선택을 통해 객관적으로 손해를 봐도 괜찮다는 너그러운 마음이 받쳐주는 것이다. 다시 말해 여기서 잘 안 되어도 어쩐지 괜찮을 것 같아, 여전히 다시 이 선택을 내리고 싶어, 같은 마음인 것이다.

90. 이 책의 내지에는 "나 자신을 속이지 말기"라는 임경선 작가의 손글씨가 적혀 있음. 찰리 멍거 또한 "무엇보다 절대 자신을 속이지 말고, 자신이 속이기 가장 쉬운 사람임을 명심하라"고 했음.
91. 2023년 12월 31일 밤, 새해맞이 카운트다운 불꽃놀이를 지켜보며, 마음속 결전의 준비를 마침. "2024년, 어서 와라!"

지금의 생각

나만의 119 시스템

2023년 6월부터 12월까지, 내 결정들은 지금 돌아봐도 후회되는 부분이 별로 없다. 그 전에 내가 저지른 수많은 실수가 있었고, 눈물 나도록 뼈아픈 교훈이 있었고, 그 교훈을 적용했던 시간들이었기 때문이다. 조언자 그룹을 두고 상의했고, 서로 다른 의견들을 다양하게 들어보려고 했고, 급하게 결론으로 점프하지 않으려 애썼다. 그럼에도 내 마음은 진정 무엇을 원하는지 진지하게 들으려고 했다. 나의 생각과 행동과 결정이 어떤 결과를 낳았는지와 관계없이, 그 시간을 정말로 꽉 채워 보냈던 나 자신에 대해서는 후회가 없다.

시간이 좀 더 흐른 뒤 느낀 유일한 후회는 2023년 6월에 상의했던 조언자 그룹이 좀 더 넓었더라면 좋았겠다는 점이다. 2025년 5월, 정보라 님(현 크래프톤 사외이사)과 대화하던 중 "만약 2023년 6월에 뵙고 제 생각을 솔직히 이야기했더라면, 어떤 조언을 주셨을까요?"라고 물어보았다. 정보라 님은 미국은 이사회 중심 경영 문화가 자리 잡고 있어서, 창업자 CEO가 물러나고 새 CEO가 회사를 맡는 경우도 흔하다면서 이 옵션도 열어두고 진행하라고 조언했을 것 같다고 했다. 나는 창업자로서만 남고 떠나더라도, 회사는 계속 운영될 수 있는 방법에 대해 더 고민해볼 수 있다는 뜻이었다.

하지만 당시 내 머릿속에는 새로운 CEO라는 선택지가 존재하지 않았다. 투자 빙하기인 스타트업 시장과 BEP에 도달하려고 오만가지 수를 써야 했던 우리 상황을 모두 고려할 때, 내가 아닌 다른 사람이 이 고통스러운 일을 대신하는 건 상상조차 하지 못했다. (큰 기업에서야 많이 봤지만) 우리와 비슷한 단계의 스타트업에서 창업자 CEO가 물러나고 새 CEO가 회사를 맡는 경우를 봤더라면 이런 선택지도 있구나 하고 인지라도 했을 텐데, 내 레이더망에는 존재하지 않는 시나리오였다. 그래서 시작도, 끝도 내 손으로 직접 해야만 한다고 생각했다. 지금 생각해보면, 자유를 갈망하면서도 도망쳐서는 안 된다는 생각에 과한 책임감으로 똘똘 뭉쳐 있었던 것 같다.

모 투자사 대표님에게도 질문했다. 만약 당신이 우리 회사 주주였고, 2023년 6월에 내가 찾아가서 솔직히 이야기했다면 어떤 조언을 했겠냐고. 그는 창업자가 이 사업을 잘하고 싶은데 어려움을 겪고 있는 건지, 아니면 더 이상 하고 싶지 않은 것인지를 잘 구분하기 위한 대화를 먼저 했을 것이라고 했다. 후자 즉 창업자의 마음이 식었다면, 주주가 뭘 하더라도 손쓸 방법이 없다는 것이었다. 다른 주주들의 동의를 구하기는 어려웠을 것 같지만, 본인은 그 시점의 회사 현금잔고를 청산하는 것이 모든 주주를 위해 최선이라고 주장했을 것이라 했다. 회사의 돈을 계속 쓰면서 될지 말지도 불투명한 매각 금액을 기다리는 것보다 당장의 현금을 나누는 게 더 이익이었을 거라고. 새 CEO를 데려오는 옵션에 대해서는, 미국과 달리 한국은 전문경영인 풀이 제한적이라 안타깝게도 실현되기는 어려웠을 것 같다고 답했다.

'confidant'라는 영어 단어가 있다. 옥스퍼드 사전은 이 단어를 '비밀이나 사적인 일을 믿고 털어놓을 수 있는 사람'이라고 정의한다. 나는 이 단어를 'Exercising Leadership: The Politics of Change'라는 대학원 수업에서 처음 들었다. 이 수업을 가르치는 로널드 하이페츠 교수는 정신과 의사이자 첼리스트이며, 리더십을 연구하고 코칭해온 독특한 이력을 갖고 있다. 학교를 떠나 사회로 돌아가는 학생들을 위해 그가 마지막 수업에서 해준 세 가지 조언 중에는 '컨피던트confidant를 꼭 만들라'는 것이 있었다. 리더가 겪는 고통은 가족에게도, 친구에게도, 같이 일하는 동료들에게도 말할 수 없는 것이 많다면서, 이해관계로 얽히지 않으면서도 나에 대한 애정을 가지고 믿을 수 있는 조언을 해줄 사람을 꼭 만들라고 했다.

이 조언을 뻔히 기억하고 있었으면서도, 창업 후 첫 5년은 혼자 많은 것을 끌어안고 끙끙대며 시간을 보냈다. 다행히도 후반 5년은 서서히 조언자 그룹을 넓혀가면서 의사결정하는 체계를 만들었다. 조언을 구하는 것이 과해지다 보니 머리 자체를 위탁하는 잘못된 위임을 했던 때도 있었다. 정-반-합을 거쳐, 지혜와 조언은 구하되 나만의 독립적인 의사결정을 하게 된 것이 2023년 6월이었다. 참으로 긴 시간이 걸렸다.

위급 상황에 119에 바로 전화를 하듯, 나만의 119 시스템이 필요하다는 생각을 한다. 결정적 상황이 닥쳤을 때 누구에게 무엇을 물어볼지, 어떤 것을 도와달라고 할지 평소에 준비해둘 필요가 있다. 긴급하고 어려운 문제는 언제 어떻게 들이닥칠지 모르고, 막상 그런 일이 생기면 시간도 없고 경황도 없기에 시야가 좁아지기 쉽다는 사실을 절실히 배웠다. 동일한 사안에 대해 상반된 의견을 주는 조언자 그룹을 구축하는 것이 좋고, 만약 다들 유사한 의견을 준다면 조언자를 더 확장해야 할 신호임을 알게 되었다. 조언자 그룹의 다양성은 중요한 결정을 내릴 때야말로 진가를 발휘한다는 것도.

조언자 그룹을 어떻게 구축하고 무엇을 물어봐야 할지에 대한 사례를 알고 싶다면, 〈월스트리트 저널〉의 'PERSONAL BOARD OF DIRECTORS'라는 코너를 추천한다. 정보라 님 덕분에 나도 읽게 되었는데, 시야를 넓히는 데 많은 도움이 되었다.

계몽주의 사업의 한계

2020년 가을, 전시戰時 CEO 모드로 한창 일하던 무렵 '마스터스 오브 스케일Masters of Scale' 팟캐스트를 자주 들었다. 어느 날 프로그램 진행자인 리드 호프먼이 말하길, 자신은 어떤 사업을 판단할 때 이 사업이 인간의 본성 중 어떤 것을 건드리는지 혹은 인간의 본성에 반하는 것인지를 중요하게 본다고 했다. 예를 들어 성경에 나오는 7가지 죄악과 크게 성공한 서비스들을 매칭해보면 이렇다.

- 교만Pride: 인스타그램
- 시기Envy: 페이스북
- 분노Wrath: 엑스(구 트위터)
- 나태Sloth: 넷플릭스
- 탐욕Greed: 링크드인
- 탐식Gluttony: 옐프
- 색욕Lust: 틴더

큰 성공을 거두는 사업일수록 인간의 본성에 기반해야 한다는 그의 말에 머리가 번쩍 트이는 듯했다. 그전까지 우리가 해온 사업은 인간의 본성에 반하는, 즉 우리의 콘텐츠로 고객을 '계몽'하려는 것에 가까웠기 때문이었다.

창업 초 아직 무엇을 할지 몰라 모든 게 뭉게뭉게 떠 있던 시기, '문화를 바꾸고 습관을 바꾼다'라는 표현을 처음 듣게 되었다. 사회의 문화를 바꾸고 고객들의 습관을 바꾼다는 것이 얼마나 어려운 일인지, 하지만 얼마나 의미 있고 중요한 일인지를 압축적으로 보여주는 이 표현이 나는 마음에 쏙 들었다. 그 후 우리 서비스에 가입하는 회원에게 보내는 환영인사 이메일에도, 고객들에게 보내는 중요한 이메일에도 종종 사용했다.

지금 돌아보면 '문화를 바꾸고 습관을 바꾼다'는 말은 계몽주의적 이상주의 그 자체라는 생각이 든다. 이 말에 동기부여가 되는 사람이 나였기에 사업을 시작했고, 이 말에 가슴이 뛰고 설레는 사람들이 팀원으로, 저자로, 고객으로, 하나둘 모이고 모였던 것이 회사의 사업 초기였다.

그러나 인간의 본성과 같은 방향으로 움직이는 사업과 인간의 본성을 거스르는 방향으로 움직이는 사업은 시장의 크기도, 도달 가능한 사업 규모도 다르다. 사업을 크게 키우고 싶다면 인간의 본성에 올라타는 것이 합리적이다. 물론 계몽주의 사업 노선을 선택하는 것도 개인의 자유지만, 이때는 목표를 현실적으로 설정할 필요가 있다.

2024년 가을, 졸업 후 처음으로 보스턴에 갔다. 오랜만에 학교를 돌아보면서 지식/정보/교육 산업에 대해 생각했다. 다른 산업은 잘 모르겠지만, 이 업계에서 계몽주의를 전면에 내

세우며 큰돈을 벌 수 있는 건 글로벌 시장을 상대로 사업을 할 때다. 전 세계 인구 중 1%는 계몽주의에 돈을 낼 의향이 있다. 그리고 그 1%를 고객으로 끌어들이려면 압도적인 브랜드가 필요하다.

예를 들어 하버드는 전 세계 1%를 상대로 비즈니스하는 교육 브랜드다. 〈뉴욕타임스〉도 전 세계 1%를 상대로 비즈니스하는 미디어 브랜드다. 1%는 내 머릿속 상징적 숫자지만, 아무튼 전 세계 80억 인구 중 특정 소수를 타기팅할 수 있어야 원하는 수준의 매출과 이익 규모가 가능하고, 그렇게 할 수 있는 브랜드는 매우 적다.

창업 초의 내가 인간의 본성과 계몽주의, 시장의 크기와 사업의 구조까지 고려했더라면 과연 어떤 회사가 만들어졌을까? 나는 문화와 습관을 바꾸려는 사업을 하면서도, 팀과 주주에게는 인간의 본성을 건드리는 사업이 가질 법한 커다란 목표를 제시했다. 당시엔 이것이 이율배반적이라는 생각조차 하지 못했다. 창업한 지 5년이 지나서야 그동안 해오던 사업의 한계를 인정하고 고객의 니즈에 집중하기 시작했고, 겨우 살길을 찾았다.

2024년 초, 위하이어 경쟁사 중 한 곳이 M&A되었다는 소식이 들렸다. 광종이 말했다. 시장에서 패스트팔로어로 2등만 해도 M&A가 될 수 있다는 걸 보여준다고. 우리는 시장을 계몽하려고 했기에 고객도 확보할 수 없었고 M&A조차 될 수 없었다고. 이것이 내가 배운 계몽주의 사업의 마지막 교훈이었다.

돈 버는 걸 빨리 해봐야 하는 이유

커리어리에 비즈니스 모델을 붙이는 것이 늦어진 이유에 대해서는 앞서 적은 바 있다. 하지만 지금 생각해보면 이유는 간단하다. 시장에 돈이 많이 풀렸던 시기에 가능했던 기형적인 사업구조를 우리도 따라 했기 때문이다. 고객을 많이 모으고 트래픽을 끌어올리면 돈은 자동으로 따라온다고 생각했다.

물론 이게 가능했던 시절도 있었지만 압도적인 시장의 강자만 살아남았을 뿐, 내가 아는 한 어정쩡한 트래픽에 의존하는 사업모델은 대부분 오래가지 못했다. 그리고 고객과 트래픽을 모으는 역량과 돈을 버는 역량은 다른 DNA이기에, 조직 차원에서 돈을 벌기 위한 준비는 일찍부터 할수록 좋은 것 같다.

돈 버는 걸 빨리 했어야 하는 중요한 이유가 하나 더 있다. '내가 도대체 왜 채용 사업을 하고 있지?' 하는 현타가 온 시점은 채용 사업에 내 손발을 직접 담근 지 약 반년이 지났을 때였다. 채용담당자 고객을 상대로 돈을 벌어야 한다는 것은 당연히 알고 있었고, 시리즈B 펀드레이징에서도 투자자들에게 링크드인을 사례로 제시하며 돈을 벌 계획이라고 당당하게 말했다.

그런데 머리로 아는 것과 내 시간을 쏟아부어서 하는 것 사이에는 하늘과 땅 만큼의 차이가 존재했다. 아무리 리서치를 하고 벤치마킹했다 한들, 하나씩 하나씩 실제로 해보고서야 '아, 채용 사업이 이런 거구나' 하고 겨우 깨닫게 되었다.

실리콘밸리의 전설적인 CEO 앤드루 그로브는 《하이 아웃풋 매니지먼트 High Output Management》에서 어떤 일이든 가능한 '최저 가치 the lowest-value 단계', 즉 초반에 문제를 감지하고 해결해야 한다고 강조한다. 식당이라면 상한 달걀을 요리할 때가 아니라 납품받았을 때 바로 알아채서 반품해야 하고, 회사라면 채용한 후 문제를 발견하는 것이 아니라 서류나 면접 단계에서 부적격자를 걸러내야 한다는 것이다.

앤드루 그로브의 교훈을 내 방식대로 바꿔보자면, '중요한 것을 뒤로 미루면 미룰수록, 앞쪽에서 적은 비용으로 고칠 기회를 놓치게 된다'는 것이다. 그동안 내가 해왔던 콘텐츠 사업은 첫날부터 매출이 찍히는 사업이었고 0부터 모든 것을 직접 한 땀 한 땀 해왔기에 어떻게 해야 돈을 버는지 잘 알고 있었다.

그러나 커리어 소셜미디어를 먼저 만들고 나중에 비즈니스 모델을 붙이는 것, 채용관리 소프트웨어를 먼저 만들고 나중에 신규고객에게 세일즈하는 것은 모두 돈 버는 것을 뒤로 미룬 결정이었다. 최저 가치 단계에서 어떻게 돈을 벌어야 하는지, 이렇게 돈 버는 방법이 나와 잘 맞는지, 앞으로도 지치지 않고 꾸준히 할 수 있는 일인지 미리 파악하고 고칠 수 있는 기회를 날려버리고 말았던 것이다.

2023년 말, 유튜브 채널 'Y콤비네이터'에서 '확장 불가능한 일을 한다는 것이 진정 무엇을 의미할까요?What Does It REALLY Mean To Do Things That Don't Scale?'라는 영상을 봤다. 진즉 봤더라면 나는 다르게 행동했을까. 봤더라도 무슨 의미인지 모른 채 하던 대로 계속했을까. 지나간 피 같은 시간이 너무나도 아까워서 한탄이 절로 나왔다.

창업자라면 자기 손으로 '하찮아 보이는 일'을 해야 합니다. 그 자체가 사업에서 정말로 중요합니다.

만약 도어대시Doordash를 통해 주문이 들어오면 창업자 토니는 하던 일을 중단하고 직접 배달을 갔죠.

도어대시도 절박했습니다. 성공하는 기업을 만들려면 고객을 만족시키는 법을 알아야 합니다. 배달 플랫폼 창업자로서 고객을 만족시키려면 직접 배달해봐야죠. 또한 직접 뛰어다니면서 다양한 것을 배울 수 있습니다.

"제가 도어대시 창업자인데요. 서비스 어떠셨나요? 또 이용해주실 건가요?"

창업자로서 그보다 더 절실한 일이 있을까요? 물론 번거롭고 힘듭니다. 하지만 멋있지 않나요?

초기 회사 대표들은 어떤 역할을 맡아야 할까요? 그들은 어떤 일을 더 집중해야 할까요?

CEO와 창업자들은 가장 엿 같고, 끔찍하며, 발로 뛰는 일을 골라서 해야 해요. 이제껏 여러분이 생각해온 CEO의 이미지와 정반대의 일을 도맡아 해야 합니다. 가장 밑바닥에서부터 일해야 해요. 힘들고 지저분한 일을 즐기는 법을 배워야 합니다.

제가 만난 뛰어난 창업자 대부분은 고객 이메일에 답장하느라 하루를 보냅니다. 아니면 화가 난 고객들의 전화에 직접 응대하죠. 도어대시도 실수가 있을 때마다 창업자가 고객에게 직접 사과했습니다. 창업자라면 최전선에 있어야 합니다. 그 일에서 정말 많은 걸 배울 수 있습니다. 다른 사람들이 알고 싶지 않은 걸 알게 되죠. 만약 최전선에 선다면, 10배는 더 많은 걸 배울 수 있어요.

내 손과 발에 흙을 묻혀가며 돈 버는 일은 하루라도 빨리 해봐야 한다. 뒤로 미룰수록 나만 손해였다. 정말로.

창업자와 회사의 이별

창업자가 언제 회사와 이별하게 되는가. 이에 대해서는 논리적이며 합리적인 그 어떤 설명을 가져오더라도 큰 의미가 없다고 생각한다. 그냥 마음이 전부고, 오롯이 직관의 영역이다.

유튜브 채널 '지식인사이드'에서 이세돌 전 바둑기사 인터뷰 영상을 보았다. AI 때문에 은퇴했다는데, 인생에서 어쩌면 가장 중요했을 '은퇴'라는 의사결정을 내린 구체적인 과정에 대해 진행자가 묻는다.

진행자: 너무나 많은 사람의 인생이 걸린 결정이잖아요. 가족들도 있고, 바둑계에서 나한테 기대하는 부분도 있었을 거고, 그런데 은퇴를 결정하고 몇 년이 흐르는 동안에도 전혀 후회하지 않을 정도의 이 뚝심은 어디서 나오는 건가요?
이세돌: 뚝심이라기보다는, 일단 저는 자부심도 있고 바둑을 두는 것에 즐거움을 느껴야 하는데 그런 것이 사라진 상태에서는 큰 의미가 없다, 이렇게 생각한 거고요.
진행자: '내가 뭘 하고 싶은 게 있어서 그만두는 거야'라는 경우라면 오히려 선택이 조금 쉬울 수 있습니다. 그런데 '이걸 내가 너무 사랑했었는데 더 이상 그렇게 사랑하지 않아서, 내가 앞으로 뭘 할지는 모르겠지만

일단 그만할래'라는 선택은 정말 어렵거든요. 누구나 그 선택과 결정을 할 때 너무너무 두렵고 무섭고 떨립니다. 이 두려움을 극복하고 선택할 수 있는 마음가짐은 어디서 찾아야 합니까?

이세돌: 즐거움, 만족감, 이런 것들을 찾아가는 거라고 생각해요. (…) 제가 천년 만년 살 건 아니잖아요. 결국 한 번뿐인 인생인데 자신의 만족감이라든지 즐거움 없이 그렇게 살고 싶지는 않습니다.

이세돌에게는 바둑을 하는 이유가 자부심과 즐거움이었고, 그 두 가지가 사라졌다고 판단하자 바둑 세계를 미련 없이 떠났다. 나에게는 콘텐츠가 사람의 인생을 바꿀 수 있다는 믿음, 우리 사회의 지식/정보 인프라가 상향 평준화되는 데 기여하고 싶다는 미션이 창업의 시작이자 일을 계속해온 원동력이었다. 그러다 어느 순간 내가 더 이상 그 길에 서 있지 않다는 것을 알게 되었다. 모든 사람은 지금 그 일을 하는 자신만의 이유가 있을 것이다. 그리고 그 이유가 사라졌다는 것을 깨달았을 때, 어떤 판단을 하느냐는 개인의 몫이다.

2025년 3월, 《생각에 관한 생각 Thinking, Fast and Slow》이라는 책으로 유명한 노벨경제학상 수상자 대니얼 카너먼이 90세에 안락사로 세상을 떠난 사실이 한 해 늦게 공개되었다. 〈월스트리트 저널〉 기사 중에는 이런 구절이 나온다.

오레곤대학교의 심리학과 교수이자 50년 넘게 카너먼과 친구로 지내온 폴 슬로빅은 이렇게 회상합니다. "대니는 늘 신중하게 생각하는 사람이었기 때문에, 이 결정도 오랜 시간 심사숙고하며 내렸을 거라고 생각했습니다. 물론 우리처럼 평생 의사결정을 연구해온 사람들은 결정의 이유에 대해 깊이 파고들곤 합니다. 하지만 많은 경우, 이유라고 생각하는 것이 진짜 이유가 아닐 때가 있죠. 실상은 감정인 경우가 많습니다.

자신의 죽음에 대한 결정만큼 인생에 중요한 결정이 있을까. 어떤 이유를 대든, 결국은 '감정'이 진짜 이유라는 것이다.

2017년 여름, 첫 레이오프를 겪으면서 만났던 심리상담 선생님은 나 자신과 회사가 일체화되어 있어서 마음이 힘든 것이라고 진단했다. 일체화되어 있기에 회사의 성공과 실패는 곧 나 자신의 희로애락으로 직결되었다. 회사에 좋은 일이 있을 때는 구름 속을 날아다니는 듯했고, 좋지 않은 일이 생길 때면 전쟁터의 패잔병이 된 기분이었다. 어쨌든 회사와 나는 한 몸이었고, 그 점에 대해서는 이의가 없었다. 창업자의 숙명이라 여겼다.

하지만 2023년 여름, 창업 후 처음으로 개인으로서 자유를 얻고 싶다고 생각했다. '퍼블리=박소령'이 당연하고 자랑스러웠던 시절이 있었으나 이제는 분리를 갈망했다. 그냥 나 자신으로서, 완전한 개인으로서 하루하루를 살고 싶었다. 이렇게 느끼는 순간, 끝은 정해져 있었던 것이다.

Scene #2

창업자가
시작할 때

시기
2015년 2월

장소
우리 집

무엇을
아버지와 할아버지에 관한 대화를 하다

을 하겠다는 각오였음. 사무실 책상에 앉아서가 아니라 사업이 실제로 돌아가는 현장에서 일하고 싶었음.

9. 졸업논문을 쓰던 3월 어느 날, 〈뉴욕타임스〉에서 화제의 보고서가 나왔다는 뉴스를 듣게 됨. 〈뉴욕타임스 혁신 보고서 2014 NYT Innovation Report 2014〉라 불리는 이 문서는, 디지털 기술이 급속히 발전하고 신생 미디어가 쏟아지는 시대에 전통적인 거대 언론사가 기술을 포용하며 혁신에 앞장서겠다는, 당시로서는 담대한 선언이었음.

10. 〈뉴욕타임스〉는 상장사이지만 특별의결권이 있는 주식 대부분을 옥스-설즈버거 가문이 소유하고 있어서, 사업 방향 및 편집권에 막강한 통제력을 유지하는 독특한 주주 구성 형태를 취하고 있음. 보고서가 나온 후, 학교에서 〈뉴욕타임스〉 발행인 아서 설즈버거 주니어 회장을 초청하여 대화하는 자리가 있어서 나도 참석함. 혁신 보고서를 만든 〈뉴욕타임스〉팀 몇 명이 학교를 방문해 비하인드 이야기를 들려주는 자리도 있었는데, 거기에도 갔음.

11. 이 보고서가 주장하는 골자는 두 가지임. i) 기술을 통해 고객 경험의 질을 높이고 고객과의 관계를 강화한다. ii) 고객, 기술, 경쟁사 동향을 파악하고 미래를 위한 실험을 주도하며 리더십팀이 변화의 큰 그림과 디테일을 동시에 볼 수 있도록 돕는, 소규모 전략팀을 만든다.

12. '아, 내가 하고 싶고 잘할 수 있는 일이 바로 이건가?!'라는 느낌이 들었음. 고객과 기술에 집중해서 미디어/콘텐츠 비즈니스를 혁신하는 일을 위해, 지금까지 내가 쌓아온 경험과 경력들이 스티브 잡스의 "점을 연결한다 connecting the dots"는 말처럼, 모두 다 연결되는 것 같았음.

냉혹한 현실

13. 2014년 8월, 한국으로 돌아옴. 들뜬 마음이었음. 〈뉴욕타임스〉 보고서에 나오는 '전략팀' 같은 일자리를 한국에서 찾기만 하면 될 거라 생각했음.
14. 그러나 곧바로 난관에 부딪혔음.
15. 우선 '콘텐츠 생산'을 담당하는 언론사에서 기회를 찾고자 했음. 그러나 소개를 통해 만난 방송국과 신문사 기자들은 미디어 전략 업무는 외부에서 채용하는 경우가 거의 없고, 대부분 내부 보직 이동으로 이뤄진다고 알려줌. 회사의 사활을 걸고 기술과 고객에 집중하는 혁신은 〈뉴욕타임스〉의 이야기지, 한국 언론사들은 아직 그런 개념을 그만큼 중요하게 여기지는 않는다는 것이었음.
16. 그다음으로 '콘텐츠 유통'을 담당하는 온라인 포털 서비스 회사에 다니는 분들도 소개받아 만나봄. 마뜩잖은 반응은 마찬가지였음. 내 이력을 듣더니, "언론사에 다닌 경험도 없고, 테크 회사에 다닌 경험도 없고, 가방끈은 길고… 제너럴리스트라서 무슨 일을 맡겨야 할지 잘 모를 것 같다"라고 말씀하시는 분도 있었음.
17. 헤드헌터를 통해 미디어/콘텐츠 기업에서 전략 포지션 자리가 나면 소개해달라고 부탁도 함.
18. 당시 시장에 새롭게 등장한 뉴미디어 및 콘텐츠 스타트업들도 눈에 들어왔고 페이스북, 트위터 같은 글로벌 소셜미디어 서비스의 한국 채용도 눈여겨 봤음.
19. 하지만 시간은 점점 흘러갔고, 콘텐츠 생산이든 유통이든 어디든 이 시장에서 나를 원하는 곳은 없었음. 대학원까지 졸업

했는데도 직장 하나 구하지 못하고 집에 있다는 사실에 부모님께 죄송하고 눈치가 많이 보였던 시기였음.

우주의 기운?

20. 2015년이 시작됨. 새해가 시작된 만큼, 더 이상 우물쭈물하지 말고 결단을 내려야 했음.
21. 선택지는 두 가지였음. 하나는 지금까지 내가 쌓아온 커리어를 선호하는 회사에 입사하는 것이었음. 전략, 기획 같은 키워드를 중심으로 '직무'의 전문성에 집중하되, '시장'은 넓게 열어두고 일자리를 찾는 방식이었음. 내 생각을 고수하기보다 시장에 나를 맞추는 선택이었음.
22. 다른 하나는 반대로 콘텐츠/미디어 시장 안에서 어떤 일자리든 상관없이 진입하는 것이었음. 이 시장 안에서 내가 할 줄 아는 전략, 기획 포지션만 찾다가는 언제까지 하염없이 기다려야 할지 모르니, '시장'은 고수하되 '직무'는 유연하게 움직여보자는 생각이었음. 일단 들어가서 일을 하다 보면 기회가 생길 수도 있으니까.
23. 이런 고민들을 하며 몇몇 분들을 만나 조언을 구했음. 그중 한 분이 김상범 대표님(현 엔카닷컴 대표)이었음. 대학원 시절 1년을 함께 보냈고, 나보다 10년 이상 커리어를 쌓아오신 분이기에 항상 귀담아들을 말씀을 해주셨음. 내 고민을 토로하니, 두 가지 의사결정 기준을 고려해보라고 조언해주심.
24. 첫 번째는 '내 판을 만들어야 한다'는 것이었음. 남이 만든 판 위에서 아무리 열심히 일한들, 그건 결국 내 것이 아님. 나중

에 시간이 흐른 뒤 '내가 누구를 위해 일했지?'라는 생각이 들 수도 있으니, 아무리 작더라도 내 것을 직접 만들고 그것을 점차 키워나가는 선택지도 고려해보라고 말씀하심.

25. 두 번째는, 만약 내 판을 직접 만드는 선택지를 제외하고 직장에 입사하려 한다면, '일이 아니라 사람을 따라가라'는 조언이었음. 내가 닮고 싶고 배우고 싶고, 곁에 있으면 매일 성장할 것 같은 느낌을 주는 사람 옆에 붙어 일하다 보면, 좋은 기회는 반드시 열린다고 하심.

26. 그런데 첫 번째 조언, 즉 창업은 내 평생 한 번도 생각해본 적 없는 선택지였음. 내가 창업이라니?

27. 또 다른 조언을 구하러 친구를 만나러 감. 스무 살부터 서로의 희로애락을 곁에서 지켜본 사이였고, 친구의 아버지는 사업을 하셨음. 그래서 사업가의 딸로 살아온 친구에게 창업이라는 선택지에 대해 상의하고 싶었음. 친구는 어차피 직장인은 50대가 되면 퇴사하고 자기 사업을 해야 하니, 기왕 할 거라면 하루라도 젊을 때 빨리 시작하는 게 낫다고 조언해줌.

28. 마침 이 시기에 창업을 권유하는 투자자를 만나기도 함. 미디어/콘텐츠 시장을 혁신하려면 기존 기업에 입사하여 내부에서부터 변화를 만들어가는 방법도 있지만, 창업을 통해 밖에서부터 변화를 도모하는 것도 방법일 수 있겠다는 생각을 함.

29. '진짜 창업이 해결책인가?' 고민하던 중 문득 할아버지에 대한 기억이 떠올랐음. 내 기억 속 할아버지는 직장인이 아니라 항상 말끔하고 세련되게 정장을 입고 다니는 사업가였음.

30. 할아버지가 어떤 사업을 하셨는지 아버지에게 여쭤봄. 할아버지는 1927년생으로, 30대 중반에 대구에서 운송 사업을 시작하셨음. 대표는 아니었지만 여러 사람이 함께 동업자 관계로

출발한 사업이었는데, 이후 일흔이 되기 전까지 계속 일하다 사업을 정리하고 은퇴하셨다고 함.

31. 2009년 한국시리즈에서 KIA 타이거즈 조범현 감독은 "온 우주가 우리를 돕고 있다"라는 명언을 남겼고, 7차전까지 가는 접전 끝에 끝내기 홈런으로 12년 만에 우승을 차지함. (나는 상대편이었던 SK 와이번스 팬이었기 때문에 이 한국시리즈를 아주 생생히 기억하고 있음.) 이후 야구 팬들 사이에서는 '우주의 기운'이라는 표현이 유행했는데, 주변 여건들이 잘 맞아떨어져 상황이 풀릴 때를 뜻함.
32. 나에게는 우주의 기운이 창업이라는 한 방향을 가리키는 듯했음. 격세유전처럼, 할아버지가 가진 창업가의 DNA가 나에게도 내려온 것은 아닐까. 할아버지가 하셨다면 나도 해볼 수 있지 않을까.
33. 딱 1년만 해보자, 라고 생각함. 그다음 일은 그때 생각하자. 지금은 일단 시작하자.
34. 2015년 3월, 나는 성수동 카우앤독에서 회사를 시작함.

지금의 생각

창업은 목적인가, 수단인가

되돌아보면, 나에게 창업은 목적이 아니라 수단이었다. 미디어/콘텐츠 시장에서 일할 수 있다면 취직도 좋았고 창업도 좋았고, 제3의 방법이 있다면 그것도 좋았다. 하지만 '1년만 해보지 뭐'라고 시작한 창업이 10년이나 이어질 줄은 전혀 예상하지 못했다. 10년 동안 내가 무슨 일을 하게 될지도, 어떤 고통을 겪을지도, 어떤 성취감을 느낄지도, 무엇에 분노하고 무엇에 희열을 느낄지도, 하나도 모른 채로 뛰어들었다.

2023년 10월, 엔비디아의 CEO 젠슨 황은 비즈니스 유튜브 채널 'Acquired'에 출연했다. 진행자가 "만약 다시 서른 살로 돌아간다면 어떻게 할 것 같은가? 회사를 시작했을까?"라고 묻자, 그는 1초도 망설이지 않고 그러지 않았을 것이라고 답했다. 회사를 세우고 엔비디아를 만드는 일이 당초 예상보다 백만 배는 더 힘들었다는 것이다.

만약 우리가 겪게 될 고통과 고난, 느끼게 될 취약성, 견뎌야 할 도전들, 당혹감과 수치심, 그리고 잘못 굴러가는 것들의 목록을 먼저 알았더라면, 아무도 회사를 시작하지 않을 것이라고 생각합니다.

창업 초기에 이런 생각을 한 적이 있다. 밖으로는 화려한 공작새처럼 깃털을 추켜세우고 있지만, 실제로는 몸을 보호해 줄 등껍질조차 없는 민달팽이 같은 존재야말로 대표가 아닐까. 그때의 쓸쓸했던 감정이 떠올라 젠슨 황의 놀랍도록 솔직한 답변에 감사한 마음이 들었다. 나만 그런 게 아니었다.

'창업' '벤처' '스타트업'이라는 단어를 떠올리면 미래지향적이고 역동적이며 밝은 느낌이 든다. 하지만 빛과 그림자가 동시에 존재하듯, 반대급부로 따라오는 것들이 있다. 부담감, 압박감, 좌절, 번뇌, 시련, 극도의 스트레스 등. 나는 창업의 양면을 따져보고 충분히 고민한 끝에 결정한 것이 아니었다. 인생의 주요 순간마다 언제나 그랬듯 직관적으로 결정했다. 리드 호프먼이 말한 "창업은 절벽에서 뛰어내리면서 비행기를 조립해 나아가는 것과 같다"는, 실로 내 이야기였다.

미국 드라마 〈더 베어 The Bear〉는 시카고의 한 식당을 배경으로 한다. 주인공은 최정상급 파인다이닝 셰프지만, 세상을 떠난 형이 남긴 작은 샌드위치 가게를 일으키고자 고향으로 돌아온다. 극이 진행되면서, 그는 마침내 자신이 꿈꾸던 파인다이닝 레스토랑을 열 수 있는 기회를 얻는다. 개업 준비에 한창 들떠 있는 주인공에게, 레스토랑 투자금을 댄 사업가 삼촌은 이렇게 말한다.

> 여타 사업이 그렇듯, 요식업은 못 할 짓이야. 그냥 못 할 짓도 아니고, 못해 처먹을 짓이지. 좀처럼 이윤이 남지 않으니까. 그리고 실책은 전염성이 있어. 넌 여유 부릴 수도 없어. (…) 모두

네 책임이야. 그러니까 딴생각 말고 여기에만 집중해야 해. (…) 성공시키려면 네 영혼을 모두 갈아 넣어야 해. 눈도 떼면 안 된다는 말이야. 그에 대한 보상? 개뿔도 없고 쥐뿔도 없지. 앞날도 뻔하고 말이야. 그래도 괜찮겠냐?

주인공은 삼촌의 말을 듣고 슬쩍 미소만 지을 뿐 다시 일하러 나간다. 그는 레스토랑 비즈니스가 힘들고 가혹하며 끔찍하다는 것을 잘 알고 있다. 그러나 행복한 날에도, 거지 같은 날에도, 사람들에게 맛있는 음식과 좋은 음악으로 행복을 전하고 싶은 마음이 그를 매일 아침 눈뜨자마자 식당으로 직행하게 만든다. 그에게 파인다이닝 레스토랑은 목적이 아니라 수단이었던 것이다. (참고로, 이 드라마는 배경만 식당일 뿐 모든 대사가 스타트업에 대한 이야기로 들린다. 모 대표님은 이 작품을 보다가 PTSD가 와서 끝까지 못 봤다고 말씀하셨지만, 나는 강력 추천한다.)

나 또한 사업가 삼촌의 그 말을 들었더라도 "일단 한번 해보지 뭐"라고 중얼거리며 창업이라는 세계의 문을 열고 성큼 들어갔을 거라고, 지금도 생각한다.

왜 이 시장인가

그렇다면 나에게 왜 미디어/콘텐츠 시장이 중요했는가. 직장을 고르든 창업을 하든, 어떤 시장에서 일할지 결정하는 기준은 사람마다 다를 것이다. 돈이 많이 도는 큰 시장, 기술 혁신이 빠르게 일어나는 시장, 무슨 일이 벌어져도 안정적일 것 같은 시장 등 각자의 우선순위가 있다. 나는 내 삶에 가장 큰 영향을 미친 존재가 미디어/콘텐츠였기에, 이 시장에서 일하고 싶었다.

세 남매를 키우던 부모님은 늘 바빴고, 상대적으로 손이 덜 가는 첫째였던 나는 글자를 빠르게 익혔다. 부모님은 가장 손쉬우면서도 효과적인 육아법이 나에게 책을 주는 것임을 깨달으셨던 듯하다. 초등학교 고학년이 되자 우리 집은 도서관이 잘 갖추어진 동네로 이사를 했고, 그때부터 도서관은 학교보다 나에게 훨씬 더 '학교' 같은 존재가 되었다. 조금 더 커서는 집으로 배달 오는 신문과 잡지도 부지런히 읽었고, 서점에도 종종 갔다. 대여점에서 빌려온 일본 만화를 엄마와 함께 보았고, 아빠와 TV 야구 중계를 보는 것에도 별다른 제한이 없었다.

이렇듯 자유방임형 부모님이 조성해준 풍요한 콘텐츠 세계가 성인이 될 때까지의 나를 만들었다면, 성인이 된 이후에는 시간, 영어, 인터넷이 미친 힘이 컸다. 대학교 공부는 기대보다 재미가 없어서, 대부분의 시간을 책과 만화를 읽거나 영화나 드라마를 보는 데 썼다. 특히 미국, 영국, 일본 작품을 많이 봤다. 아이폰을 사용한 후로는 팟캐스트와 소셜미디어라는 또 다른 세상이 열렸다. 이 세계에서는 한국어보다 영어로 접할 수 있는 지식과 정보량이 훨씬 많았기에 영어 콘텐츠를 소비하는 시간이 자연스레 늘어났다. 유튜브와 넷플릭스는 내가 접하는 콘텐츠의 지형을 다큐멘터리와 애니메이션까지 확장시켜 주었다. 콘텐츠의 세계에는 끝이 없었다.

그래서 미디어/콘텐츠 시장에서 승부를 보고 싶었다. 일이라서 열심히 하는 게 아니라 그저 좋아서, 더 잘하고 싶어서 미친 듯이 일하는 사람이 되고 싶었다. 이렇게 일할 수 있는 무언가를 찾기만 한다면 그 누구보다도 잘할 수 있다고 믿었다. 나는 '워라밸'이 아닌, 제프 베이조스가 말한 '일과 삶의 통합work and life integration'이 가능한 인생을 살고 싶었다. 1년 365일, 24시간 내내 생각해도 하나도 지루하지 않은 것을 내 일로 삼고 싶었다. 그것이 나에겐 '콘텐츠'였다.

월마트 창업자 샘 월턴은 1945년 사업에 뛰어든 이래 죽기 전까지 47년간 유통업에 자신의 영혼을 갈아 넣었다. 사람들에게 물건을 판다는 것이 그에게는 가장 즐거운 놀이였고, 그것이 자신의 강점이라는 것도 일찌감치 깨우쳤다. 경쟁업체 매장에 뭔가 배울 점이 없는지 찾아다니며 재미를 느꼈다. 그처럼 전 세계 수많은 할인매장을 찾아가 꼬치꼬치 캐묻고 관찰한 사람은 다시 없으리라는 것이 그에 대한 평판이다. 샘 월턴의 자서전《월마트, 두려움 없는 도전Sam Walton: Made in America》에 등장하는 이 일화는 그가 어떤 사람인지를 강렬하게 보여준다.

> 샘 월턴은 운전기사들이 잠깐 쉬는 시간인 오전 4시에 맞춰서 그들을 찾아왔어요. 아주 오랫동안 그렇게 했죠. 양손에 도넛을 가득 들고 와서는 두 시간 정도 운전기사들과 많은 이야기를 주고받았어요.
> 샘 월턴은 그들에게 질문을 많이 했습니다. "매장에 가서 어떤 걸 보셨습니까?" "최근에 그 매장에 다시 가봤습니까?" "매장 직원들은 어떻게 행동합니까?" "예전보다 좀 나아진 것 같습니까?" 샘은 운전기사들이 매주 거의 모든 매장을 방문하기 때문에 다른 직원보다 정보가 많다는 걸 알고 있었죠.

찰리 멍거가 쓴 책 《가난한 찰리의 연감》에는 2007년, 그가 어느 로스쿨 졸업식에서 전한 축사가 실려 있다.

> 제가 알게 된 또 다른 사실은 어떤 분야에서 정말로 뛰어나려면 반드시 강한 흥미를 느껴야 한다는 겁니다. 저는 많은 일을 상당히 잘하는 수준까지 해낼 수 있습니다. 하지만 강한 흥미를 느끼지 못하면 어떤 일도 잘해낼 수 없죠. 여러분도 어느 정도는 저처럼 해야 할 겁니다. 즉, 가능한 한 강한 흥미를 느끼는 일을 좇아야 합니다.
> 여러분이 해야 할 또 다른 일은 진력assiduity하는 겁니다. 저는 이 단어를 좋아합니다. "진득하게 일을 해낸다"는 뜻이거든요.

자신이 가장 강한 흥미를 느끼는 일을 고르는 것, 그리고 그 일을 끈질기게 끝까지 해내는 것. 이 두 가지가 모두 필요한 이유는 그래야만 언제 끝날지 모르는 인생에서 후회가 없기 때문이라고 생각한다. 그리고 어쩌면 사회에 기여할 수 있을지도 모른다.

샘 월턴은 암으로 사망하기 전, 가족과 친구들의 간곡한 권유로 책 쓰는 것을 인생의 마지막 프로젝트로 삼았다. 《월마트, 두려움 없는 도전》의 말미에 그는 이렇게 적는다.

> 이 책을 읽은 사람이라면 내 인생은 월마트에 바친 것이나 다름없다고 느꼈을 것이다. (…) 그런데 더 큰 의미에서 보자면, 그러니까 삶과 죽음이라는 개념에서 돌아볼 때, 내 선택이 과연 옳은 것이었을까? (…) 솔직히 나는 처음부터 다시 시작할 수 있다면 지금까지 걸어온 과정을 그대로 반복할 것이다. 전도사는

복음을 전해서 사람들의 마음을 계몽시키고, 의사는 사람의 질병을 고쳐준다. 교사는 우리가 무지를 벗어 버리도록 돕는다. 이렇게 사람은 저마다 역할이 정해져 있다. 대공황 시기에 유년기를 보낸 나로서는 나 자신과 다른 사람의 삶을 모두 풍요롭게 해주는 방법에 관심이 많다. (…) 따라서 누가 뭐라 해도 나는 월마트에 대해 무한한 자부심을 느끼며, 이 일에 인생을 모두 바친 것에 조금도 후회가 없다.

내가 만난 콘텐츠들 덕분에 삶이 달라진 것처럼, 다른 사람들도 그런 경험을 할 수 있도록 돕고 싶었다. 태어난 나라, 가족, 어린 시절 자란 동네와 학교에 대해서는 개인의 선택권이 사실상 없다. 워런 버핏이 말한 '난소 복권 ovarian lottery'처럼, 내가 고를 수 없는 운에 따라 인생의 출발선이 달라진다. 하지만 출발선의 격차를 조금이나마 좁힐 방법들이 있다. 교육이 그 하나라면, 다른 하나는 콘텐츠/미디어라고 믿는다.

내가 지금 발 딛고 있는 곳 바깥에 더 크고 역동적인 세계가 있다는 것. 그 세계에 내가 몰랐던 많은 가능성과 선택지가 존재한다는 것. 세상에는 내가 닮고 싶고 따르고 싶은 사람들이 많다는 것. 노력하다 보면 언젠가 나도 그렇게 될 수도 있다는 것. 이런 것들을 고려하며 인생의 의사결정을 하는 것과, 모른 채로 결정하는 것은 시간이 쌓일수록 삶의 방향을 점점 다르게 만든다.

콘텐츠 시장에서 일한다는 것은 내가 강렬하게 좋아하는 것에 몰입할 수 있다는 점과 다른 사람에게 도움 될 수 있다는 점, 이 두 가지를 동시에 충족하는 최상의 선택지였다. 그 시장에서 일하는 방법으로 '창업을 하자'고 결심하고 나니 비로소 나 자신도 설득이 되었다.

아무것도 모르기에 무적

얼마 전 투자자 정장환 님(전 아쇼카 한국 부대표)과 이야기하다가 재미있는 이야기를 들었다. 인생을 바꾸는 세 가지 방법이 있는데 첫 번째는 우주에 나가는 것, 두 번째는 죽음을 앞두는 것, 세 번째는 대표가 되는 것이라고 한다. 사업자등록증에 내 이름이 박힌 채 일한다는 것은, 우주와 죽음에 비견될 정도로 엄청난 경험이라는 것이다.

파인다이닝 레스토랑을 개업한 후, 〈더 베어〉의 주인공은 하루하루가 죽을 맛이다. 전에는 '피고용인' 셰프로 일했다면 지금은 함께 일하는 수많은 팀원들도, 눈을 부릅뜨고 있는 투자자도, 까다로운 고객들과 언론의 비평도 모두 다 책임지고 문제를 해결해야 하는 '사장'이 되었기 때문이다. 어느 날 그는 전 직장이었던 파인다이닝 레스토랑의 오너 셰프가 은퇴를 선언하는 자리에 참석한다. 그리고 그 선배 창업자에게 묻는다. "만약 당신이 제 입장이라면, 스스로에게 무슨 말을 해 줄 것 같나요?" 그는 "어렵네"라고 웃으며 이렇게 말한다.

> 정답이랄 것도 달라질 것도 없겠지만, 뭣도 모르고 까불고 있다고 말해줄래. 그래서 무적이라고.

'아무것도 모르기 때문에 무적'이라는 말에 고개를 끄덕이게 된다. 미디어/콘텐츠 업계에서 일해본 경험이 없었기 때문에 과감하게 지른 결정도, 씩씩하게 할 수 있었던 일들도 많았다. 특히 사업 초반에는 항상 나를 '첫 번째 소비자'로 두고 의사결정했다. '내가 소비자라면 이걸 살까? 이걸 원할까? 별로라고 생각할까? 시간 낭비라고 생각할까?' 내가 가진 유일한 자산은 콘텐츠 소비자로서 오랜 시간 쌓아온 암묵적 경험이었기 때문에, 이를 믿고 용기 있게 결정하는 것만이 유일한 해결책이었다. 모르는 게 때로는 약이었다.

젠슨 황은 유튜브 채널 'Acquired'와의 인터뷰에서 "이렇게 힘들 줄 알았더라면 결코 창업하지 않았을 거야"라고 답하면서 이렇게 덧붙였다. 하지만 그게 바로 창업자의 '슈퍼파워 superpower'라는 것이다. 본인도 매일 스스로에게 "어려워봐야 얼마나 어렵겠어 how hard can it be"라고 세뇌하듯 말한다고 한다. 생각한 것보다 실제로는 훨씬 훨씬 훨씬 더 어려울 것이기 때문에 그렇게라도 자신의 뇌를 끊임없이 속여야 한다고 고백한다.

나는 "어려워봐야 얼마나 어렵겠어"보다는 "인생은 고통이다"라는 부처의 말을 자주 떠올렸다. 항상 기본값을 고통으로 설정해두고, 어떤 일이 닥쳐도 '사업이란 게 원래 그러려니' '인간의 본성이 원래 그러려니' 하고 초연해지려 애썼다. 현실의 나는 오늘도 맨땅에 헤딩하고 있지만, 깨지면서 온몸으로 배우는 것이 있으니 전혀 무의미한 것만은 아니라고 믿으며 정신승리를 하고자 했다.

지금은 이런 생각이 든다. 결국 창업은 '나는 누구인가'라는 질문을 회피하지 않고 정직하게 매일매일 답을 내야 하는 일이라고. 그렇기에 지난 10년을 보내며 내가 얻은 가장 소중한 것은, 이 시간을 온몸으로 통과해낸 '나 자신'이다. 그리고 이것은 그 누구도 가져갈 수 없는, 흉내 낼 수도 없는, 오롯이 나만의 것이기도 하다.

Scene #3

펀드레이징

시기
2017년 8월

장소
새벽에 해가 어슴푸레 뜨기 직전,
역삼동 마루180에서 집으로 가는 퇴근길 택시 안

무엇을
대표의 역할을 깨닫다

나의 기억

초보 창업자의 고민

1. 창업 이듬해였던 2016년, 회사는 조금씩 전진하고 있었음. 콘텐츠 생산량을 빠르게 늘려갔고, 팀도 '콘텐츠-제품-운영' 세 축으로 체계를 갖추기 시작함. '칸 국제광고제' '버크셔 해서웨이 주주총회' '독일 프랑크푸르트 북페어' 등 해외 유명 행사를 직접 취재한 콘텐츠를 만들었고, 기대 이상으로 흥행에 성공한 콘텐츠도 탄생함.

2. 이 시절, 〈모노클〉에 대한 벤치마킹을 적극적으로 했음. 2015년 프랑크푸르트 북페어를 직접 다녀왔는데, 〈모노클〉 공동창업자 두 명이 나와서 이야기하는 세션이 있었음. 인상적이었던 점은 자신들을 '종이 잡지' 또는 '미디어'로 정의하는 것이 아니라, 고객들이 선망하는 '브랜드'로 포지셔닝하고자 노력하고 있다는 것이었음.

3. 브랜딩 전략의 일환으로 〈모노클〉은 전 세계 도시를 돌아다니며 고객들을 직접 만나는 오프라인 이벤트를 진행했음. 이 행사에 참여하려면 적지 않은 비용을 내야 함. 하지만 '〈모노클〉을 읽는 사람'이라는 것 자체가 자신의 취향을 드러내는 상징성이 있었음. "너도 〈모노클〉 읽어? 나도 읽어"라는. 〈모노클〉 이벤트에 오는 사람이라면 네트워킹할 가치가 있다는 인식이

있기에 돈을 내고서라도 온다는 것이었음. 〈모노클〉도 고객과 직접 만나 대화하고 관찰하면서, 우리 콘텐츠를 보는 사람들이 누구인지 알게 되는 중요한 장치라고 했음.

4. 이 깨달음은 우리 사업에 큰 영향을 미쳤음. 모든 콘텐츠마다 저자와 독자가 만나는 오프라인 이벤트를 만들었음. 적게는 1회, 많게는 10회까지도 함. 이벤트 참가비는 낮게는 2만~3만 원, 비싸게는 10만~20만 원을 넘었고, 평균 5만~7만 원 선이었음. '이 돈을 내면서 올 사람이 있을까?'라고 걱정했던 것은 기우였음. 오프라인 이벤트는 가장 먼저 팔렸고 대부분 매진이었음. 〈모노클〉 창업자처럼 나도 거의 모든 오프라인 이벤트에 참석했고, 고객들에게 내 명함을 주면서 인사하고, 많은 경우 행사의 모더레이터 역할을 맡았음.

5. 콘텐츠로 그리고 오프라인 이벤트로 우리를 경험해본 고객들을 통해 입소문이 점점 퍼졌음. 2016년 9월, 〈조선일보〉 문화부 어수웅 기자가 인터뷰 기사를 크게 썼는데, 사업적으로도

팀 동기부여 차원에서도 임팩트가 컸음.

6. 그러나 회사가 점점 알려지고 사업이 성장하는 것과 별개로 2016년 가을, 개인적으로는 어두운 시기를 보내고 있었음. '지금 하는 이 일이 내가 하고 싶었던 게 맞나? 도대체 대표는 뭘 하는 사람이지? 콘텐츠, 제품, 운영 모두 잘 돌아가고 있는 것 같은데 내가 할 일이 뭐가 더 있나?' 등등.

7. 지금 돌이켜보면 준비 없이 덜컥 창업에 뛰어든 사람이 정신없던 첫 1년을 보낸 후 겪을 법한 사춘기(?) 같은 고민이지만, 그때의 나는 혼자 꽤 심각했음. 이런 고민을 하는 것 자체에 대한 죄책감도 느꼈음. 내가 차가운 머리를 유지했다면 조언자를 찾아가 상의하는 방법을 떠올렸겠지만, 그러지 못하고 속으로만 끙끙 앓았음.

8. 정신을 차려보니 2016년 연말이었음. 법인통장 잔고가 어느새 아슬아슬한 상태였음. 매출은 콘텐츠마다 들쑥날쑥한 데 비해 인건비는 매월 꼬박꼬박 나가다 보니 시드seed 투자로 받은 돈이 빠르게 바닥나고 있었음.

9. 새해부터 당장 펀드레이징을 시작해야 했음.

거절당하는 것의 혹독함

10. 2017년 1월, 운 좋게도 리드 투자사인 캡스톤파트너스를 빠르게 확보할 수 있었음. 목표 투자금은 10억 원으로 하되, 가능하다면 조금 더 모아보자 싶었음. 목표 투자금 중 50%가 빠르게 확정되었으니 나머지 돈도 금방 모을 수 있으리라 생각했음.

11. 큰 착각이었음.

12. 10억 원을 다 모은 것은 무려 8월이 되어서였음.
13. 캡스톤파트너스와 몇몇 분들의 소개를 받아 8개월 동안 30~40곳의 VC를 만남. 가장 인상적이었던 경험은 첫 번째 IR 발표였음. 규모 있고 유명한 VC였는데, 심사역이 우리 사업의 무언가를 좋게 본 덕분인지 첫 미팅 이후 일사천리로 1월 중 IR 발표 일정이 잡혔음.
14. 애당초 희망사항은 캡스톤파트너스와 이 기관을 합쳐 한 번에 펀드레이징을 끝내는 것이었음. '이렇게 빨리 끝날 수 있다니'라든지 '10억보다 더 많은 돈을 모을 수 있는 거 아냐?' 같은, 떡 줄 사람은 생각도 안 하는데 김칫국부터 마시는 상상도가 머릿속에 펼쳐짐.
15. 그전까지 나는 발표를 잘하는 것이 가장 큰 강점이라고 생각했음. 듣는 사람이 많든 적든, 아무리 직위 높은 사람이 눈앞에 있어도 사람들을 나에게 집중시키면서 분위기를 이끌어가는 데 자신이 있었음. 그래서 IR 발표도 자신만만했음.
16. 그런데 이날 발표는 내 인생 최초로 '와, 망했다'라고 생각한 발표였음. 그렇게 많이 떨었던 발표도, 투자자의 질문에 어버버하며 동문서답했던 Q&A도 난생처음이었음. 내가 믿었던 내 강점이 순식간에 박살 났고, 결과는 당연히 거절이었음.
17. 지금이라면, IR 발표 전에 심사역의 도움을 받아 예상 질문과 답변을 열심히 준비하고 리허설 연습도 빡세게 했을 것임. 또 작은 VC를 상대로 (미안하지만) 연습 삼아 IR 발표해보면서 감을 잡은 후 크고 유명한 기관에서 IR 발표를 진행했을 것임. 하지만 그때는 몰랐음. 내가 그동안 직장과 대학원에서 해온 발표와 투자자를 상대로 하는 발표는 전혀 다른 성질의 것임을.
18. 초반에 한 번 삐끗하고 나니 끝이 나지 않았음. 8개월 동안 계

속 VC를 만나고 또 만나면서, 나의 에고가 처참하게 부서지는 경험을 함. 대학원 시절에도 에고가 산산조각나는 시간을 겪어봤지만, 이것은 또 다른 차원이었음.

19. 누군가로부터 '거절'당한다는 것의 혹독함을 강렬하게 배움. 우리 회사에 투자하지 않는다는 것은 단순한 투자 거절이 아니라, 내가 지금까지 최선을 다해 만들어온 내 인생 전체가 부정당하는 기분이었음. 다른 스타트업들은 잘만 투자받는데 나는 왜 이렇지?
20. 질투와 열등감과 분노와 짜증이 뒤섞인 감정을 극복하기가 정말 힘들었음. 펀드레이징 초기에 잘못된 기대치('금방 끝나겠지')가 설정되어 있던 터라, 예상과 현실의 낙차 때문에 더욱 어려웠던 것 같음.

신용카드 돌려막기

21. 펀드레이징이 점점 늘어지는 한편, 회사엔 정말 돈이 없었음.
22. 그래서 투자자에게 대여금 항목으로 1억 원을 빌림. 그 돈이 떨어진 후에는 부모님과 큰이모에게도 돈을 빌림(그전에 모은 돈은 대학원 학비와 생활비로 다 썼고, 창업 후에는 급여가 낮았기 때문에 내게 여윳돈이 없었음). 그래도 돈이 계속 부족해서 내 신용카드로 신용대출 서비스를 받았음. 법인통장에 있는 현금이 언제 떨어질지 알 수 없었기에, 개인 신용카드를 하나 더 만들어서 페이스북 광고비 결제 수단으로 연결해둠. 사업은 계속 돌아가야 하므로.
23. 막판에는 이리저리 내 개인카드로 급한 돈을 돌려막았음. 가

족에게 빌린 돈과 내 신용카드로 쓴 돈을 나중에 다 모아보니 1억 원이 넘었음.

24. 펀드레이징은 언제 끝날지 알 수 없고, 회사에 돈은 없고, 정신이 나갈 것 같았지만 팀 앞에서는 태연하려고 애썼음. 2017년 상반기는 '우리도 넷플릭스처럼 정기구독 모델로 가보자'라는 계획하에 차곡차곡 준비해나가던 시기이기도 함. '퍼블리 멤버십'이라는 이름의 정기구독 사업은 2017년 7월에 출시됨. 출시 첫날, 고객들의 결제가 이루어지는 것을 팀원 모두가 모니터로 지켜보면서 환호했던 기억이 생생함.

25. 하지만 회사의 자금 상황에 대한 공유는 팀 누구와도 하지 않음. 팀은 사업에 집중해야지, 돈 문제로 불안하게 만들어서는 안 된다고 생각했음. 법인통장에서 돈이 들어오고 나갈 때마다 내 휴대폰으로 문자가 오도록 설정해두었는데, 문자 알림음과 함께 줄어드는 잔고를 확인할 때마다 심장이 쥐어짜이는 듯한 기분을 느낌.

26. 유일하게 이 상황을 알았던 사람은 캡스톤파트너스의 오종욱 팀장(현 크릿벤처스USA 대표)이었음. 펀드레이징에 대한 고민도 함께 나누고, 회사의 자금 문제에 대해서도 오종욱 팀장에게만 공유했음. 투자도, 현금도 모두 엉망진창인 덫에 빠진 느낌이었기에, 오종욱 팀장 앞에서 울기도 많이 울었음.

27. 다행이라면 펀드레이징이 진행될수록 투자자들이 물어보는 질문에 어떻게 답변하면 될지 감이 잡혔다는 점이었음. 2017년 8월, 두 곳의 VC로부터 투자하겠다는 답변을 듣고서야 드디어 10억 원이 모임.

대표의 역할: 회사에 돈이 떨어지지 않게 하는 것

28. 법인통장에 10억 원이 입금되자, 휴대폰 문자로 잔고를 확인할 수 있었음. 진심으로 안도함.

29. 투자금이 입금된 날, 사무실에서 밤을 새웠음. 저자 한 명 한 명에게 밀린 인세를 송금하고, 정산안내 메일을 보냈음. 원래는 매월 인세를 지급하고 있었는데, 현금을 조금이라도 아끼고자 몇 달 동안 인세 지급을 못 하고 있었음. 메일에는 저자들에게 죄송하다는 사과 메시지도 같이 씀.

30. 인세와 메일을 다 보내고 나니, 새벽 동트기 직전이었음. 집으로 가는 택시를 탔음.

31. 택시 안에서 영화 〈바람과 함께 사라지다 Gone with the Wind〉의 주인공 스칼렛 오하라의 대사가 문득 떠오름. 영화 중반, 그는 남북전쟁의 한복판에서 자신의 고향인 타라 농장으로 돌아옴. 집에 오면 모든 문제가 해결될 줄 알았건만, 남은 것 하나 없고 모두가 자신만을 쳐다보고 있는 상황. 해 뜨기 직전, 그는 흙 속에서 작은 순무 하나를 뽑아 굶주린 배를 허겁지겁 채우다가 주먹을 움켜쥐고 결연한 표정으로 이렇게 말함.

하늘에 맹세하니… 하늘에 맹세코 절대 무너지지 않겠어.
난 살아남을 거야. 그리고 모든 게 끝나면 다신 굶주리지 않겠어.
나도, 내 사람들도! 거짓말하고 훔치고 살인을 해서라도 하늘에 맹세코 다신 굶주리지 않을 거야.

32. 왜 스칼렛 오하라가 이렇게 말했는지 이해할 수 있었음. 나도 정확히 같은 심정이었기 때문임.

33. 대표의 역할을 뼈저리게 느낌. 대표의 역할은 회사에 돈이 떨어지지 않게 하는 것임. 심장이 뛰게 하고 전신에 피가 돌게 만들어야 함. 그게 바로 돈이 떨어지지 않게 하는 것임. 8개월 동안 얻은 가장 중요한 교훈이자, 회사 설립 2년 만에 대표의 무게감을 온몸으로 받아들이게 된 최초의 순간이었음.

지금의 생각

펀드레이징은 1년 먼저 준비해야 한다

2017년은 실로 강렬한 해였다. '돈 때문에 이렇게까지 해야 하나?' 싶을 만큼 해보고 나니, 어떤 면에서는 더 이상 두려울 게 없어졌다는 게 예상치 못한 수확이었다. 그리고 돈 때문에 고통받았던 창업자들의 책을 읽으면서 나만 이랬던 건 아니구나 하고 위로도 받았다.

그중에서도 대표적인 책이 나이키 창업자 필 나이트가 쓴 《슈독 Shoe Dog》이다. 1962년부터 1980년까지 나이키의 초기 역사를 다룬 이 책의 대부분은 돈에 대한 고통으로 가득 차 있다. 사업은 해마다 고속 성장을 거듭했지만, 현금흐름이 말썽이었다. 운영 자금을 마련하기 위해 은행 대출을 한도까지 꽉 채워 받고, 주식 공모는 처참히 실패하고, 일본 무역상사로부터 돈을 빌리고, 대출을 갚기 위해 계좌 돌려막기를 하고, 심지어 은행으로부터 사기 혐의를 받아 FBI에 신고되기 직전까지 간다.

간신히 미수금을 확보해 2만 달러를 채우고, 은행 대출금을 갚고, 오니쓰카에서 제품을 납품받았다. 또 다시 안도의 한숨을 쉬었다. 그러나 곧 가슴이 답답해졌다. 다음에는 어떻게 해야 하지?

그리고 또 그다음에는?

현금이 필요했다. (…) 나한테는 현금이 없었다. 나는 하루 종일 현금만 생각하고, 현금만 이야기하고, 하늘을 보면서 현금을 애원했다. 내 나라를 줄 테니 현금을 다오. (…) 결국 나는 내가 하기 싫은 일, 다시는 하지 않겠다고 맹세했던 일을 하고 말았다. 나는 귀가 있는 사람이라면 누구한테든지 현금을 달라고 졸랐다. 친구, 가족은 물론이고 안면이 있는 모든 사람에게 현금을 빌려달라고 했다.

필 나이트는 스탠퍼드 MBA를 졸업하고 회계사로 일했지만, 동시에 달리기와 운동화, 스포츠와 승리에 미친 사람이기도 했다. 그에게 '패배'는 '죽음'과 같은 의미였다. 그런 만큼 회사에 돈이 없어 절절맸던 창업 초기는 분명 가장 고통스러운 시절이었을 텐데, 그는 그 시절만 뚝 떼어내 회고록을 썼다.

천하의 나이키조차 이런 시간을 견뎌야 했다는 사실이, 나에겐 '이 책을 읽는 당신도 끝까지 버텨라'라는 응원처럼 들렸다.

지금 돌이켜보면 프리A Pre-A 펀드레이징이 힘들었던 것과 현금이 없어서 겪었던 고통의 근원, 둘 다 이유는 간단하다. 첫째는 펀드레이징 준비가 늦었기 때문이고, 둘째는 자금 관리가 되지 않아 돈이 언제 바닥날지 파악하지 못했기 때문이다. 2016년의 나는 더 많은 콘텐츠를 만들고, 오프라인 이벤트에서 고객을 만나고, 회사의 브랜딩을 신경 쓰고, 또 내 역할이 무엇인지 고민하느라 돈에 대해서는 머릿속 우선순위에 두지 못했다.

피터 드러커는 《피터 드러커 미래경영 The Essential Drucker》에서 벤처 기업은 현금흐름 분석과 예측 관리가 필수적이라고 적었다. 그는 벤처 기업이 걸리기 쉬운 재무상의 질병 세 가지로 i) 오늘을 위한 현금의 부족 ii) 사업 확장에 필요한 자본 조달 능력 부족 iii) 지출, 재고, 채권 관리 미숙을 꼽았는데, 당시 우리 회사는 이 세 가지에 모두 해당했다. 2016년의 나는 재무 업무에 내 시간의 일부를 할애하여 돈에 대한 문제를 미리미리 준비하고 계획했어야 했다. 그러지 못했으므로, 2017년에 겪은 고통은 어찌 보면 정해진 미래 같은 것이었다.

피터 드러커는 어느 정도의 자금이 언제쯤 어떤 목적으로 필요로 하게 될지 1년 전에 예측하고 계획을 세우라고 조언한다. 갑작스럽게 자금 조달을 하는 것은 아무리 경영 상태가 양호한 기업이라도 결코 쉬운 일이 아니기 때문이다. 준비 없는 펀드레이징에 대해 그가 지적하는 문제점들은 다음과 같다.

첫째, 필요 이상의 높은 조달 비용을 지급해야 한다.

둘째, 회사 내 중요한 인재들이 가장 중요한 시기에 본연의 업무와 관계없는 일에 시간을 허비하게 만든다. 여기저기 금융 기관들을 찾아다니고, 사업 계획서를 작성하는 데 모든 재능과 에너지를 소진시킨다.

셋째, 자금 부족 문제를 해결하기 위해 기업의 장기적 미래를 담보로 잡히는 결과를 초래한다. 자금 문제가 해결되어 다시 사업에 집중할 수 있게 되면, 이미 좋은 기회를 놓쳐버린 뒤인 경우가 많다.

창업가에게 가장 중요한 두 가지는 돈과 사람에 대한 문제를 해결하는 것이다. 그런데 사업이 변화하는 시기에는 사업의 디테일을 챙기는 데 온통 에너지를 쓰느라, 돈과 사람에 대한 관심이 뒷순위로 밀리기 쉽다. 그렇게 시간이 지나면 결국 후폭풍이 몰아친다는 것을, 비싼 대가를 치르고서야 배웠다. 특히 돈은 회사의 생명과 직결된 만큼 내가 직접 하거나, 아니라면 누군가에게 이 업무를 정확하게 위임해서 돈의 흐름이 나에게 원활하게 전달되도록 만들어야 했다. 후자의 체계를 실제로 구축한 건 시리즈A 펀드레이징 이후였는데, 더 일찍 만들지 못한 것이 아쉽다.

한편 크라우드 펀딩이라는 비즈니스 모델의 특성상 콘텐츠에 따라 매출 편차가 크다는 문제, 그로 인해 현금흐름과 자금관리 예측이 어렵다는 문제는 2017년 초 깨닫게 되었다. 그 후 반복 매출이 가능한 정기구독 비즈니스 모델로 빠르게 넘어간 것은 지금 돌아볼 때 잘한 결정이었다. 피터 드러커도 이 점은 동의하리라 믿는다.

창업자의 역할에 대한 세 가지 질문

2017년 상황의 원인이 2016년의 나에게 있었던 만큼, 2016년으로 돌아가 보자면, 내 역할에 대한 고민에 빠진 계기가 있었다. 내가 정말 하기 싫은 일이 있었기 때문이다.

당시 우리는 콘텐츠별로 목표 금액을 설정하고, 고객들의 결제액이 100% 이상 달성되면 콘텐츠를 발행하는 방식을 택하고 있었다. 이를 위해서는 고객들이 무슨 콘텐츠인지 확인하고 결제할 수 있도록 설득하는 소개 페이지(쇼핑 앱에서 흔히 볼 수 있는 상세 페이지라고 생각하면 된다)가 필요했다. 아직 시장에 나오지도 않은 콘텐츠를 소개 페이지만 읽고도 사고 싶게 만들려면 탁월한 마케팅 센스가 필요했다.

하지만 나에게는 그런 재능이 없었다. 우리 팀 마케터가 만든 소개 페이지와 내가 만든 것을 비교해보면, 나라도 내 걸 보고는 사지 않을 것 같았다. 마케터는 고객이 지갑에서 절로 돈을 꺼내고 싶게 만드는 마법의 단어, 표현, 문장구조, 소개 페이지 구성을 알고 있었지만, 나는 그렇지 못했다.

그럼에도 나는 소개 페이지를 만들어야 했다. 콘텐츠 양을 늘리기 위해 제품과 운영 인력을 제외한 모두가 콘텐츠 업무에 달라붙어야 했다. 나도 예외가 아니었다. 한밤중 사무실에 앉아 잘하지도 못하는 소개 페이지를 꾸역꾸역 만들고 있노라면 문득 현타가 왔다. 내가 이걸 하려고 창업했던 건가? 내가 지금 여기서 뭘 하는 거지?

지금 되돌아보면, 나는 창업자의 역할을 잘못 이해하고 있었다. 창업자라면, 그것도 초기 스타트업의 창업자라면 A부터 Z까지 다 해야 한다고 생각했다. '이 일은 누구의 일이지?'라는 질문이 떠오른다면, 그 대답은 '대표'라고 생각했다. 사람도 부족하고 리소스도 부족한 초기 팀에서 '몸빵'으로 문제를 해결하는 사람, 누가 할지 애매한 회색지대의 일들을 솔선수범해서 해결하는 사람이 대표라고 생각했다. 창업을 통해 만들고자 하는 미래가 있는 만큼, 거기까지 가는 과정이 아무리 힘들어도 참고 견디는 것이 대표의 본분이라 믿었다.

물론 대표가 이렇게 일해야 하는 시기가 있을 수 있다. 하지만 시한을 정해두고 일시적으로 해야지, 기약도 없이 장기화되는 것은 옳지 않다고 이제는 생각한다. 창업자도 인간인지라 못하거나 하고 싶지 않은 일을 계속하다 보면 지칠 수밖에 없고, 이는 회사에 치명타가 되기 마련이다.

《피터 드러커 미래경영》에서 피터 드러커는 벤처 기업이 성장함에 따라 창업가의 역할도 변하기 마련이라고 말한다. 그는 창업가에게 다음의 세 가지 질문을 던질 것을 권한다.

첫째, 객관적으로 보았을 때 지금 회사가 필요로 하는 것은 무엇인가? (회사의 사업 방향이 바뀌거나 성장할 때마다 계속해야 하는 질문임.)

둘째, 나의 강점은 무엇인가? 회사가 필요로 하는 것 가운데 내가 잘할 수 있는 영역은 무엇인가?

셋째, 내가 진정 원하는 일은 무엇인가? 그 일은 회사에 반드시 필요한 것인가?

이 세 가지 질문은 결국 '나는 무엇에 공헌해야 하는가?'를 알아내기 위한 것이다. 피터 드러커는 대표가 이것 또는 저것을 꼭 해야 한다는 정해진 법칙 같은 것은 없다고 보았다. 회사가 필요로 하는 것, 내가 잘할 수 있는 것, 내가 하고 싶은 것. 이 세 가지 사이에서 교집합을 찾아내기 위한 지속적인 노력이 더 중요하다고 말했다.

그는 지금의 맥도날드를 만든 레이 크록을 예로 든다. (레이 크록을 다룬 영화 〈파운더 The Founder〉를 강력 추천한다.) 그는 1984년, 81세의 나이로 세상을 떠나는 순간까지 일했다. 하지만 사업 운영은 경영진에게 맡기고, 자신은 '마케팅 양심marketing conscience'이라는 역할에 집중했다고 한다. 매주 두세 곳의 매장을 방문해 음식의 품질, 주방의 청결, 종업원의 친절도를 점검했고, 무엇보다도 고객과 대화하고 관찰하며 피드백을 경청하는 중요한 역할을 직접 맡았다. 회사가 필요로 하는 일과 자신의 강점 그리고 원하는 일 사이에서 교집합을 찾아내는 창업자의 노력으로 맥도날드는 세계 최고의 패스트푸드

프랜차이즈로 발돋움한다.

피터 드러커의 진단에 따르면, 2016년 가을 '내 역할이 이게 맞나'라고 고민했던 것은 지극히 자연스러운 동시에 옳은 일이었다. 회사는 변화하고 있었고, 나는 피터 드러커가 제시한 세 가지 질문을 곰곰이 생각해보며 내 역할을 조율하면 될 뿐이었다. 콘텐츠 소개 페이지 만드는 일이 그렇게 하기 싫었다면, 다른 팀원과 일을 조율하여 나누거나 파트타임 아르바이트라도 채용해서 해결할 수 있었던 문제였다. (그래도 내가 얻은 것이 있다면, 이때의 하드 트레이닝 덕분에 고객 친화적인 스토리텔링을 어떻게 해야 하는지 배웠다는 점이다.)

《나는 거인에게 억만장자가 되는 법을 배웠다 Never Enough》에는 창업가 겸 투자자인 저자가 '게으른 리더십'이라는 개념을 서서히 익혀가던 과정에 대한 묘사가 나온다. 산더미 같은 회사 일에 치이던 그는 신뢰하는 친구에게 매일 돌아가는 사업 운영 업무를 맡기고, 자신은 전략과 마케팅 업무에 집중하는 의사결정을 내린다.

> 지금 와서 보면 그런 계획은 모든 면에서 이치에 맞았지만, 당시에는 거의 죄책감을 느낄 정도로 이례적인 생각이었다. 이는 많은 기업가가 두려워하는 결정이다. (…) 나는 갑자기 여유 시간이 많아졌다. 하루 종일 바쁘게 뛰어다니고, 각종 회의에 시달리고, 디자인 작업을 하며 밤을 새우던 옛날은 먼 과거가 되었다. (…) 이러한 경험을 통해 '내가 싫어하는 일을 좋아하는 누군가는 항상 있다'는 깨달음을 얻었다.

보통 회사의 창업자는 대표 역할을 한다. 하지만,

- 대표의 일이란 고정된 정답이 있는 것이 아니다. 상황에 따라 얼마든지 바꿀 수 있다.
- 창업자가 대표 역할을 꼭 해야 하는 것도 아니다. 자신의 강점과 원하는 바에 따라, 회사에 더 크게 공헌할 수 있는 다른 역할로 바꿀 수도 있다.
- 회사와 나 사이에서 더 이상 교집합을 찾지 못할 때는 결별하는 것도 방법이다.

만약 이때의 나처럼 '나는 누구? 여긴 어디?'로 고통받는 창업자가 있다면, 피터 드러커의 세 가지 질문을 권하고 싶다.

당신만이 결승선을 정할 수 있다

하기 싫은 일을 꾸역꾸역 하면서 시작된 고민은 해결되기는커녕 점점 안으로 곪아갔다. 창업을 시작할 때 결심했던 "딱 1년만 해보자"라는 시한도 이미 지나버린 참이었다. 이제는 계속 더 할지 말지 진지하게 결정해야 했다.

하기 싫은 일이 있었던 것은 사실이지만, 내가 좋아하는 일도 있었다. 나는 오프라인 이벤트에서 우리 고객들을 만나는 일이 좋았다. 그들과 대화하고 관찰하면서, 무엇을 좋아하고 싫어하는지, 무엇을 원하고 원하지 않는지, 우리의 어떤 점을 좋아하고 무엇을 개선하면 우리를 더 사랑해줄지 알아내고자 했다. 고객의 말과 행동에서 사업의 힌트를 찾아내는 일은 마치 재미있는 게임과 같아서 아무리 해도 지겹지 않았다. (앞서 적었던, 레이 크록이 했던 일이 딱 내가 좋아하는 일이었다.)

저자를 섭외하는 일도 마음에 들었다. 평소에 좋아하던

책의 저자들에게, 그동안 눈여겨봤던 블로그나 소셜미디어를 운영해온 사람들에게 우리와 함께 콘텐츠를 만들자고 쉼 없이 제안했다. '고객이 직접 돈을 낼 만큼 매력 있는, 그동안 한국어로 본 적 없는 멋진 콘텐츠를 같이 만들자'라는 설득의 명분도 있었다. 온라인으로 먼저 간단하게 제안한 후 관심을 보이면 직접 만나러 갔다. 그 자리에서 우리 회사에 대해 세일즈를 하면서도 '팬심'을 가진 독자로서 저자를 만난다는 사적인 즐거움을 충족할 수 있었기에, 저자를 만나는 일은 언제나 만족스러웠다.

콘텐츠 사업은 생산자와 소비자, 양 날개를 축으로 한다. 그리고 나는 가운데에서 양쪽을 연결하는 다리 역할이었다. 잘만 하면 점점 더 크고 튼튼하고 근사한 다리가 만들어질 것 같기도 했다. 이런저런 고민을 하던 중 회사 법인통장에 돈이 떨어져간다는 것을 뒤늦게 알아차렸고, 곧바로 펀드레이징으로 직행했던 것이다.

크래프톤의 공동창업자 장병규 의장이 쓴 《장병규의 스타트업 한국》에는 다른 책에서 보지 못했던 조언이 등장한다. 특정 기간과 자금을 정해놓고, 그때까지 목표를 달성하지 못하면 사업을 접겠다는 조건을 창업 전에 정해두어야 한다는 것이다. 이 조건을 가족에게도 공유하라고 권하는데, "말을 뱉어두어야만 창업자의 브레이크로 작동할 수 있다"라는 표현이 무척 인상적이었다.

> 사업을 하다 보면 대부분 예상보다 시간은 많이 걸리고, 자금은 더 많이 필요하다. 그보다 더욱 심각한 문제는, 사업을 하면 항상 조금만 더하면 뭔가 이룰 수 있을 것 같다는 느낌이 든다는

점이다. 조금만 더, 조금만 더, 이런 상태가 반복되고, 결국 감당하기 힘든 수준의 시간과 자금을 쓰게 된다.

나는 창업하면서 '1년'이라는 시간에 대한 조건만 있었을 뿐 나머지는 정해둔 바 없었으므로, 정확하게 이 패턴대로 행동했다. 펀드레이징을 8개월이나 한 것도 '조금만 더하면 될 것 같은데?'라는 생각 때문이었다. 오기도 있었던 것 같다. 그나마 '감당하기 힘든 수준의 시간과 자금'을 쓰지 않았던 점은 천만다행이었다.

같은 책에서 장병규 의장은, 창업자는 능동적이고 주기적으로 폐업을 고민해야 하며, 이는 결코 비겁한 일이 아니라고 적는다.

> 진정 강조하고 싶은 사항은, 실패나 사업을 멈추는 것은 능동적으로 고민해서 결정해야 한다는 점이다. 궁지에 몰려서 어쩔 수 없이 고민하는 것이 아니라, 궁지에 몰리기 전에 고민해야 한다. 사업을 적절하게 접겠다는 생각은 창업자 스스로를 위해서 반드시 필요하기 때문이다.

시작하기 전에 끝낼 조건을 미리 정해두어야 하며, 시작한 후에도 계속할지 아니면 여기서 멈출지를 끊임없이 고민해야 한다는 점에서 창업과 투자는 같은 속성을 갖는다는 생각이 든다. 외부 환경에 등 떠밀려 의사결정을 해서는 안 된다는 것. 자신의 주체적인 판단이 언제나 최우선이라는 것.

2016년 가을, 중대한 문제에 대한 고민을 끝의 끝까지 파고들지 못했던 나는 2023년 여름이 되어서야 비로소 답을 내렸다. 지나간 시간은 아쉽다. 더 잘하지 못한 것도 아쉽다. 하지만 능동적으로 끝을 낼 수 있었던 것에 감사하다.

《슈독》은 서문이 아름답다. '동틀 녘'이라는 제목으로, 마치 영화 속 주인공이 관객을 향해 얼굴을 돌리고 대사를 읊는 듯한 글이다. 내가 특히 좋아하는 구절은 이 부분이다.

> 내가 좋아하는 달리기만큼이나 미친 짓도 흔치 않다. 달리기는 고통스럽고 위험한 운동이다. 보상이 적을 뿐만 아니라 그마저도 확실하게 받는다는 보장이 없다. 트랙이나 도로를 달릴 때 목적지가 정해져 있는 것도 아니다. 그 어떤 것도 이런 노력을 충분히 보상해주지 않는다. 오직 달리는 행위 자체가 목적일 뿐이다. 어느 누구도 결승선을 정해주지 않는다. 당신만이 결승선을 정할 수 있다. 혹시라도 당신이 달리는 행위로 기쁨을 얻더라도, 마음으로만 얻을 뿐이다. 당신은 달리기를 이런 시각에서 바라보면서, 당신 자신을 설득시킬 수 있어야 한다.

'달리기'를 '창업'으로 바꿔서 한 번 더 읽어보았다. 인생의 52년을 한 기업에 바친 창업자가 다음 세대를 위해 남긴 충고를, 지금의 나는 믿고 싶다. 나만이 결승선을 정할 수 있다고.

Scene #4

공동창업

시작을 함께하는 사람 vs. 끝을 함께하는 사람

시기
2024년 8월 30일 금요일 저녁

장소
서초동 고메정식당

무엇을
소리, 소희, 광종과 같이 저녁을 먹다

나의 기억

시작하기 전에

1. 공동창업의 정의에 대해서는 각자 생각하는 바가 다양함. 무 자르듯 딱 구분할 수는 없으나, 몇 가지 생각을 해봄.
    a. 기여도: 법인 설립 혹은 사업 극초기부터 '무에서 유를 창조하는(0 to 1)' 과정을 함께하는 관계라면 공동창업일까? '사업을 키우는(1 to 10)' 과정을 함께한 사람은 공동창업자가 아닌가? 입사 시기가 중요할까?
    b. 지분율: 사업 극초기 멤버 중에서도 창업자 다음으로 지분을 많이 가진 사람까지가 공동창업자일까? 극초기 멤버 중 지분율이 적은 사람은 공동창업자가 아닌가? 입사는 나중에 했지만, 지분을 많이 주었다면 공동창업 관계일까? 많고 적음의 경계는 어디일까?
    c. 직책: 창업자가 CEO라면, 공동창업자는 꼭 임원급인 C레벨이어야 할까? 다른 직책(job title)은 안 될까?
2. 공동창업의 이점과 단점에 대해서는 여러 견해가 있으나, 유명한 격언 하나를 소개함.

> 훌륭한 공동창업자는 당신의 강점을 배가시키지만, 나쁜 공동창업자는 문제를 두 배로 만든다. 신중히 선택하라.

3. 나에게는 시작을 함께한 사람이 한 명 있었고, 끝을 함께한 사람이 세 명 있었음. 10년을 해보고 나서 깨달은 사실은, '시작을 함께하는 선택 vs. 끝을 함께하는 선택' 두 가지의 무게감은 차이가 난다는 것임.
4. 나는 모든 일은 시작보다 끝이 중요하다고 생각하며, 사람과의 관계도 마찬가지라고 생각함. 시작에는 설렘과 충동성, 도파민이 있음. 반면 끝은 책임감, 희생정신, 전우애가 필요함. 그렇기에 끝에 다다르고 나서 배운 것은 i) 끝을 함께한 사람들과의 관계에서 발견한 공통분모는 무엇인가? ii) 이런 공통분모의 특징을 가진 사람을, 다음에는 어떻게 해야 시작하는 시점부터 데려올 수 있는가?
5. 이번 글은 이 질문에 초점을 두고 쓴 글임.

시작을 함께한 사람

6. 2015년 3월 창업을 결심한 후, 나를 포함하여 네다섯 명 정도의 팀을 꾸려보고자 함. 콘텐츠 업계 경력이 있는 사람 한 명, 서비스를 만들 3~5년 차 개발자 한두 명, 그리고 기타 한 명 정도.
7. 다른 쪽은 모르겠으나 콘텐츠 쪽은 머릿속에 떠오르는 사람이 있었음. 20대 시절 팀장과 팀원의 관계로 함께 일한 인연이 있었고, 이후 콘텐츠 스타트업에서 일한 경험도 있기에 업계 네트워크가 있을 것이라 생각했음. 전화를 걸어 내 상황을 설명하면서 사람 추천을 부탁함. 그런데 예상치 못한 답변이 돌아옴. 본인은 어떻겠냐는 것이었음.

8. 내 답은 'Yes'였는데, 세 가지 이유 때문이었음. i) 예전에 함께 일할 때 합이 잘 맞는 편이었고 ii) 소비자로서 책을 진지하게 좋아한다는 것을 알고 있었고 iii) 내가 잘 모르는 스타트업 섹터에 대한 경험과 이해가 있었기 때문임. 이 세 가지를 고려할 때, 제안을 거절할 이유가 없었음. 게다가 평생 한 번도 생각해본 적 없는 창업이라는 모험을 갑자기 떠나게 되었는데, 혼자가 아니라 누군가와 함께 시작한다는 것만으로도 두려움과 불안감이 가라앉는 것 같았음.

9. 공동창업자는 2015년 5월에 입사함. 이때부터 창업자 겸 CEO, 공동창업자 겸 CCO Chief Content Officer 간의 관계가 시작됨.

10. 첫 1년 반 동안은 '소비자가 돈을 내게 만드는 콘텐츠 비즈니스를 해보자'는 것 말고는 정해진 바가 전혀 없었기에 네 일 내 일 구분할 게 없었음. 콘텐츠를 만들고 파는 테스트를 최대한 많이 빠르게 해보면서, 소비자가 좋아하고 업계에서 화제가 될 수 있는 히트작을 만드는 것이 가장 중요한 공동 과제였음.

11. 그 외에는 각자 맡는 역할이 나뉘었음. 나는 세일즈 업무(저자 섭외, PR 목적의 외부 미팅, 소셜미디어 활동 등)를 좀 더 많이 했고, 공동창업자는 팀 빌딩에 대한 이해도가 있었기에 업계 네트워크를 활용해 채용 후보자들을 만나는 데 에너지를 좀 더 썼음.

12. 2017년 1월 프리A 펀드레이징이 시작됨. 펀드레이징 초기에는 VC 대상으로 IR 발표를 하러 갈 때 공동창업자가 동석함. 그러나 펀드레이징 일정이 점점 늘어지다 보니, 나는 펀드레이징에 더 집중하고 공동창업자는 크라우드 펀딩이 잘 돌아가는 것에 집중하는 방식으로 역할을 나눔.

13. 2017년 7월, 정기구독 모델인 퍼블리 멤버십이 시작되었음.

그와 동시에 크라우드 펀딩 시절과 비교할 때 콘텐츠의 양과 질이 고객의 신규결제와 재결제에 미치는 영향이 훨씬 커졌음을 알게 됨. 콘텐츠 조직 팀 빌딩, 콘텐츠 신규 기획 스크리닝, 제작 중인 콘텐츠 파이프라인 관리 등 콘텐츠가 발행되기까지의 프로세스도 단계별로 훨씬 더 분화되고 복잡해짐. 공동창업자의 역할하에 이 일들이 돌아갔고, 나 또한 펀드레이징이 무사히 끝난 후부터 제품과 마케팅, 회사 자금관리, HR 어젠다 등 담당하는 일의 카테고리와 업무량이 빠르게 증가함.

14. 2015~16년에는 서로 중복되는 업무와 역할들이 있었다면, 2017년부터는 각자의 영역이 거의 분리됨. 그럼에도 매주 한 번씩 회사 전체의 전략 어젠다에 대해 공동창업자와 논의하는 일대일 자리가 있었음. 다른 팀원들에게는 터놓고 말하기 어려운 것들도 이 자리에서 소화함.

15. 2018년 1월 첫 미팅 자리에서, 당시 병행하던 크라우드 펀딩과 정기구독 사업 중 정기구독 사업에 집중하기로 결정함. 우리가 판매하는 상품은 '콘텐츠'이기 때문에, 아무리 제품이 편리하고 마케팅 성과가 좋아도 결국 사업이 잘되기 위해서는 콘텐츠의 힘이 가장 중요했음.

16. 하지만 안타깝게도 이 시기부터 공동창업자의 건강이 안 좋아지기 시작함. 장기휴가를 몇 차례 다녀오고, 사무실 출근 대신 재택근무를 하며 최대한 에너지를 아껴보고자 했으나 회복이 쉽지 않았음. 일할 수 있는 시기와 병가로 쉬는 시기가 번갈아 반복되었고, 2018년의 변곡점이었던 레이오프를 진행하던 7~8월에도 사무실에서 함께하지 못했음. 이때부터 소리가 콘텐츠 조직의 리더 역할을 서서히 맡게 됨.

17. 공동창업자와 상의하여 2019년 상반기에는 온전히 쉬면서 건강 회복에 전념하고자 휴직 기간을 길게 가졌음. 다행히 하반기에는 복직했으나 건강이 완전히 회복된 상태는 아니었음.
18. 이 시기에는 나도, 공동창업자도 마치 계란 위를 걷는 듯 서로에게 조심스러웠던 것 같음. 2015~17년 시절과 2018~19년을 거친 회사는 비즈니스 모델도, 콘텐츠 전략도, 사람을 뽑는 기준도, 많은 것이 달라진 회사였음. 회사와 서비스 이름이라는 외부 껍질은 동일하나, 내부 장기는 다 바뀌었다고 해도 이상하지 않을 정도의 변화를 겪은 상태였음. 이렇게 달라진 환경에서 다시 합을 맞추는 일은 슬프지만 둘 다에게 쉽지 않은 일이었던 것 같음.
19. 2019년 말, 공동창업자가 퇴사함.

끝을 함께한 사람

20. 끝을 함께한 사람은 여럿 있었으나, 그중 가장 깊이 상의하면서 많은 시간을 함께 보낸 리더는 세 명이었음. 소리, 소희, 광종과의 관계에 대해 간단하게 적어봄.

'사람'에 대한 대화

21. 소리는 2016년 12월에 입사해서 2024년 4월에 퇴사함. 제너럴리스트로서 일하는 것이 참 잘 맞는 사람이었음. 회사에 필요한 일이 있을 때, 그 일에 본인의 강점이 쓸모 있다면 주저 없이 뛰어들어 빠르게 해보는 용기와 실행력도 지녔음. 그렇기에 신규 사업을 해야 하거나 새로운 어젠다를 위한 조직을 꾸

려야 할 때와 같이, 전례 없는 일을 시도할 때 믿고 맡길 수 있었음. 무언가를 판단할 때 '내 이익'이 아니라 '회사가 잘되려면 무엇이 필요한가'를 먼저 생각하는 태도도 매번 고마웠음.

22. 그런 소리와의 관계가 '대표-일 잘하는 리더'에서 멈추지 않고 회사의 끝을 함께하는 사이가 될 수 있었던 것은 여러 차례의 변곡점 덕분이었음. 그중에서도 첫 번째 '결정적 순간'이 언제라고 생각하는지 소리에게 물었더니, 이 일기를 보내주었음.

> 2019년 4월, 소령 님에게 이런 이야기를 했다.
> "소령 님, 지금 맡은 역할을 제가 잘할 수 있을지 모르겠어요. 이러이러한 점에서 제가 약점이 있다는 생각이 들어서 지금 더 힘든 거 같아요."
> 그러자 소령 님이 이렇게 말했다.
> "소리 님, 2리터 물을 계속 벌컥벌컥 마시면 처음엔 죽을 것같이 힘든데 계속 마시다 보면 적응이 되어서 나중에는 한 번에 마실 수 있다고 해요. 지금은 2리터 물을 마시기 시작한 단계라 그런 거예요. 할 수 있어요."
> 이미 누가 봐도 헤매고 있는데, 내가 해내야 한다고 무조건적으로 믿는구나.

23. 만화 《하이큐!! ハイキュー!!》에는 같은 팀 동료의 무조건적인 신뢰가 가장 무서운 협박이라는 표현이 나옴. 그 절대적 신뢰에 부응하고자 한발 더 멀리, 한발 더 높이 뛰고 달리며 최선을 다하는 선수들의 이야기가 나옴. 소리에게는 2019년 4월의 대화가 그러한 순간이었다고 함.

24. 반대로 내가 소리에게 흉금을 터놓고 대화를 시작한 시기는 2019년부터였음. 이즈음부터 나는 고민이 있을 때 혼자 싸매고 있기보다는 팀 리더들과 어젠다를 공유하며 의견을 달라고 요청하기 시작함. 여러 의견을 듣고 난 후 결정을 내리는 방식으로 서서히 바꾸어가던 때였는데, 소리가 주는 의견들, 그중에서도 특히 사람의 심리에 대한 통찰을 근거로 한 판단이 결과적으로 유익했던 경험이 반복됨. 좋은 경험이 쌓이자 신뢰가 생김.

25. 소리는 책과 만화라는 간접 경험, 그리고 아이를 키우면서 얻은 직접 경험을 잘 결합한 덕분에 '사람과 관계'라는 주제에 대한 이해도가 높았음. 생각은 냉정하지만 부드럽게 전달한다는 것이 훌륭한 강점이었음. 내가 미처 인지하지 못한 부분에 대해서도 솔직하게 피드백을 주며 도움의 손길을 먼저 내미는 이타적인 사람이었음. 그래서 사업과 사람에 대한 의사결정이 필요할 때(이 두 가지는 긴밀히 연결되어 있으므로)는 물론, 매각 과정에서 사람에 관한 문제로 고민할 때 큰 도움을 받았음.

'돈'에 대한 대화

26. 소희는 2015년 11월에 입사해서 2024년 7월에 퇴사함. 셋 중 가장 먼저 입사했고, 나를 제외하면 가장 마지막까지 일한 사람이었음. 농담 반 진담 반으로 "개발과 디자인 빼고 다 해봤다"라고 할 정도로 회사의 시작부터 끝까지 필요한 오퍼레이션을 두루두루 맡았음. 다양한 사업의 디테일한 운영을 챙기는 것은 물론 법무, 회계, 세무, 노무, 인사, 주주관리 등 회사 운영에 필요한 일들을 외부 전문가와 협업하며 도맡아 했음. 일머리가 좋고, 커뮤니케이션이 정확하며, 일에 대한 윤리

work ethics 기준이 매우 높다는 것도 강점이었음.

27. 소희에게도 첫 번째 '결정적 순간'에 대한 기억을 물어봄. 소희는 2018년 가을, 회사의 돈이 오가는 일체의 일을 내가 소희에게 다 맡기겠다고 이야기했던 회의실을 떠올렸음. 소희는 이렇게 중요한 일을 믿고 맡기는 이유가 뭐냐고 물어봤고, 내 대답은 우리가 언젠가 더 이상 일로 연결된 관계가 아니더라도, 앞으로 계속 친구로 지내고 싶기 때문에 이 일을 부탁하고 싶다는 것이었음. 폭풍 같았던 2018년 여름, 최초의 레이오프가 지나간 다음이었고, 소희가 어떤 사람인지 알게 되면서 믿고 맡길 수 있었음. 이때부터 법인통장과 법인인감 관리를 소희가 하게 됨.

28. 회사에 돈이 들고 나는 일을 맡긴다는 것은 생각했던 것보다 훨씬 더 큰 의미가 있었음. 예를 들면, 소희는 모든 팀원의 급여 정보를 알 수 있었음. 이런 정보를 관리한다는 것은 i) 기밀 유지를 잘할 수 있는 사람이라는 믿음과 ii) 자신이 받는 보상과 타인의 보상을 감정적으로 비교하지 않으며, 타인을 함부로 평가 judge 하지 않는 사람이라는 판단이 있었기 때문인데, 여기까지는 예상한 바였음. 하지만 뜻밖에 중요했던 것은, 그 전까지는 오롯이 나만 알고 있던 돈에 대한 고민을 이제는 소희와도 나눌 수 있게 되었다는 점이었음.

29. 돈에 관한 이야기는 너무나 민감해서 마치 내 속살을 다 까 보이는 것과 같음. 그래서 나 혼자 삭이는 일이 많았음. 하지만 이제는 더 이상 "임금님 귀는 당나귀 귀"라고 외치지 않아도 되었음. 돈을 맡긴다는 것은 누구에게도 하지 못할 얘기를 할 수 있는 사람을 찾았다는 뜻임을, 소희와의 관계에서 배웠음.

30. 한 가지 더 배운 것이 있음. 웃음 포인트가 같으면 친구가 될

수 있고, 빠침 포인트가 같으면 일을 함께할 수 있다는 것이었음. 소희와 나는 웃음 포인트와 빠침 포인트가 같다는 점이 큰 행운이었음. 가까이 살았기 때문에 퇴근길 버스를 함께 타면서 하루의 일과 생각을 공유하는 날도 많았음. 그래서 소희는 나에게 일종의 심리상담사 같은 존재이기도 했음.

'미션'에 대한 대화

31. 광종은 2017년 12월에 입사해서 2024년 5월에 퇴사함. 프로덕트 매니저를 거쳐 퍼블리 멤버십과 커리어리의 사업 리더 역할을 맡음. 데이터를 깊게 뜯어보고, 사고를 칼날같이 예리하게 하고, 자신의 아이디어를 팀에게 설득력 있게 커뮤니케이션하는 재능이 뛰어났음. 리더는 결국 자신의 말과 글, 행동으로 같이 일하는 사람들을 움직여야 하는데, 그는 제품 조직뿐 아니라 마케팅, 콘텐츠, 사업개발 등 비제품 조직도 유능하게 다루는 피플 스킬(다양한 사람들과 소통하며 설득하고 협업하는 능력)도 갖춘 사람이었음.

32. 광종에게도 첫 번째 '결정적 순간'에 대해 질문함. 특정한 순간을 꼽기는 어렵다면서도 계속해서 새로운 챌린지가 주어져서 지루할 틈이 없었고, 시간이 갈수록 점점 더 책임감이 커지는 리더 역할을 맡았던 게 중요했던 것 같다고 답함.

33. 반면 나에게는 인상 깊은 두 가지 기억이 있음. 첫 번째는 2018년 1월, 당시 인턴으로 입사했던 광종과 처음으로 일대일 미팅을 했던 날임. 광종은 2016년 9월 〈조선일보〉에 나왔던 내 인터뷰를 오려서 가져왔는데, 군 복무 중 이 기사를 봤다고 했음. 자신이 갖고 있던 미션('좋은 콘텐츠로 더 나은 세상을 만들 수 있다')을 이 회사에서는 실현할 수 있지 않을까 싶어 휴가를 내

서 면접을 보러 왔고, 제대 후 드디어 입사한 거라고. 그 후로 도 몇 번의 사업적 변화가 있을 때마다 광종은 나에게 이 변화가 미션에 부합한다고 생각하는지, 그 이유는 무엇인지 꾸준히 질문하는 사람이었음.

34. 두 번째는 2022년의 어느 날이었음. 날이 좋아 사무실 대신 삼성동을 산책하며 일대일 미팅을 했음. 광종은 얼마 전 영화 〈라라랜드 La La Land〉를 다시 보면서 머리를 한 대 맞은 듯했다고 이야기를 꺼냄. 남자 주인공 세바스찬은 재즈를 사랑하는 예술가의 길을 고수하려 하지만, 여러 가지 현실적인 이유로 대중적 인기와 돈을 우선하는 노선을 택함. 한참 시간이 흐른 후 그는 젊은 날 자신이 원하던 재즈 바를 열었는데, 그 꿈은 현실과 타협하는 시간을 거쳤기에 가능했다는 이야기였음.

35. 광종은 이 이야기를 하면서 자신이 입사할 때 가지고 있었던 미션에 부합한 사업이 퍼블리 멤버십이었다면, 시장의 한계를 마주한 뒤 선택한 현실적인 노선이 커리어리 같다고 함.

36. 되돌아보면, 이날은 과거에 공유했던 미션이 더 이상 유효하지 않다는 고백과, 현실과 타협했다는 자각을 둘 다 처음으로 입 밖에 꺼낸 날이었다는 생각이 듦. 씁쓸하더라도 회사를 위해서는 이게 최선이라는 대화로 마무리한 것으로 기억됨.

37. 그렇기에 광종은 내가 끝을 내고 싶다는 이야기를 꺼냈을 때 크게 놀라지 않았음. 사업에 대해 숫자와 이성으로 이루어진 조언이 필요할 때마다 광종은 늘 1순위로 논의하는 파트너였음. 그러나 그 관계의 밑바닥에는 미션에 대한 공감대가 있었기에, 끝을 내겠다는 나의 결심에 대해 논리가 아닌 직관으로 이해해준 사람이라는 점이 역설적이면서도 고마웠음.

38. 이 세 명의 공통점은 능력 면에서 내게 없는 강점을 가지고 있

어 상호 보완이 가능했다는 점도 있지만, 무엇보다 중요한 것은 태도에 있다고 생각함. 똑똑하고, 겸손하고, 성실하고, 책임감이 강한 사람들. 이들 덕분에, 내가 어떤 사람과 일하고 싶은지를 귀납적으로 깨닫게 됨.

39. 그리고 한 가지 더. 이들과의 관계에는 각각 '사람, 돈, 미션'이라는 주제가 밑바탕에 있었음. 그리고 이 세 가지는 결국 사업의 전부이기도 함. 긴 시간 폭풍우를 버티면서도 사람과 돈, 미션에 대한 서로의 가치관을 확인하며 지지해주었고, 그래서 끝을 함께하는 것도 가능했음.

40. 퇴사 후 8월의 마지막 금요일 밤, 넷이 함께 저녁을 먹음. 이제 서로 소속은 달라졌지만, '전우'였던 기억만은 생생했던 자리였음.

지금의 생각

공동창업은 필수인가

'공동창업은 필수인가?'라는 질문은 '결혼은 필수인가?'라는 질문과 비슷하다고 생각한다. 만약 결혼이 필수가 아니라고 생각한다면, 주변에서 아무리 뭐라 한들 안 하면 그만이다. 반대로 주변의 분위기에 휩쓸려 '나도 해야 할까?' 싶어 충동적으로 뛰어든다면, 후회할 일이 생길지도 모른다. 사랑하는 사람이 생겼다고 해서 곧장 결혼이라는 결론으로 이어지는 것도 마찬가지다. 사랑과 결혼은 다른 것이므로.

결국 자신은 결혼이 필요한 사람인지, 결혼을 원하는 사람인지에 대한 진지한 성찰이 먼저라고 생각한다. 심사숙고 끝에 결혼을 원한다는 결론이 났고, 적합한 사람right person을 만나게 된다면 이보다 더 좋을 수 없다. 결혼을 원하지 않았지만, 적합한 사람을 만난 덕분에 생각이 바뀔 수도 있다. 문제는 결혼을 원하는 마음이 큰 나머지 적합한 사람이 아닌데도 결혼을 하거나, 결혼에 대한 내 주관이 부족한 상태에서 분위기에 휩쓸려 결혼하는 경우다. 운이 좋으면 천만다행이지만, 아니라면? ('결혼'을 '공동창업'으로 바꿔서 이 단락을 다시 읽어보자.)

《나는 거인에게 억만장자가 되는 법을 배웠다》를 쓴 앤드루 윌킨슨은 이렇게 적었다.

> 올바른 사업 파트너를 선택하는 일은 인생의 배우자를 고르는 것만큼이나 중요하다. 당신의 배우자가 가정에서의 행복을 결정한다면, 직장에서의 행복은 비즈니스 파트너가 결정한다. 하지만 비즈니스 파트너는 쉽게 이혼할 수 없으므로 훨씬 더 복잡하다. 지분을 매입해 내보내지 않는 한 당신은 그들과 영원히 묶여 있어야 한다. 다른 기업가들과 이야기하면서 나는 비즈니스 파트너십이 많은 위험을 동반한다는 사실을 배웠다. 어떤 파트너와는 회사 전체의 통제권을 두고 싸우기도 했고, 회사를 위해 110퍼센트의 노력을 기울이는 파트너가 있는가 하면 매일 휴가만 가는 파트너로 인해 원수가 되어 헤어지는 일도 있었다. 잘못될 가능성은 수도 없이 많았다.

앤드루 윌킨슨은 단독 창업자였으나, 창업 3년 후 주거래은행에서 만난 재무상담사였던 크리스 스팔링을 CFO(Chief Financial Officer)로 영입한다. 그들은 몇 년간 함께 일하면서 서로에 대해 파악했고, 그 후 크리스가 회사의 주식을 매입하면서 동업자로 관계가 전환되었다. 사업을 매각한 후에는 투자지주회사를 공동으로 설립했고, 지금도 동업자로 함께 일하며 15년 넘게 관계를 이어오고 있다.

워런 버핏과 찰리 멍거의 관계는 배울 점이 더 많다. 버크셔 해서웨이의 회장 겸 CEO인 워런 버핏과 부회장 찰리 멍거가 주주총회 연단에 함께 있는 장면이 익숙해서 이 둘은 처음부터 동업했나 생각했다. 그러나 《가난한 찰리의 연감》을 읽고 알게 된 것은, 이 둘이 처음 만난 지 무려 17년 만에야 동업을 시작했다는 사실이다.

1959년 둘이 처음 만났을 때 워런 버핏은 29세, 찰리 멍거는 35세였다. 첫 만남부터 사업, 금융, 역사 등 폭넓은 대화가 잘 통했다. 버핏은 오마하에, 멍거는 LA에 살고 있었지만, 잦은 통화와 장문의 편지로 투자 아이디어를 나누며 점차 같은 기업에 투자하게 된다. 1975년 멍거는 자신의 투자 회사를 접고 이듬해 버크셔 해서웨이에 합류했으며, 1978년 부회장직을 맡았다. 만나자마자 아무리 대화가 잘 통하고 투자에 대해 깊은 교감을 나눴다 할지라도, '동업자'라는 관계에 이르기까지는 17년이 걸렸다. 그만큼 서로를 지켜보고 내린 신중한 결정이었던 셈이다. 그리고 이 파트너십은 결혼 서약서에 나오는 문구 그대로 '죽음이 갈라놓을 때까지' 이어지다 2023년 멍거의 타계로 47년 만에 종료된다.

공동창업에 대한 일반적인 정의에 따르면 크리스 스팔링도, 찰리 멍거도 공동'창업'을 한 것은 아니다. 하지만 '동업자'라는 관계로 숙성되기까지, 이들은 세상에서 가장 강력한 테스트 수단인 '시간의 힘'으로 서로를 검증했다. 좋은 날도 나쁜 날도, 기쁜 날도 화나는 날도 모두 함께 겪은 뒤에야 내린 판단이었다. 그렇기에 사업의 동업자, 더 나아가 인생의 동업자가 될 수 있었던 것이 아닐까.

그러므로 창업가에게 필요한 것은 '공동창업자'가 아니라 '동업자'라고 해야 더 정확할 것 같다. 사업의 시작 단계에 만날 수 있으면 굉장한 행운이지만, 사업 여정의 어느 단계에서든 만날 수만 있어도 인생 최고의 복이라 할 수 있다. 그렇기에 워런 버핏은 2024년 2월 발표한 '버크셔 해서웨이 주주 서

한'에서 이렇게 아름다운 추도사를 남겼다.

> 위대한 건물은 건축가와 함께 기억되는 반면, 콘크리트를 붓고 창문을 설치한 사람들은 금세 잊혀지게 됩니다. 버크셔는 위대한 기업이 되었습니다. 나는 오랫동안 건설현장을 책임져 왔지만, 찰리는 버크셔의 건축가로 영원히 기억될 것입니다.

동업자의 조건은 무엇인가

좋은 동업자를 선택하는 방법에 대한 자료는 많다. 하지만 여기서 방점은 '누구에게나 좋은 사람'이 아니라 '나에게 좋은 동업자'에 찍혀야 한다. 지난 시간을 되돌아보면, 나에게 가장 중요한 조건은 두 가지였다.

첫째, 고통을 함께 견딜 수 있는가? 나는 고통을 함께 견디는 구간을 통과하고 나서야 친구가 된다고 생각하는 사람이다. 같이 놀고 밥 먹고 술 마신다고 친구가 되지 않는다. (그런 관계는 지인에 가깝다.) 그래서 나에게 친구란, 나이의 많고 적음과 무관하게 크든 작든 고통을 돌파하는 과정에서 생기는 전우애에 가까운 개념이다.

동업자의 경우, 정말 전우라고 해도 무방하다. 물리적인 생사의 문제가 아닐 뿐 정신적인 생사의 고비를 수없이 함께 넘겨야 하기 때문이다. 그렇기에 고통을 대하는 태도, 즉 '어떤 고통은 수용하고 어떤 고통은 저항하며, 그 속에서도 어떻게 성실하고 책임감 있게 한발 한발 전진하는가'라는 측면에서 서로의 결이 맞아야 한다고 생각한다.

이런 맥락에서 '어떤 일의 끝에 다다랐을 때 어떻게 행동하는가'는 그 사람이 고통을 대하는 태도를 보여주는 좋은 리트머스 테스트다. 가장 끝의 순간에 하는 행동은 그 사람에 대해 정말 많은 것을 보여준다. 지난 10년 동안 끝을 잘 마무리하기 위해 최선을 다하고 퇴사한 사람과 그렇지 않은 사람을 모두 경험했다. 이 차이는 내게 사람에 대해 파악하는 좋은 기준점이 되었다.

사람은 쉽게 변하지 않으므로 과거의 어떤 행동은 앞으로도 반복할 가능성이 높다. 그래서 함께 일할 사람을 채용할 때 반드시 체크해야 할 것은 '전 직장을 퇴사할 때 어떻게 행동했는가'이다. 단 하나의 레퍼런스 체크 질문을 골라야 한다면 이것을 꼽겠다. 동업자 후보로 고려한다면 더 말할 것 없이 이 질문에 대한 깊은 대화가 필수다.

둘째, 내가 존경할 수 있는 사람인가? 흔히들 '공동창업자는 반드시 나보다 뛰어난 사람을 골라야 한다. 그래야 성공 확률이 높다'고 말한다. 이 조언을 곰곰이 생각해보면, 기준점은 '나'에게 있다. 나보다 더 뛰어난 사람인지 파악하려면 내가 어떤 사람인지 아는 것이 먼저고, 내가 갖지 못한 역량이나 경험이 있는지 파악하려면 내 역량과 경험을 먼저 잘 알아야 한다. 즉 자신에 대한 메타인지가 있어야 상대방이 좋은 파트너인지 판단할 수 있다는 뜻이다.

그런데 내가 갸우뚱했던 지점은, 기준점이 나 자신이다 보니 나의 뇌를 속이기도 쉽다는 점이다. 마음에 드는 사람이면 나보다 뛰어나다고 얼마든지 합리화할 수 있고, 마음에 들지 않는 사람이라면 내가 가진 역량이나 경험보다 부족하다고 이유를 댈 수 있다. 비교 대상이 나 자신이라면, 머릿속 저

올에서 얼마든지 나를 이리저리 기울일 수 있는 것이다. 더욱이 내가 상대보다 더 빨리 성장한다면? 내가 더 빨리 역량이나 경험을 발전시킨다면? 그때는 어떻게 되는 것인가.

이런 의문들은 《가난한 찰리의 연감》을 읽은 후 해소되었다. 찰리 멍거는 젊은이들에게 커리어에 대한 세 가지 조언을 한다.

> 자신이 사지 않을 것은 팔지 않는다.
> 존경하지 않고 존중하지 않는 사람 밑에서 일하지 않는다.
> 같이 있으면 즐거운 사람들하고만 일한다.

이 중 두 번째 조언을 읽고 나서, 나에게 중요한 동업자의 요건은 '존경할 수 있는 사람인가'라는 문장으로 정리된다는 것을 알았다. 존경심을 불러일으키는 요소는 가치관, 능력, 태도 등 다양하지만, 서로에 대한 존경심을 오래 유지하기 위해 무엇보다 중요한 건 둘 다 끊임없이 진화하고 발전하는가이다. 존경심의 기준은 시간이 지날수록 점점 높아지고, 그 기준에 미치지 못하는 순간 마음이 식는 건 금방이다.

그러므로 찰리 멍거는 아침에 일어날 때마다 어제보다 조금 더 현명해지려고 노력하면서 하루를 보내라고 말한다. 매일 1인치씩 밀어붙이라고 한다. 복리의 힘을 믿고 꾸준히 실행하는 동업자 관계라면, 그 사업은 안될 수가 없을 것 같다.

간단 스케치 - 10가지 교훈

이 주제에 대해 고민하면서 배운 10가지를 간단하게 적어 본다.

하나, 소리, 소희, 광종 세 사람의 최초의 '결정적 순간'이 무엇이었는지 소리에게 공유했다. 소리는 "다들 무조건적인 신뢰를 느낀 순간이군요, 결국"이라고 답했다. 《테일러 스위프트 Taylor Swift》라는 책에는 이런 구절이 나온다.

어네스트 헤밍웨이가 이런 말을 했어요. "누군가를 믿어도 되는지 알아보는 최고의 방법은 그 사람을 믿는 것이다." 그게 제가 삶을 살아가는 방식이에요. 하지만 동시에 그 신의를 거듭거듭 증명한 사람들을 곁에 두는 것 또한 중요하죠.

둘, 만약 동업자로 고려하는 사람을 만난다면 사람, 돈, 미션에 대해 깊은 대화를 나누자. 더는 파도 파도 나올 게 없을 정도로, 서로의 뼛속이 들여다보일 만큼 하자. 이 대화가 결국 회사의 원칙이 된다. 〈하버드 비즈니스 리뷰〉 2025년 7~8월호에 실린 '완벽한 공동창업자를 식별하는 법 How to Identify the Perfect Cofounder'에는 이런 조언이 나온다.

하버드 MBA에서 제가 가르치는 수업 중 가장 인기 있는 세션은 사람과 돈과의 관계에 관한 것입니다. 관점은 매우 다양할 수 있으며, 종종 가족이나 개인적 경험에 깊은 뿌리를 두고 있으며,

때로는 어린 시절로 거슬러 올라가기도 합니다. 잠재적인 파트너가 돈에 대해 어떻게 생각하는지는 자본 조달, 제품 가격 책정, 비용 관리, 직원 급여 지급과 같은 주요 결정에 직접적인 영향을 미칩니다. (…) 이러한 대화가 불편하게 느껴질 수도 있지만, 앞으로 함께하게 될 롤러코스터 같은 여정에서 탄탄한 기반을 다지는 데 도움이 될 것입니다. 그리고 이러한 대화는 공동창업자가 되기로 합의했다고 해서 끝나서는 안 됩니다. 공동창업자와의 관계가 성숙해짐에 따라 사업 기간 내내 계속되어야 합니다.

셋, 동업자로 진지하게 고려한다면, 실제로 함께 일해보며 검증하는 시간을 갖자. 예전에 함께 일한 경험이 있더라도 각자 다른 환경과 시간을 보냈다면 둘 다 예전과는 다른 사람이 되어 있을 가능성이 있다. 지금의 모습은 직접 부딪쳐봐야만 안다. 2번과 같은 출처의 조언이다.

누군가를 개인적으로 아는 것과 그 사람이 위험 부담이 큰 비즈니스 환경에서 어떤 성과를 내는지 확인하는 것은 완전히 다른 문제입니다.

넷, 동업자와 본격적으로 함께하기로 했다면, 공동창업자 계약서 항목에 들어갈 내용에 대해서도 대화를 반복하자. 찜찜한 구석이 단 하나도 없다고 두 손을 들 때까지 이야기하자. 이때 내 입장을 대리할 수 있는 변호사의 조언을 받아 법적으로 충분히 검토하는 작업도 병행하자. 주주와 체결하는 투자 계약서와 마찬가지로, 이런 종류의 일은 한번 결정하고 나면 번복하는 데 막대한 비용이 든다. 번복 비용이 큰 결정일수록, 변호사를 포함해 주변의 조언자에게 도움을 청하는 시간을 절대 아까워하지 말자. 마찬가지로, 2번과 같은 출처의 조언이다.

> 공동창업자가 되는 것에 대해 긍정적인 생각이 들면 역할과 책임, 지분 배분 방식, 귀속 일정 vesting schedules, 의결권, 지적재산권 소유 등 구체적인 내용을 포함하는 공동창업자 계약서를 작성하십시오. 안타깝게도 많은 공동창업팀이 초기 관계에 스트레스를 주고 싶지 않아 이 부분을 회피합니다. (…) 벤처 사업이 진행 중인 상태에서는 합의가 어렵기 때문에 처음부터 합의하는 것이 중요합니다. 게다가 계약서를 통해 잠재적 파트너의 목표와 성격을 파악하는 경우가 많습니다. 제가 일했던 두 명의 공동창업자는 계약서에서 이미 직책과 책임을 확정한 상태였는데, 한 명은 빠른 회수를 위해 빠르게 엑시트하고 싶어 하고, 다른 한 명은 IPO 가능성이 있는 장기적인 사업을 구축하고 싶어 한다는 것을 알게 되었습니다. 이러한 의견 불일치로 인해 결국 함께 사업을 진행하지 않기로 결정했습니다.

다섯, 창업자에게 필요한 변호사는 창업자가 미처 보지 못하는, 고려하지 못하는, 상상하지 못하는 중요한 리스크를 미리 알려주고, 그것을 최소화하기 위한 법적 장치를 계약서에 포함시키는 역할을 하는 사람이다. 샘 월턴의 자서전 《월마트, 두려움 없는 도전》에는 사업 초기에 그가 겪은 뼈아픈 에피소드가 등장한다. 그는 매장 임대차 계약서에 '최초 5년이 지난 후 계약을 갱신할 권리가 있다'는 취지의 문구가 빠졌다는 사실을 놓친 채 계약서에 사인했고, 결국 그 매장을 성공시키고도 5년 후 건물주에게 쫓겨나게 된다.

> 그때가 내 사업 인생에서 가장 힘든 시기였다. (…) 억울하고 비참한 마음은 쉽게 가라앉지 않았다. 임대차 계약서를 작성할 때의 어리석었던 나 자신이 한심했고, 건물주를 생각하면 분노가 치밀었다. (…) 이 경험이 나를 변화시켰는지는 단정할 수 없다. 적어도 그 일 이후로는 임대차 계약서를 주의 깊게 살펴보게 되었고, 이 세상이 얼마나 매정한지도 뼈저리게 깨달았다. 아마 그 일 이후로 당시 여섯 살이었던 장남 롭에게 커서 변호사가 되라고 종용했던 것 같다.

장남 롭 월턴은 실제로 변호사가 되어 월마트의 법률고문이 되었고, 샘 월턴의 작고 후 월마트 회장을 지냈다. 가족 중 변호사가 있다면 더없이 좋겠지만, 그렇지 않더라도 언제든 연락할 수 있는, 유능하고 신뢰할 수 있는 변호사를 반드시 곁에 두자.

여섯, 의사결정 권한이 창업자 1인에게 명확히 부여되도록 지분구조를 만들자. 동업자와 동등한 5대 5 지분 분배는 '재앙의 씨앗 recipe of disaster'이 된다는 수많은 경고를 잊지 말자.

일곱, 동업자는 회사의 일원으로서 공정 fair 하게 대하자. 창업자와 동업자는 서로에게 더욱 엄격해야 한다. 대표부터 오늘 입사한 인턴까지 그 누구도 회사의 원칙에서 예외가 되어서는 안 되며, 특정인을 위한 원칙이나 제도가 만들어져서도 안 된다.

여덟, 모든 것에는 끝이 있으므로 회사의 끝, 관계의 끝에 대한 대화도 동업자와 날것으로 하자. 어렵고 불편할 것이다. 그렇기에 이 대화는 '전시 wartime'가 아니라 '평시 peacetime'에 미리 해두어야 한다.

아홉, 동업자와 대화 중 그 자리에서 즉시 답변하거나 결정하려고 하지 말자. "그렇군요. 일단 생각 좀 해보겠습니다"를 디폴트 답변으로 입에 달아놓자.

열, 어떤 주제든 서로 속마음을 밑바닥까지 탈탈 털어놓는 대화를 해야 나중에 후회가 없다. 동업자와의 관계에서는 불완전 연소가 아니라 완전 연소를 추구하자.

인생을 함께할 수 있는가

레이 달리오는《원칙 Principles》에서 채용할 때는 인생을 함께하고 싶은 사람들을 선택해야 한다는 사실을 여러 번 강조한다. 장기적 관계를 염두에 두고 사람을 선발할 경우, 가치관이 가장 중요하고 능력은 그다음, 기술이 가장 덜 중요한데도 흔히들 기술과 능력을 먼저 선택하고 가치관을 간과하는 실수를 저지른다고 지적한다. 채용에서도 그럴진대, 동업자라면 더 말할 나위가 없다.

2005년 출간된《가난한 찰리의 연감》초판에 워런 버핏은

'동업자 선택에 관한 조언'이라는 글을 썼다.

> 나로 말할 것 같으면 '동업자 선택에 관한 조언'을 하고 싶다. 먼저, 당신보다 더 똑똑하고 현명한 사람을 찾아라. 그런 사람을 찾은 다음에는 그 우월성을 과시하지 말라고 요청하라. 그래야 그 사람의 생각과 조언에서 나온 수많은 성과에 대한 공을 누릴 수 있다. 당신을 절대 의심하지 않고, 당신이 값비싼 실수를 저질렀을 때 토라지지 않을 동업자를 찾아라. 또한 자신의 돈을 넣고도 적은 돈을 받고 일할 관대한 사람을 찾아라. 끝으로, 먼 길을 함께 걸어가는 동안 꾸준히 즐거움을 더할 사람과 동행하라.

여기에 대한 찰리 멍거의 화답은 이렇다. 제목은 '계몽이 필요하지 않는 동업자'다.

> 내가 워런을 크게 계몽시켰다는 생각에는 약간의 허구가 있다고 생각한다. 그는 그다지 계몽이 필요하지 않았다. 솔직히 나는 내가 과도한 공치사를 받았다고 믿는다. (…) 워런이 해가 갈수록 더 나아지는 것은 믿기 어려운 일이다. 영원히 지속되지는 않겠지만 실제로 그는 발전하고 있다. 정말 놀랍다. 대다수 70대 노인은 발전하지 않는다. 하지만 워런은 발전한다.

서로가 서로에게 이러한 찬사를 쓸 수 있는 동업자 관계에서 버크셔 해서웨이라는 기업이 탄생한 것은 어쩌면 자연스러운 결과인 것 같다.

Scene #5
전시 CEO로 산다는 것

시기
2020년 12월 31일 자정

장소
삼성동 패스트파이브 삼성 3호점 사무실

무엇을
일 매출 1억 원을 달성하는 매출 그래프를 지켜보다

나의 기억

한 주 동안 고객에게 사용하는 시간은 얼마인가

1. 2019년 2월, 시리즈A 펀드레이징이 끝남. 투자금으로 달성할 목표는 정기구독 사업의 유료 구독자를 늘리는 것이었음.
2. 매출이나 영업이익 같은 재무적 목표보다 '유료 구독자 수'가 KPI로 가장 중요했던 이유는 이 숫자가 커지면 커질수록 i) 콘텐츠 공급자인 저자 섭외력 및 협상력이 커지고, ii) 구독자의 콘텐츠 소비 데이터를 기반으로 잘 팔릴 콘텐츠를 기획할 가능성이 높아지며, iii) 그 결과 매출과 영업이익도 자연스럽게 따라올 것이라는 판단 때문이었음. 사업의 플라이휠flywheel을 그려볼 때 첫 단추는 유료 구독자 수였고, 이는 같은 콘텐츠 정기구독 사업인 넷플릭스를 벤치마킹한 결과이기도 했음.
3. 유료 구독자 수를 늘리기 위해 고객을 가능한 한 깊이 파악하고자, 고객 인터뷰를 진행했음. 전담 TFT를 만들어 100명 넘는 유료 고객과 일대일 집중 인터뷰도 하고, 매주 몇 명의 고객을 사무실로 초대해 인터뷰를 진행한 후 이를 기록하여 팀과 공유하는 프랙티스를 만들었음.
4. 당시 타운홀에서 '내 일정 중 고객을 직접 만나거나 고객에 대한 자료를 읽고 생각하는 시간이 매주 몇 퍼센트를 차지하는지 관리하겠다'라고 선언할 만큼 고객을 강조하던 시기였음.

제프 베이조스가 고객 집착customer obsession을 중시했듯이, 우리도 고객에게 집중해야 KPI 달성 방법을 찾을 수 있다고 믿었음.

5. 하지만 이런저런 노력을 했음에도 2019년 하반기 내내 유료 구독자 수는 5000명 선에서 정체되었음. 신규고객을 확보하면 거의 같은 수의 고객이 이탈하는 상황이 매달 반복됨. 고객들이 우리의 대체재로 고려하던 잡지나 커뮤니티들도 우리처럼 유료 고객이 5000명 안팎이라는 이야기를 들었음. '돈을 내고 최신 트렌드나 정보를 얻고자 하는 국내 시장의 규모가 애초에 그 정도인가?' 하는 생각도 들었음.

6. 돌파구를 찾지 못한 채 팀이 서서히 지쳐가는 것이 느껴졌음. 이럴 때일수록 내가 전면에 나서서 팀을 이끌고 전진해야겠다는 각오를 다지던 2019년 연말, 퇴사한 공동창업자와 지분 정리를 해야 하는 이슈가 발생함. 당분간 내 에너지가 분산될 수밖에 없겠다고 판단해, 정기구독 서비스를 전담하는 사업 리더에게 권한을 위임함.

진통제는 팔아보면 안다

7. 지분 정리 이슈에 예상보다 훨씬 많은 시간과 에너지가 소진됨. 마무리되기까지 반년 이상 걸렸고, 공개적으로 공유할 사안도 아니었기에 팀에 가장 미안했음. 당시 상황은 소수의 리더만 알고 있었는데, 이들이 물심양면으로 각자의 역할을 충실히 해준 덕분에 회사가 버틸 수 있었음.

8. 이 시기에 고무적인 성과는 새로운 고객군을 발견했다는 점

이었음. 고객이 무엇을 원하는지 파고든 결과이자 기존의 관성을 과감히 깸으로써 얻은 성과였기에, 우리의 일하는 체질이 바뀌었다는 점에서 더욱 기뻤음.

9. i) 읽는 데 5~10분 정도 걸리는 짧은 분량에 ii) 회사 생활에 바로 써먹을 수 있는 실용적인 노하우 콘텐츠를 만드는 시도였고, iii) 빠르게 검증하고자 팀원들이 직접 콘텐츠를 작성했음. 콘텐츠 조직 리더였던 소리가 주도한 이 세 가지 변화는 이전까지의 콘텐츠 기획 및 제작 방식과 정반대였음.

10. 이 시도를 통해 찾아낸 고객은 주니어 직장인이었음. 일하는 방법을 배워야 하지만 사수가 없거나 체계적인 교육이 부족한 환경에서 스스로 생존 방법을 찾아내야 하는 이들이었음.

11. 이 고객들을 만나면서 알게 되었음. 유료 고객 5000명에 머물렀던 시절, 우리는 '비타민'을 팔고 있었다는 것을. '진통제'를 팔기 시작하면서 '아, 이게 바로 진통제구나'를 바로 깨달았음. 고객의 반응에서 현격한 차이가 나기 때문에.

12. 2020년 상반기, 마의 5000명 구간을 탈출했고, 좀 더 넓은 시장에서 슬슬 바이럴이 퍼지고 있다는 것이 느껴짐. 책을 많이 읽는 고객이나 최신 트렌드를 알고자 하는 고객이 아니라, 회사에서 겪는 어려움을 빠르게 해결하고 효능감을 얻고자 하는 이들이 우리의 가장 큰 타깃이 되었음.

준비가 아닌 각오의 문제

13. 2020년 하반기, 드디어 일에 100% 헌신할 수 있는 모드가 됨.
14. 하지만 9월, 정기구독 사업을 이끌던 리더가 퇴사하게 됨.

15. 설상가상으로 시리즈A 투자를 받은 지 어느새 1년 반이 지나 회사의 현금도 얼마 남지 않은 상태였음.
16. 사업을 가장 잘 아는 리더는 퇴사했고, 회사 잔고는 간당간당하던 시기에 KPI인 유료 고객이 조금씩 증가하고 있었던 것은 다행이었지만, 다음 라운드 펀드레이징을 하기엔 크게 부족했음. 상반기에 내 시간을 사업에 전심전력으로 쓰지 못했던 상황에 울분이 터졌지만, 이미 지나간 일은 어쩔 수 없었고, '그래서 이제 앞으로 어떻게 할 것인가?'가 중요했음.
17. 우선 정기구독 사업 리더의 공백을 누가 메울 것인가가 시급한 과제였음. '지금의 긴급 상황에서 내가 그 역할을 맡아야 하는가? 하지만 나는 제품을 잘 모르는데? 복잡한 데이터를 능수능란하게 다룰 자신이 없는데? 준비가 안 되어 있는 것 같은데?' 이런 생각들이 꼬리에 꼬리를 물고 이어짐. 약 1~2주 정도 잠을 거의 못 잤음.
18. 그러다 문득 이건 준비 여부의 문제가 아니라 그냥 내가 해야 한다는 각오가 들었음. 각오를 하자 머릿속에 복잡하게 얽혀있던 실타래가 칼로 한 번에 베어지듯 정리되는 느낌이었음. 불면증도 사라짐.
19. 추석 연휴를 마치고 돌아와 가장 먼저 한 일은 내가 사업 리더를 겸임하겠다고 팀에 공유하고, 디테일한 부분부터 직접 챙기는 것이었음. 콘텐츠, 제품, 마케팅, 운영을 담당하는 리더들과 매주 일대일 미팅을 했고, 내가 모르는 것은 물어보고, 내가 할 수 없는 일은 도와달라고 하거나 위임했음. 대신 리더들에게 약속한 것은, 의사결정을 최대한 빠르고 명확하게 하겠다는 것이었음. 시간을 끌거나 어물쩍 넘기지 않겠다고.
20. 이 시기, 제품 조직 리더였던 광종이 가져온 어젠다 두 가지에

대해 빠르게 의사결정함. 하나는 고객이 실제로 우리 콘텐츠를 경험해본 뒤 결제할 수 있도록 7일 무료체험을 도입한 것이었고, 다른 하나는 '유료 고객 수'의 보조 KPI였던 '1개월 상품 재결제율'을 버린 것임. 고객이 매달 재결제를 할지 고민하게 만들기보다 6개월이나 12개월 단위의 장기상품을 판매해 고민하는 주기를 늘리면 재결제율을 높일 수 있다는 가설이 있었음. 둘 다 고객 입장에서 생각할 때 '왜 이게 없지?' '왜 이게 있지?'라는 챌린지 끝에 나온 것이었는데, 지금까지의 관성을 부수는 작업이기에 나는 대찬성이었음. 계속 변화하고 또 변화하면서 살길을 찾아야만 했음.

21. 대표로서 내가 새롭게 한 일은 회사의 현금 잔고와 다음 펀드레이징 계획에 대해 팀 전체에 투명하게 공유한 것임. 프리A 펀드레이징 시기에는 나 혼자 돈 문제를 끌어안고 고통받았다면, 시리즈A 펀드레이징 시기에는 리더들과 솔직하게 공유했고, 이제는 팀 전체와 상황을 공유하고 고통을 나누는 모드로 변화가 필요하다고 느꼈음.

22. 리더들에게 먼저 이 아이디어에 대해 물어보니, 타운홀에서 공유하는 게 좋겠다는 답이 돌아옴. 논의 결과, 공유할 때의 리스크는 i) 밖으로 정보가 새 나갈 수 있다는 것 ii) 팀의 사기가 저하되거나 이직을 고려하는 사람이 생길 수 있다는 점이었음. 하지만 이 리스크보다 공유함으로써 얻는 효과가 더 크다고 판단했고, 제한된 시간에 팀이 목표에 집중할 수 있도록 만드는 좋은 기회가 될 것이라 보았음.

23. 2020년 11월, 타운홀에서 직접 이야기했음. 현재 우리 회사 법인통장 잔고가 얼마인지, 향후 반년간 월별 예상 재무계획과 다음 펀드레이징에 성공하려면 KPI와 매출이 어디까지 올라

야 하는지, 그러려면 우리가 무엇을 해내야 하는지에 대한 구체적인 설명이었음. 앞으로 6개월간의 사업 성과에 따라 펀드레이징이 가능할지가 결정될 것이고, 그것은 곧 회사의 미래가 걸린 문제라는 메시지를 전했음.

> **우리에게 주어진 시간**
>
> - 현재 매월 Net Burning: 2억
>   - 월 매출 1억, 비용 3억 쓰는 구조
>
> - 2020년 9월 말 잔고 20억
>   이대로 가면 → 앞으로 런웨이 10달 (2021년 7월)
>
> 그래서 정리하자면, 이렇습니다
>
> - 2021년 3월 31일까지, 6개월에 퍼블리 사업의 승패가 달려있다
>
> - 다음 IR을 할 수 있는 미니멈 요건을 3월 31일까지 맞출 수 있는가, 없는가에 따라 회사의 미래가 결정

24. 추후 이날의 타운홀에 대해 많은 팀원이 매우 인상적으로 받아들였다는 것을 알게 되었음. '이것이야말로 진정 한 치 앞을 모르는, 언제 망할지 모르는, 긴장감과 쫄림이 최고조인 스타트업이구나…'라고 생각했다고.

유료 고객 1만 명 돌파

25. 2020년 10~11월은 정기구독 사업 리더이자 회사 대표로서 숨 가쁘게 보냈음.
26. 정기구독 사업은 7일 무료체험을 시작하면서 고객 수가 빠르

게 증가했고, 12개월 장기상품 판매로 매출도 올라가기 시작했음. 그 와중에 연말 프로모션 준비까지 더해지며 팀 전체가 매우 바쁘고 정신없었음. 하지만 밤늦게까지 야근을 해도 사무실엔 항상 활력이 돌았음. 사업 지표가 올라가고 매출이 상승하면 누가 시키지 않아도 신나서 일한다는 것을 알게 됨.

27. 한편에는 2020년 9월부터 시작한 동영상 콘텐츠 신사업이 있었음. 텍스트 콘텐츠 기반인 정기구독 사업에서 확보한 고객 및 저자를 레버리지해서 시작한 사업이었음. 매출이 빠르게 올라갔고, 영상 기획과 제작/판매를 모두 자체적으로 해야 하는 만큼 이 팀도 무척 바빴음.

28. 마지막으로 2019년 4월에 만들기 시작한 '커리어리'가 있었음. 이 서비스는 2년이 되도록 지지부진한 상태였음. 이런 상황에서는 팀 내 갈등 역시 두드러지기 마련이라는 것도, 아무리 HR 차원에서 해결책을 강구해도 사업 성과가 해결되지 않는 한 백약이 무효라는 것도 배웠음.

29. 대조되는 세 팀을 이끌며 북 치고 장구 치고, 당근과 채찍을 병행해가며 정신없이 두 달을 보냈음. 그리고 11월 말, 마침내 유료 고객 1만 명에 도달함.

30. 11월 마지막 금요일, 낮부터 식당 하나를 통째로 빌려 전체 회식을 하기로 결정함. 거의 4년 만의 회식이었음.

31. 고기와 술을 무제한으로 먹고 마시며 그동안 함께 고생한 것에 대해 고마워하고, 서로 웃고 울고 떠들던 기억이 잔뜩 남아 있음. 회식 중간에 조용히 빠져나와 집까지 천천히 걸어가면서 자축하는 한편 앞으로의 각오를 다짐함. '회사 하면서 언제가 가장 기뻤어?'라고 누가 묻는다면, 이날이 다섯 손가락 안에 꼽힐 정도로 행복한 추억임.

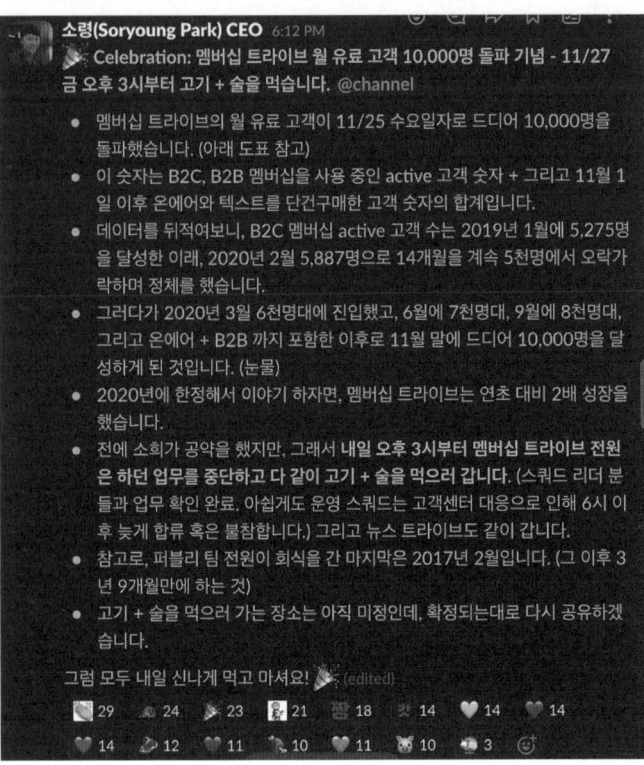

일 매출 1억 원 달성

32. 우리가 하던 정기구독 서비스의 속성 중 하나는, 고객 입장에서 '머리로는 좋은 줄 알지만, 실행하려면 계기가 필요한 서비스'라는 점이었음. 새해부터는 '영어 공부를 하자' '운동하자'라고 목표를 세우며 연말에 영어 학원이나 헬스장에 등록하는 것처럼, 우리도 그와 유사한 카테고리에 속해 있다고 생각했음.

33. 2019년 연말에 시험 삼아 해본 프로모션이 떠올랐고, 2020년 연말에는 여기에 전력투구해보기로 함. 이유는 앞서 내린 결정들과 같았음. 이런저런 이유로 지금까지 하지 않았던 것들을 이제는 해봐야 했음. '똑같은 일을 반복하면서 다른 결과를 기대하는 것은 미친 짓이다'라는 말처럼(아인슈타인의 명언으로 알려졌지만, 실제로 그가 말했다는 증거는 없다고 함) 하던 대로 해서는 회사의 결말이 뻔했기에, 할 수 있는 최대치로 관성을 부숴야 했음. 프로모션을 위해 추천받은 마케팅 리더도 모셔옴. 딱 석 달만 도와달라고 장고의 설득 끝에 해냄.

34. 이 무렵 모 마케터분의 조언이 떠올랐음. 사업하는 데는 복잡한 엑셀이나 데이터 프로그램이 필요한 게 아니고, 정말 중요한 핵심 숫자 몇 개만 대표가 매일 기록해보면 무엇을 개선해야 할지 감이 잡힐 거라는 조언이었음. 밑져야 본전이므로, 프로모션을 시작한 12월 1일부터 나도 구글 스프레드시트를 하나 열어 매일 숫자를 기록하기 시작했음.

35. 2~3일 정도 기록하자 바로 깨달음이 왔음. 아, 이거구나. 한 칸 한 칸 숫자를 입력하면서 생각하는 것은, 그래프를 눈으로만 확인하는 것과는 뇌를 사용하는 부위부터 다른 느낌이었음. 숫자를 직접 입력하다 보니 매출과 비용, 중요한 지표들이 모두 내 손안에 잡히는 듯했고, 무슨 숫자가 더 중요하고 덜 중요한지, 앞으로 무엇을 더 해야 하는지도 정리되었음.

36. 그때부터 매일 밤 12시에서 1시 사이, 내가 기록하는 숫자를 팀 전체가 볼 수 있도록 슬랙에 공유하고, 숫자에 대한 해석과 앞으로 할 일을 함께 적기 시작했음.

37. 이것은 나를 위해서만이 아니라 팀에도 중요한 시그널을 전하고자 의도한 행동이었음. 대표가 매일 자정, 그날의 사업 숫

자를 직접 마감하고 확인한다는 것을 팀에 투명하게 보여주는 것은 그만큼 이 프로모션의 성과가 내년에도 회사가 존재하는 데 긴요하다는 메시지였음. 프로모션이 진행되는 두 달간 하루도 빠짐없이, 주말도 예외 없이 이 루틴을 지켰음. 말이 아니라 행동으로 전하고 싶었음.

38. 프로모션이 진행될수록 매출 숫자가 빠르게 상승했음. '사업으로 돈을 번다는 게 이런 건가?' 싶을 정도로 도파민이 쏟아지던 시기였음. 마케터뿐 아니라 콘텐츠 매니저, 개발자, 디자이너까지, 모두가 우상향하는 매출 그래프를 제 눈으로 직접 확인하고 싶어 안달이 나 있었음. 팀 전체가 대단히 몰입한 시기였음.

39. 12월 31일을 앞두고 마케팅 비용을 집중함. 미국의 블랙프라이데이나 중국의 광군제처럼, 우리는 새해가 시작되기 직전이 고객의 지갑을 열기 가장 좋은 순간이라는 가설이 있었음. 12월 31일 하루 동안 일 매출 1억 원을 넘기고 싶었기에 이 목표를 향해 달려보자고 팀을 더 독려했음.

40. 12월 31일 당일에는 사무실 내 자리에 앉아 매출 숫자를 직접 보고 싶다는 생각이 들었음. 어디까지 올라갈 수 있는지, 현장(오프라인 매장이 있었다면 거기에 있었을 테지만, 우리는 온라인 사업이었기에 사무실이 곧 현장이었음)에서 직접 확인하고 싶었음. 매출이 쭉쭉 올라가는 그래프는 아무리 보고 또 봐도 전혀 지겹지가 않았음.

41. 드디어 자정이 지나 새해 1월 1일이 되었음. 12월 31일 마감 기준으로 일 매출 1억 원이 넘게 찍힌 것을 확인함. 바로 슬랙에 올렸는데 순식간에 수많은 이모지가 다다닥 달렸음. 모두가 이 순간을 지켜보고 있었던 것에 진심으로 행복했음. '이게

바로 팀워크구나'라는 것을 절절하게 느꼈음.
42. 폭발적인 기쁨과 안도감을 동시에 느끼면서, 일하느라 사무실에 남아 있던 소희와 함께 버스를 타러 나갔음. 집으로 가는 막차 버스를 타며 "새해 복 많이 받아"라는 인사를 동료와 주고받았던, 기억에 오래 남을 새해맞이 순간이었음.

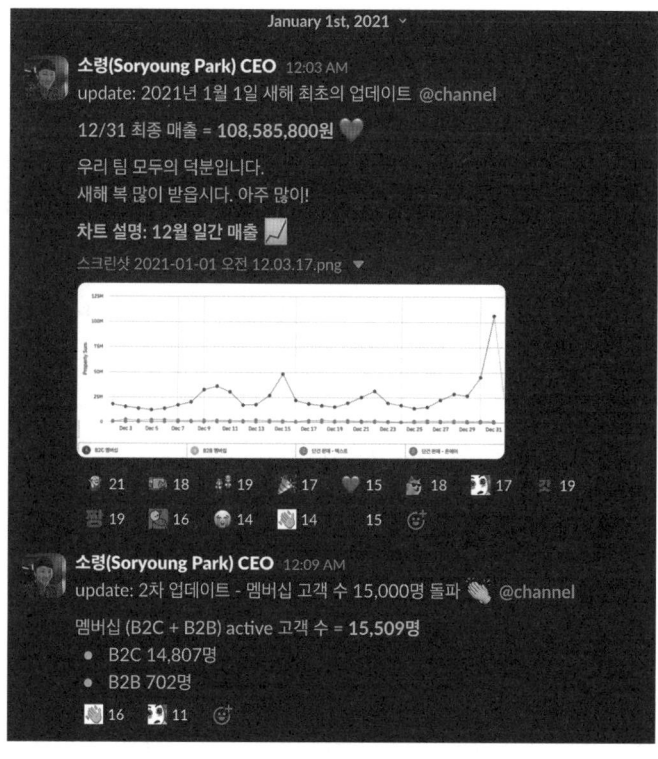

지금의 생각

고객에 집중하여 변화를 만드는 리더십

    2020년의 성과들을 지금 와서 돌아보면, 고객에 집중한다는 강렬한 마인드셋이 좋은 결과를 만들어냈다는 공통점이 보인다. 당시만 해도 정기구독 사업모델을 기반으로 한 디지털 지식/정보 콘텐츠 비즈니스에 대해 어떻게 하면 좋을지 길을 보여주는 사람이 없었다. (〈뉴욕타임스〉, 〈니혼게이자이신문〉 등 해외 언론사 사례들은 있었으나 이들은 이미 강력한 브랜드 파워가 있었으므로 우리 상황과는 거리가 있었다.) 그렇다면 우리가 믿을 구석은 고객을 파고드는 것밖에 없었다. 콘텐츠도, 제품도, 프로모션도 모두 철저히 고객 입장에서 결정할 때만 획기적인 변화가 가능했고, 실제 성과로 이어졌다.

    피터 드러커가 제시하는 벤처 기업의 성공 원칙 네 가지 중 첫 번째는 '시장에 초점을 맞추어라'다. 벤처 기업이 성공을 거두는 것은 대부분 예상치 못했던 시장에서 예상치 못한 고객이 예상치 못한 용도로 구매할 때이므로, 이런 것을 예외적인 것으로 취급하고 무시해서는 안 된다는 것이다. 따라서 예상치 못한 이벤트가 발생하면, 분명한 기회로 인식해서 체계적으로 관찰하라고 강조한다.

    이를 위해서는 창업자가 현장에 나가서 되도록 많은 시간을 보낼 것을 조언한다. 시장에 나가서 고객들 그리고 세일즈맨들과 시간을 보내면서 직접 보고 들어야 한다는 것이다. 우리가 만드는 제품과 서비스가 무엇인지 정의하는 것은 고객이지, 생산자인 회사나 창업자 자신이 결코 아니라는 사실을 항상 상기하면서 일하려면, 현장에 나가는 것만큼 효과적인 방법은 없다는 것이 피터 드러커의 생각이었다.

'고객에 집착하자'라는 깃발을 대표가 먼저 들고 달려가더라도, 팀 전체가 동참해서 조직의 일하는 문화로 자리 잡기까지는 시간이 꽤 걸린다는 것도 보인다. 고객과의 대화가 얼마나 중요한지 처음 배운 것은 2018년이었는데, 그 후 사업 성과로 나타나기까지 2년 넘게 걸렸다. 조직마다 걸리는 시간이 천차만별이겠지만, 30여 명 규모의 스타트업조차 이 정도 시간이 걸렸다는 사실은 변화가 얼마나 어려운지를 단적으로 보여준다.

《월마트, 두려움 없는 도전》에서 샘 월턴은 목차 중 하나를 '고객이 가장 중요하다'로 뽑을 만큼 고객의 중요성을 강조했다. 그는 소매업의 변화는 고객이 주도하므로, 소매업에서 성공하고 싶다면 고객이 원하는 것에 집중하는 게 전부라고 강조한다. 그는 매일 아침 눈을 뜨면 '오늘은 무엇을 개선해볼까'라는 아이디어가 샘솟는 사람이었고, 아이디어의 원천은 고객에게 집중하는 것이었다.

그러나 샘 월턴은 고객을 강조하는 것과 별개로, 그것을 실제 변화로 만들어내는 데는 또 다른 차원의 어려움이 있다는 사실도 꿰뚫어보았다. 비즈니스에서 성공하려면 끊임없이 변화해야 하는데, 문제는 '변화에 대한 저항'이라는 매우 강력한 인간 본성을 이겨내야 한다는 점이다.

가장 큰 문제는 변화에 대한 저항이 크다는 것이다. 어떤 일 처리 방식에 익숙해지고 그 방식이 가장 좋다는 생각이 굳어지면, 다른 일도 모두 같은 방식으로 처리해야 한다고 생각하게 된다. 이 때문에 나는 지속적인 변화를 월마트 문화의 필수적인 요소로 만드는 것을 나의 개인적인 숙명처럼 여긴다. 지금까지 월마트가 큰 도약을 할 때마다 내가 나서서 변화를 강하게 밀어붙였다. 다른 이유 없이 오로지 변화를 위한 변화를 고집한 적도 있다. 나는 모든 것을 내려놓고 처음부터 새로 시작할 수 있는 능력이야말로 월마트의 기업문화에서 가장 큰 장점 중 하나라고 생각한다.

고객에게 집중하여 성과를 만들어내기까지는 시간이 걸리고, 변화를 추구하는 데는 불확실성이 따른다. 투입한 돈과 시간, 노력 대비 실망스러운 결과가 나올 수 있다. 수많은 리스크, 나아가 실패도 오롯이 감당해야 한다. 게다가 인간 본성과 싸워 이겨내야 한다. 이런 일들을 묵묵히 해내는 것이 우리가 아는 위대한 창업가들의 하루하루가 아닐까 생각한다.

평시 CEO vs. 전시 CEO

2020년 9~12월까지의 넉 달은 하루하루가 길게 느껴졌고, 동시에 이렇게 많은 변화와 성과를 만들어낼 수 있다는 사실에 깜짝 놀라기도 했던 시간이었다. 프로야구를 보면 우승하는 팀에서 '기세'가 느껴질 때가 있는데, 우리 팀이 그랬다. 우리의 돈과 시간이 점점 줄어들고 있다는 것을 모두 알았지만, 그렇기에 오히려 '이왕 하는 거 끝까지 달려보자'는 분위기가 있었다. 분위기가 쌓이면 결과는 따라온다.

벤 호로위츠는 《하드씽 The Hard Thing about Hard Things》에서 평시와 전시의 차이를 말한다. 비즈니스에서 '평시'란 회사가 경쟁사보다 큰 폭으로 우세한 위치에 있을 때이며, 시장을 확대하고 조직의 강점을 강화하는 시기다. 반대로 '전시'란 임박한 생존의 위기에 직면했을 때다. 총에 탄약이 하나밖에 남지 않아서, 어떻게 해서든 명중시켜야만 한다. 회사의 생존은 사활을 걸고 긴밀히 협력하는 데 달려 있다.

그리고 벤 호로위츠에 따르면, 평시와 전시에 CEO가 해야 할 일은 전혀 다르다. 그는 그 차이를 16가지로 정리했는데, 그중 나에게 강렬하게 다가온 몇 가지만 소개한다.

> 평시 CEO는 큰 그림에 역점을 두고 세부적인 결정은 직원들이 할 수 있게 권한을 위임한다. 전시 CEO는 가고자 하는 주된 방향에 방해가 된다면 깨알만 한 사항까지도 신경 쓴다.
> 평시 CEO는 기업문화 조성에 시간을 할애한다. 전시 CEO는 위기 상황이 문화를 규정하게 한다.
> 평시 CEO는 폭넓은 동의를 얻으려 노력한다. 전시 CEO는 합의 형성도 좋아하지 않고 의견 차이도 용납하지 않는다.
> 평시 CEO는 크고 위험하고 대담한 목표를 세운다. 전시 CEO는 적과 싸우느라 너무 바빠서, 일상이 전투인 노점 상인으로 살아본 적이 없는 컨설턴트가 쓴 경영서 따위는 읽을 시간이 없다.
> 평시 CEO는 구성원들의 업무 만족도를 높이고 경력 개발을 돕기 위해 직원 교육을 실시한다. 전시 CEO는 직원들이 전쟁에서 전사하지 않게 하기 위해 교육을 실시한다.

전시 CEO의 항목에 나를 대입해보니 12가지 항목에 해당했다. 75%나 되니, 꽤 전시 CEO에 가까운 방식으로 행동했던 것 같다. 변곡점은, 불면증에 시달리던 중 준비되지 않았다는 불안감 따위 집어치우고 그냥 내가 하겠다고 각오했던 날이다. 잠이 오지 않을 만큼 두렵고 일의 무게에 짓눌리는 느낌이 들더라도, 이것은 나밖에 할 수 없는 일이고, 내가 되게 만들어야 하는 일이라는 사실을 받아들이자 비로소 전시 CEO로 출발할 수 있었다.

놀라웠던 점은 전시 CEO로 일하는 것이 생각보다 어렵지 않다는 깨달음이었다. 물론 힘은 들었지만, 그 이상으로 즐거웠다. 나는 모든 숫자를 다 꿰고 있었고, 돌아가는 일을 장악하고 있었다. 고객에게 집착하고, 목표를 달성하기 위해 무엇을 해야 할지 확신이 있었고, 구체적인 실행은 리더들에게 맡겼으나 그 디테일도 모두 파악하고 있었다. 결과까지 좋았으니, 만족감은 두말할 나위 없었다.

문제는 그다음이었다. 나의 전시 CEO 모드는 2021년 7월 초, 시리즈B 펀드레이징이 종료될 때까지 약 10개월간 유지되었다. 그러나 지금 돌아보면, 전시 CEO 모드는 그때 끝나서는 안 되었다. 벤 호로위츠는 자신이 겨우 사흘 동안만 평시 CEO였고, 나머지 8년 내내 전시 CEO로 일했다고 회고한다. 앤드루 그로브 역시 《편집광만이 살아남는다 Only the Paranoid Survive》라는 제목의 책을 쓸 만큼, 대표가 편집광적인 자세로 일해야만 변화 속에서 회사가 생존할 수 있다고 주장했다.

벤 호로위츠는 또 다른 책 《최강의 조직 What You Do Is Who You Are》에서, 한 사람이 평시 CEO와 전시 CEO 두 역할을 모두 할 수도 있지만 결코 쉽지 않다고 말한다. CEO는 둘 중 하나에 적합한 성격적 특성을 갖는 것이 일반적이라는 것이다. 그래서 만약 문화를 바꾸어야 한다면, 이사회는 아예 선수를 교체하는 방법을 택한다. 기존 CEO를 내보내고, 새로운 환경에 필요한 새로운 CEO를 자리에 앉히는 것이 현실적이며 효과적인 방법이라고 그는 주장한다.

내 성향상 전시 CEO가 꽤 잘 맞는다는 것을 확인하고서도, 나는 자진해서 강점을 반납해버리고 만 것이다.

전시 CEO는 불편한 존재인가

왜 그때의 나는 전시 CEO 모드를 중단했을까. 지금 생각해보면 세 가지 이유가 있었다.

첫 번째는 몸이 편해지고 싶다는 본능적인 이유였다. 전시 CEO의 16가지 특성을 하나하나 읽어보면, 모두 엄청난 에너지를 요구한다. 자동비행 autopilot 모드의 항공기 조종사가 아니라, 사고 확률이 가장 높다는 이륙과 착륙 시의 조종사처럼 고강도의 긴장감을 유지해야 한다. 2020~21년 이후에도 전시 CEO 모드로 일해야 할 때가 종종 있었고, 그럴 때면 '지금 당장 토할 것 같다'든지 '몸 안의 장기가 다 녹아내리는 것 같다'는 생각을 했다. 아무리 성향에 맞는 일이라 해도, 그것을 지속해서 견디는 체력은 다른 문제였다. 벤 호로위츠 역시 아직도 전쟁을 겪던 시절의 장면이 머릿속에 되살아나 떨쳐버리기 힘들다고 고백한다.

두 번째는 법인통장에 들어온 투자금이 주는 정신적 게으름 때문이었다. 그전까지 회사가 보유한 현금에 비하면 많은 돈이지만, 더 크게 생각하면 아무것도 아닌데도 나는 돈이 주는 안정감에 취해버렸다. 통장에 돈이 생겼을 뿐 우리는 여전히 영업이익을 내는 사업모델을 찾지 못해 불안정하기 짝이 없는 스타트업인데도 급격히 해이해졌다. 전쟁터 한복판에서 일시적인 물자 보급만 이루어진 것으로 여겼어야 했는데, 평시인 양 착각하고 말았다.

마지막 이유는 좀 더 복잡한 내면의 갈등 때문이다. 평시 CEO의 특성은 소위 '좋은 사람이자 좋은 리더'의 전형적 모습이다. 반대로 전시 CEO의 특성은 가까이하고 싶지 않은 인물 유형이고, 특히 한국 사회의 기준에서는 비판받기 쉬운 점들도 다수 포함되어 있다. 그렇기에 전시 CEO로 일하려면 어릴 때부터 학습된 '좋은 사회인'에서 벗어날 뻔뻔함이 필요한데, 나는 그러지 못했다. 오히려 눈치를 봤다. 나 혼자 일하는 게 아니라 팀과 함께 일하기 위해서는 선천적 기질은 가능한 한 억누르고, 후천적으로 학습된 사회인 자아가 필요하다고 생각했다. 전시 CEO는 어디까지나 긴급 상황에서 일시적으로 유효하다고 생각했고, 내가 읽었던 많은 책에 나오는 것처럼 평시 CEO 모드로 일하는 것이 더 우월한 방향이라고 믿었다. 하지만 지금 돌아보면, 나는 그저 전시 CEO로서 '미움받을 용기'가 없었던 것이다.

《하드씽》에서 벤 호로위츠는 대부분의 경영서들이 평화로운 시기의 성공적인 기업들을 연구한 컨설턴트가 썼다는 점을 기억해야 한다고 주장한다. 평시 CEO가 사용하는 방법들에 대해 알려주는 책이 아니라, 전시 CEO가 탁월하게 경영하는 법을 알려주는 책을 읽어야 한다는 것이다. 문제는 그런 책이 거의 없다는 것이라며, 나처럼 책으로 학습하는 것을 좋아하는 독자에게 날카롭게 경고한다.

이나모리 가즈오는 전시 상황을 겪은 기업들을 살려낸 생생한 경험이 있었기에, 《왜 리더인가》에서 이렇게 적는다.

> 정말 간절하게 해내고 싶은 일이 있다면, 무례하고 난폭하다는 소리를 들을지언정 과감하게 일의 한복판에 뛰어들어야 한다. (…) 나는 느슨하고 헐거운 마음가짐으로 문제의 뒤로 물러나 좋은 사람인 척하는 리더보다 가끔은 미치광이 소리를 듣더라도 무소처럼 일의 정면으로 달려들어 일을 완벽하게 장악하는 리더를 훨씬 신뢰한다. 우리는 일 앞에서 좀 더 난폭해져도 된다. 아니, 리더라면 반드시 그래야만 한다. 당신의 일을 당신 대신 해결해줄 사람은 어디에도 없기 때문이다. 경영자는 더 이상 물러날 곳이 없는 위치에 선 사람이다. 그러므로 리더에게 쓸데없는 마음의 여유 따위가 있어서는 안 된다.

나의 경우, 회사가 전시 상황이라는 것을 인지하고 나면 전시 CEO 모드로 일하는 것이 가능했으나, 현재가 전시인지 평시인지 상황을 냉정하게 판단하는 데는 어려움을 겪었다. 벤 호로위츠처럼 8년 3일 중 8년을 전시 CEO로 사는 것도 방법이지만, 그보다는 전시와 평시를 잘 구분할 수 있는 현명함을 갖추고 싶다. 인생도, 사업도, 장거리 경주이므로.

균형과 과함 사이에서

2024년 가을, 에어비앤비 창업자 브라이언 체스키는 실리콘밸리에 뜨거운 논쟁거리를 던졌다. 마이크로 매니지먼트에 대한 부정적 인식을 깨고 '창업가 모드 founder mode'로 복귀해야 한다는 주장이었다. 그는
'리더십은 부재 absence가 아니라 존재 presence해야 하는 것'이라면서, 창업자가 경영의 디테일을 모두 살펴봐야 한다고 강조했다. 그리고 자신이 가장 후회하는 일 중 하나가 처음 1000명까지의 채용 면접을 직접 보지 않은 것이라며, 모든 사람이 회사를 그만두겠다고 위협할 때까지 창업자는 채용에 깊숙이 관여해야 한다고 주장했다.

이 대목을 읽고 오래전 엑스에서 보았던 구절이 떠올랐다. 이 글을 쓴 댄 로즈는 벤처 투자자로, 아마존과 메타에서 20년 일한 베테랑이다. 아마존과 메타의 초창기에 입사하는 두 번의 행운이 있었고, 제프 베이조스와 마크 저커버그와 직접 붙어서 일하며 얻은 인사이트를 공유해서 화제가 되었다.

> 두 사람은 모두 미래를 살았고, 구석구석을 꿰뚫어보는 안목으로 항상 수년, 수십 년 앞을 내다봤다. 동시에 제품과 디자인의 아주 사소한 디테일까지도 집요하게 파고들었다. 30000피트(약 9km) 높이의 상공에서 전체를 조망하다가도 단숨에 3피트(약 90cm) 거리까지 내려와 디테일을 파헤치는 능력이 있었다.

브라이언 체스키가 (전시 CEO 모드와 유사한) '창업가 모드'로 회귀하여 마이크로 매니지먼트를 해야 한다고 주장할 때, 많은 이들은 큰 그림을 보는 것과 디테일을 챙기는 것 사이 어딘가의 균형이야말로 좋은 해결책이 아닌가 생각한다.

그러나 댄 로즈의 회고는 이런 생각을 무너뜨린다. 제프 베이조스와 마크 저커버그는 A와 B 사이의 균형이 아니라 A, B 둘 다 한다. 미래를 내다보면서도 지금을 살고, 하늘 위에서 가장 멀리 내다보다가도 순식간에 땅으로 내려와 디테일을 챙긴다. 그들은 전시 CEO이자 평시 CEO의 삶을 동시에 산다.

이렇게 하려면, 과하게 하는 것 외엔 답이 없다. 메타가 2025년 6월, 약 20조 원을 투자해 49%의 지분을 인수한 스케일 AI의 창업자 알렉산더 왕은 1997년생으로, 열아홉 살에 창업했다. 그는 서브스택에 글을 틈틈이 쓰는데 그 중 '과하게 하라DO TOO MUCH'라는 글이 있다.

리더는 팀 전체가 어느 수준까지 몰입할 수 있는지, 그 기준을 정하는 사람이다. 리더가 해야 할 일은 명확하다. 그 누구보다 더 많이, 더 깊이, 더 미치도록 하는 것. 때로 지나쳐 보일 수 있지만, 그게 바로 적절한 수준이다.
- 남들이 지나치게 낙관적이라고 하면, 적당한 낙관인 것이다.
- 남들이 과하게 의사소통한다고 하면, 적당히 소통하는 것이다.
- 남들이 기대치를 넘어선 성과라고 하면, 적당한 성과일 뿐이다.
- 남들이 마이크로 매니지먼트라 하면, 적당히 관리하고 있는 것이다.
- 남들이 무자비할 정도로 우선순위를 매긴다고 하면, 우선순위를 제대로 세운 것이다.

(…) 우리가 달성한 모든 것은 모두가 과도함의 문화culture of overdoing를 진심으로 받아들인 덕분이다. 우리는 기존 회사들이 결코 못 할 일들을 해낸다. (…) 의미 있는 것을 만드는 일은

아름답지만 두렵고 고통스럽다. 그리고 그것을 과하게 하지 않는다면, 당신은 불충분하게 하고 있는 것이다.

어린 시절의 나였다면, 그의 주장이 '정답'이라 생각하고 빠져들었을 것 같다. 하지만 지금은 안다. 사업에는 정답도 오답도 없기에 세심하게 균형과 효율을 찾는 것도, 미쳐 보일 정도로 과하게 쏟아붓는 것도, 제3의 방법도 다 좋다. 선택지가 많을수록 좋고, 일하는 방식이 다양할수록 경쟁의 질도 높아진다.

그러므로 중요한 것은 '어떤 것이 내가 원하는 방식인가? 나에게 잘 맞는 길인가?'라는 질문이다. 이제는 이 질문 앞에서 스스로에게 정직할 수만 있다면, 어떤 방식이든 좋다고 생각한다.

Scene #6

자원배분의 문제

100억 원 이상의 돈이 생겼을 때

시기
2021년 10월

장소
삼성동 패스트파이브 삼성 3호점 사무실

무엇을
임시 타운홀을 열고 회사의 변화를 선언하다

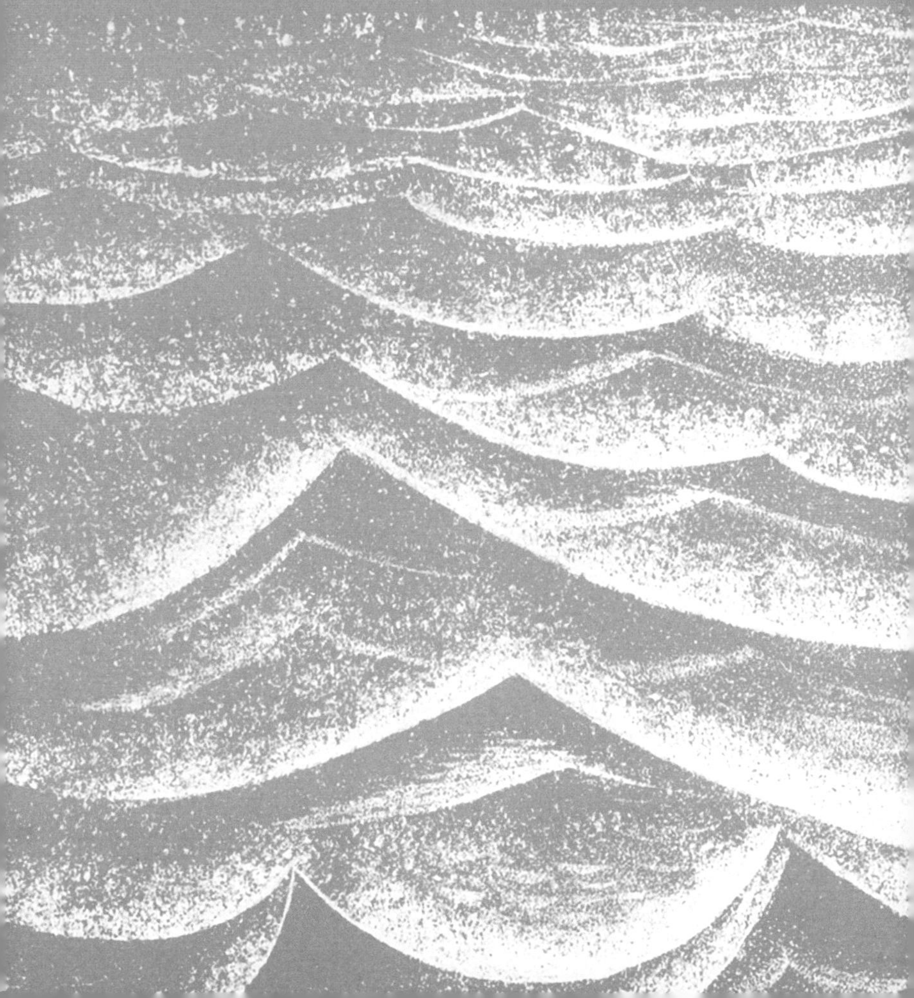

나의 기억

가장 많은 돈을 가장 빨리 모으다

1. 2021년이 왔고, 프로모션은 1월 말까지 계속 진행 중이었으나 슬슬 펀드레이징에 대해 고민하기 시작했음.
2. 주주들도 2020년 말부터 사업 성과가 드라마틱하게 좋아지는 것을 알고 있었기에 적극적으로 도우려 했음. '어떤 부분에 중점을 두고 새로운 투자자를 설득할 것인가?'에 대해 주주, 리더들과 세부적인 내용까지 논의해가며 IR 자료를 만들었음.
3. 3월이 되면서 정기구독 서비스의 사업 리더 역할을 광종에게 넘기고, 나는 펀드레이징에만 집중하는 모드로 전환했음.
4. 2021년 상반기는 스타트업 투자 시장에 돈이 흘러넘치는 시기였음. 그리고 이전 펀드레이징에서 인연이 이어진 VC들도 꽤 있었기에, 그중 소수의 기관을 타기팅해 IR을 진행했음.
5. 이 두 가지는 우리에게 큰 행운으로 작용했음. 덕분에 시리즈B 펀드레이징은 아이러니하게도, 가장 큰 금액을 모았음에도 그 어떤 펀드레이징보다 빠르게 끝남. IR 자료를 보내는 시점부터 투자금이 입금되기까지 4개월밖에 걸리지 않았음.
6. 빠르게 투자가 끝날 수 있었던 배경에는 J커브로 성장 중인 매출 그래프도 있었음. 다음은 시리즈B 펀드레이징 당시 사용한 IR 자료의 첫 장임. VC를 만나서 가장 먼저 이 그래프부터 보

여주고 시작하면, 타자에게 공을 던지기도 전에 기선 제압에 성공한 투수가 된 느낌이었음. 그만큼 자신감이 있었음. 이 그래프도, 이 숫자도 내가 한 땀 한 땀 만들어낸 것이니까.

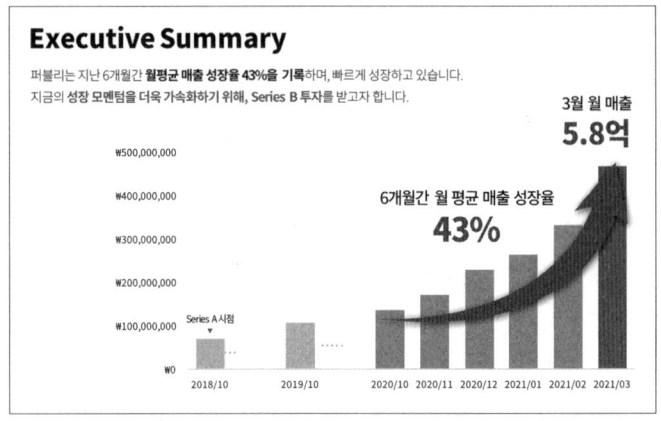

7. 펀드레이징이 빨리 끝났다고 해서 과정도 쉬웠던 것은 아니었음. 새로운 주주를 찾고 투자 계약서를 쓰는 것도 일이었지만, 이후 기존 주주들까지 모두 포함한 주주간계약서를 만드는 것은 또 다른 차원의 챌린지였음. 11개 주주사의 서로 다른 이해관계를 조율하고 협상하는 과정이 이어졌음. 기존 주주, 신규 주주, 변호사, 회계사 등과 전화, 이메일, 카카오톡, 미팅이 매일매일 숨차게 진행되었음.

8. 드디어 2021년 7월 초, 거액의 투자금이 법인통장에 들어왔음. 작년엔 회사가 과연 생존할 수 있을지가 두려웠는데, 반년 만에 상전벽해 같은 변화가 일어난 것임. 이게 정말 현실인가 어리둥절했고, 한편으로는 '해냈다'는 희열이 밀려왔음.

새 CEO라면 이 돈으로 무엇을 할 것인가

9. 2021년 하반기에는 여러 권의 책을 읽었음. 인스타그램의 탄생과 성장부터 매각 과정을 다룬 테크 전문기자 사라 프라이어의 《노 필터 No Filter》, 앤드리슨 호로위츠의 제너럴 파트너이자 우버에서 고속 성장을 이끌었던 앤드루 첸의 《콜드 스타트 The Cold Start Problem》(당시엔 번역서가 없어 미국에서 책을 주문해 읽었음), 링크드인 창업자 리드 호프먼과 실리콘밸리 기업가인 크리스 예가 쓴 《블리츠스케일링 Blitzscaling》 등이었음.
10. 이 책들의 공통점은 모두 '네트워크 효과'로 성공한 스타트업을 다룬다는 점이었음. 마찬가지로 네트워크 효과를 노리고 있는 커리어리를 어떻게 하면 빠르게 성장시킬 수 있을지, 해결의 실마리를 찾고자 읽은 것이었음.
11. 지금까지 해온 정기구독 콘텐츠 비즈니스가 아니라 커리어리에 대해 깊이 고민하게 된 계기는 크게 두 가지였음.
12. 하나는 새로 들어온 주주가 커리어리의 성장 가능성에 베팅하며 큰 투자를 결정했다는 점이었음. 2021년 상반기에 커리어리는 몇 번의 바이럴로 트래픽은 증가하고 있었지만, 아직 명확한 타깃 고객을 찾지 못한 상태였음. 그러나 영화 〈스파이더맨 Spider-Man〉에 나오는 명대사인 '큰 힘에는 큰 책임이 따른다'는 말을 빌리자면 '큰돈에는 큰 책임이 따른다'고 할 수 있을 것 같은데, 그만큼 주주의 목소리는 당시의 나에게 꽤 중요한 고려 요소였음.
13. 다른 하나는 타파스미디어 김창원 전 대표님(현 Saywise 대표)과의 만남이었음. 우리도, 대표님의 회사도 모두 광의의 콘텐츠 비즈니스에 속했기에 콘텐츠 사업에 대해 재미있게 대화

하던 중 커리어리 이야기가 나왔음. 상황을 설명하자 시장 기회가 보이고, 전략도 있고, 돈도 있다면 성장 잠재력upside potential이 큰 커리어리를 제대로 키워볼지 말지 깊이 생각해보면 어떻겠냐는 조언을 해주셨음. 콘텐츠 비즈니스를 몸으로 직접 부딪치며 오랜 시간 운영해오신 분이고, 콘텐츠 사업을 하는 창업자의 어려움을 누구보다 잘 아는 분이 해주시는 말씀이라 좀 더 곱씹게 되었음. 이번 기회에 시야를 넓혀 더 큰 시장을 바라볼까, 하는 생각이 퍼뜩 들었음.

14. 커리어리는 링크드인을 벤치마킹해서 만든 서비스였고, 한국의 채용/이직 시장이 빠르게 변화하는 반면 한국 내 링크드인의 시장점유율이 낮다는 점이 우리에게는 큰 기회였음. 그렇기에 '지피지기 백전불태知彼知己 百戰不殆'라는 말처럼 링크드인 창업자가 쓴 《블리츠스케일링》을 특히 열심히 읽었음.

15. 내가 이해한 이 책의 요지는 이것임. 네트워크 효과 기반 서비스들은 1위 기업이 모든 것을 가져가는 승자독식 구조로, 이 시장에 진입할 기회는 아주 잠깐만 열리고 그 기회를 놓치면 영영 들어가지 못하거나 막대한 비용을 지불하고서야 진입할 수 있다는 것(예를 들어 카카오톡이 시장을 장악한 후 로컬 메신저 서비스가 더 이상 나오지 못하는 것처럼)이었음. 그러므로 기회를 포착했다면, 전면전을 벌이는 블리츠스케일링이 필요하다는 것이 저자의 주장이었음.

'블리츠스케일링'이라는 용어는 급작스럽고 전면적인 활동을 뜻하는 말로, '블리츠blitz'라는 말에서 비롯되었다. (…) 진격부대는 안정적인 보급과 퇴각로를 구축하면서 느리게 이동하는 전형적인 전투 방식을 따르지 않는다. 그 대신 속도와 기습으로 공격적인 전략을 펼친다.

연료·식량·탄약이 떨어져 처참한 패배를 당할지도 모른다는 위험을
무릅쓰고, 속도전의 효과를 최대한 끌어올리기 위해 이 같은 방법을
쓰는 것이다.

(…)

블리츠스케일링을 할 때는 신중하게 결정하되, 일단 결정한 뒤에는
거기에 모든 것을 걸어야 한다. 100% 확신이 차지 않더라도 말이다.
빠르게 움직이는 대가로 잘못된 결정일 수 있다는 위험을 감수해야
한다. 비효율적인 운영으로 인해 발생하는 비용을 기꺼이 지불해야
한다. 하지만 이러한 위험과 비용은 기꺼이 용인된다. 왜냐하면
지나치게 느리게 움직였을 때 따르는 위험과 비용이 더 크기 때문이다.

16. 이 책의 추천사는 빌 게이츠가 썼음. 본인 또한 네트워크 효과 전투에서 승리를 거둔 기업의 창업자로서 날카롭게 타이밍과 속도의 문제를 지적함.

    행동이 필요한 기회의 창은 대단히 좁고 빨리 닫힌다. 단 몇 개월만
    망설여도 도망가는 자와 쫓는 자의 격차가 벌어질 수 있다.

17. 고민이 점점 깊어졌음. 지금까지 해온 대로 퍼블리 멤버십을 포함한 콘텐츠 사업에 계속 집중할 것인가. 아니면 언제 닫힐지 모를, 그러나 기회가 보이는 커리어리에 제대로 베팅해볼 것인가.
18. 이런 고민을 하던 무렵, 앤드루 그로브의 책《편집광만이 살아남는다》를 읽게 되었음. 책에서 그는 자신이 겪은 1985년의 결정적 순간을 이야기함. 당시 인텔은 기존 메모리 사업에서 경쟁자들에 밀려 연전연패 중이었음.

거의 1년 동안 목표를 잃고 헤매던 때, 나는 내 사무실에서 인텔의 회장이자 CEO인 고든 무어Gordon Moore와 함께 진퇴양난의 상황에 대해 논의 중이었다. 토론 분위기는 침울했다. 나는 (…) 무어에게 물었다. "만일 우리가 쫓겨나고 이사회가 새 CEO를 데리고 온다면 그 신임 CEO는 어떻게 할 것 같습니까?" 무어는 주저 없이 대답했다. "메모리에서 손을 떼게 하겠지." 나는 망연자실한 채 잠시 그를 바라보다가 이렇게 말했다. "회장님과 제가 지금 문밖으로 나갔다가 새로운 사람이 되어 돌아오면 되지 않을까요? 우리가 메모리를 끝내면 되지 않겠습니까?"

19. 이 결정으로 인텔은 메모리 사업에서 철수하고 마이크로프로세서 신사업에 집중하는 중요한 선택을 하게 됨. '문밖으로 나갔다가 새로운 사람이 되어 돌아오자'라는 대화를 나눈 후 마이크로프로세서 사업에서 성과를 거두기까지 3년이 걸렸다고 함. 이후 인텔은 '반도체 제국'이라 불리며 세계를 지배하게 됨. 실로 회사 전체의 운명을 바꾼 결정적 판단이었음.

20. 앤드루 그로브의 조언은, 의사결정을 해야 할 때 매몰비용을 절대 아까워하지 말라는 것으로 이해함. 리더는 제로베이스에서 지금의 시장 상황을 냉정하게 계산하여, 내가 가진 자원을 어디에 투자하는 것이 회사의 미래를 위해 가장 최선인지 따져서 결정해야 한다는 것. 매몰비용, 더군다나 감정적인 매몰비용('지금까지 여기에 쏟아부은 노력과 시간과 돈이 얼만데…' 같은 감정)도 있다 보니, 의사결정을 할 때 이도 저도 아닌 채로 우물쭈물하게 되는 일이 잦기 때문임.

21. 만약 지금 우리 회사에 새 CEO가 와서 법인통장에 고스란히 남은 투자금과 진행 중인 사업들을 손에 쥐고 미래를 위한 결

정을 한다면 무엇을 할 것인가. '매몰비용에 신경 쓰지 않고 시장 상황을 고려할 때, 블리츠스케일링을 위해 무엇을 하는 것이 최선인가'라는 생각으로 질문이 바뀌었음.

큰 시장으로 나아가는 것을 선택하다

22. 고민 끝에 회사의 무게중심을 퍼블리 멤버십에서 커리어리로 옮기기로 결정함. 핵심 이유는 시장 크기 때문이었음.
23. 퍼블리 멤버십이 속한 디지털 지식/정보 콘텐츠 시장의 크기는 오랫동안 VC들로부터 받은 가장 큰 챌린지였음. "이게 돈이 되겠어?"라는 회의적 시선과 시장 크기에 대한 의구심을 해소하기란 여간 어려운 일이 아니었음. 실제로 6년간 이 시장에서 사업을 해보니, 스타트업이 시장 자체를 키운다는 게 얼마나 어려운 일인지 온몸으로 느꼈음.
24. 큰 시장에서 우리의 점유율을 늘려나가는 싸움이 아니라, 우리가 성장하려면 시장도 같이 키워야 했음. 소비자가 다른 곳에 쓰던 돈과 시간을 우리에게 쓰도록 만들어야 했기에, 돈과 시간의 물줄기를 트는 작업이 때로는 계란으로 바위 치기 같다는 생각도 들었음. 농담 반 진담 반으로 "우리의 경쟁자가 없는 건 다 이유가 있다. 그만큼 돈이 안 되니까 아무도 안 들어오는 거야"라는 말을 우리끼리 했음.
25. 반면 커리어리가 속한 커리어 네트워킹/채용 시장은 이미 링크드인을 비롯한 글로벌 기업들이 시장의 크기도, 성공 방정식도 검증한 영역임. 전통적인 강자도 있지만 새로운 스타트업 역시 계속 탄생하는 시장이었고, 그만큼 풀어야 할 문제도

크지만 돈도 많이 흐르고 있었음.

26. 2021년 시리즈B 펀드레이징에서는 이전과 달리 IR 미팅에서 그 누구도 시장 크기에 대한 챌린지를 하지 않았음. 시장에 대한 챌린지가 없어진 것만으로도 스트레스가 절반은 날아간 기분이었음. '시장은 매력적이다. 그렇다면 우리는 이 안에서 어떻게 싸워서 승리할 것인가'에 대해서만 집중하면 되었음. 큰 시장에서, 이번에 투자받은 자원을 바탕으로, 경쟁자들과 제대로 맞붙고 싶었음. 이길 수만 있다면, 돌아오는 보상도 콘텐츠 사업과는 차원이 다를 것이라 생각했음.

27. 추가로 동영상 콘텐츠 사업을 접고, 대신 그 자원으로 채용관리 SaaS 사업을 시작하기로 결정함. 나중에 커리어리가 잘되면 붙이려던 사업 중 하나였는데, 나중이 아니라 바로 시작하기로 출발 시점을 앞당긴 것임.

28. 동영상 사업은 IR 자료 첫 장에 나오는 매출 그래프를 J커브로 만드는 데 기여했으나 접기로 결정한 것에 아쉬움이 없었음. 많은 기업이 마케팅 비용을 쏟으며 치열하게 경쟁하던 시장이었음. 우리 역시 마케팅 비용을 쓰는 만큼 매출은 올라갔지만, 적자도 같이 커지는 사업 구조였기에 계속 이렇게 경쟁할 수는 없다고 생각했음. 퍼블리 멤버십 사업도 마케팅 비용을 부어서 매출을 끌어올렸다는 것은 동일했지만, 정기구독 사업 특성상 반복결제를 유도하면 비용 이상의 이익을 거둘 수 있기에 일회성 결제 구조였던 동영상 사업과는 차이가 있었음.

29. 결국 이 일련의 결정들은 지금까지 '콘텐츠가 핵심 상품'이던 회사에서, '콘텐츠-네트워킹-채용 서비스'를 종합적으로 제공하는 회사로의 전환을 선언하는 것이었음. 앞서 크라우드 펀딩에서 정기구독으로 사업모델을 바꾼 것도, 짧고 실용적인

콘텐츠 포맷으로 타깃 고객을 바꾼 것도 다 중요한 결정이었으나, 되돌아보면 이번만큼 회사의 근간을 흔드는 결정은 없었음.

30. 사실 이 내용은 시리즈B IR 자료의 두 번째 장에도 있었음. IR 자료에는 '앞으로 이런 미래로 가겠다'라는 계획만 적혀 있었다면, 이번 결정은 실행의 첫발을 실질적으로 내디딘 것이었음. 그전까지는 회사 리소스가 콘텐츠 사업과 네트워킹/채용 사업에 8대 2로 쓰이고 있었다면, 이제부터는 2대 8로 전환하여 투자하겠다는 판단이었음.

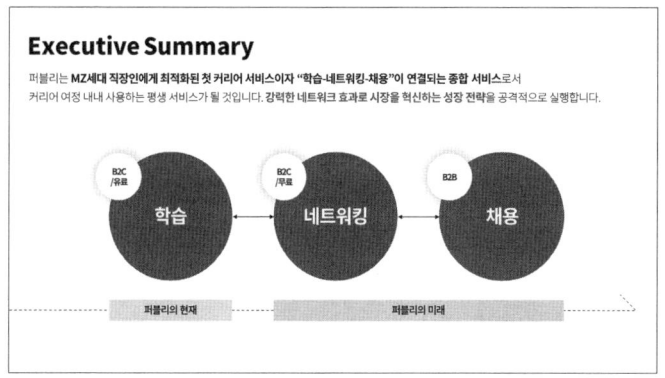

31. 2021년 10월, 임시 타운홀을 열고 내 생각의 흐름과 의사결정에 대해 구체적으로 설명했음. 앞으로 우리는 이 구조로 갈 것이고 그 핵심에는 커리어리가 있으며, 커리어리의 성공 여부에 우리 회사의 미래가 달려 있다는 선언과 함께 회사의 새로운 막이 열렸음.

지금의 생각

시리즈B 함정에 빠지다

커리어리는 2019년 4월에 팀을 꾸렸다. 이로부터 2024년 4월 커리어리 팀을 정리할 때까지 이 사업에 사용한 돈을 모두 계산해보니 100억 원이 넘었다. 대부분의 돈은 2021년 10월부터 집중적으로 사용되었기에, 시리즈B 투자금 대부분이 커리어리에 쓰였다고 볼 수 있다. 난생처음 만져보는 큰돈 앞에서, 이 돈을 '어디에, 얼마큼, 어떻게 써야 하는가?'라는 의사결정이 나를 기다리고 있었다. 되돌아보면 이 시기의 의사결정 과정은 실패의 연속이었는데, 너무나 전형적이라 헛웃음이 나올 정도다.

알토스벤처스 웹사이트에는 '시리즈B 함정─그리고 어떻게 피할 것인가'라는 글이 올라와 있다. 그중 한 대목이다.

> 상황이 빠르게 나빠지는 이유는 다음과 같습니다. (…) 규모를 확장할 준비가 되었다고 판단하고 수백만 달러를 유치하기로 결정합니다. 그래서 대규모 벤처 펀드에 큰 성장 스토리를 피칭합니다. 투자자들은 계속되는 빠른 성장에 베팅하며 좋은 거래에 참여하기 위해 높은 기업 가치를 지불합니다. 성장 및

매출 목표를 달성하기 위해 전례 없는 방식으로 인력을 고용하고 투자합니다. 몇몇 핵심 인력을 급하게 채용하고, 팀을 과도하게 구성하고, 마케팅 지출을 늘립니다.
그런데 몇 분기 후 제품/시장 적합성이 아직 완전하지 않거나, 예상했던 만큼 영업 학습 곡선을 따라가지 못했거나, LTV(Lifetime Value, 고객생애가치)/CAC(Customer Acquisition Cost, 고객획득비용)가 갑자기 형편없다는 것을 깨닫습니다.
그러나 방향을 바꾸기에는 너무 늦었습니다. 몇 분기 연속 높은 지출, 목표 미달성, 기대치 하락을 겪으면서 1년과 1000만 달러를 낭비했습니다. 투자자들은 불만을 토로합니다. 당신은 죽음의 나선에 빠져듭니다. (…) 은행 잔고가 예전보다 많고 투자자의 기대를 충족시켜야 한다는 압박감에, 회사들은 자본 유입 직후 지출을 시작하여 LTV/CAC를 떨어뜨리고, 비핵심 고객을 유치하며(이탈!), B급 인력을 고용하여 인력을 채우는 등 린lean하고 똑똑하게 운영할 때 피했던 모든 것을 합니다.

글은 이렇게 마무리된다. '창업의 성공으로 가는 길에는 많은 함정이 있지만, 그중에서도 가장 치명적인 함정은 창업가 스스로가 만든 것'이라고. 나는 이 글에 묘사된 대부분을 놀라울 정도로 똑같이 따라 했다. 이 글을 시리즈B 펀드레이징 전에 이미 읽었는데도 결국 똑같은 함정에 빠졌다는 것이 부끄럽다. (펀드레이징 전이 아니라 후에 읽었어야 했다.)

자원배분 의사결정에서 내가 놓친 부분들을 하나씩 짚어본다.

블리츠스케일링, 과연 옳았나

《블리츠스케일링》은 2018년 10월 미국에서 출간되었고, 한국에는 2020년 4월 번역 출간되었다. 이 책은 당시 분위기를 반영하는 거울과도 같은 책이었다. 시장에는 점점 더 많은 돈이 풀렸다. 기술이 세상을 바꾸리라는 희망과 낙관이 넘쳐났다.

리드 호프먼은 블리츠스케일링이 가능한 전제 조건을 이렇게 명시한다.

> 블리츠스케일링을 할 때에는 기업가의 용기와 기술 그 이상의 것이 필요하다. 특히 금융자본과 인적자본 양쪽의 위험을 지능적으로 관리하는 데 기꺼이 자금을 조달해야 한다. 금융자본과 인적자본이 블리츠스케일링을 할 때 필수 구성 요소이기 때문이다. 그것들을 연료와 산소라고 생각하라. 로켓을 하늘 위로 쏘아 올리려면 이 두 가지 모두 필요하다.

즉 블리츠스케일링은 돈과 사람이라는 두 자원이 지속적으로 공급될 수 있는 환경에서만 가능하다는 의미다. 그러나 2022년 3월부터 미국이 인플레이션을 억제하고자 역사상 가장 빠른 속도로 기준금리를 인상하면서 스타트업 투자 시장은 직격타를 맞았다. 금융자본의 조달이 매크로 환경의 변화로 급격히 어려워졌고, 양적완화 시기에 풀린 돈 덕분에 모두가 채용 전쟁에 뛰어들었던 터라 인적자본 역시 이미 확보하기 어려운 상황이었다.

결국 2022년 11월, 커리어리는 블리츠스케일링으로 성장하고자 했던 1년간의 시도를 접고, 제품 중심 성장product-led growth으로 방향을 바꾸었다. 마케팅 비용은 한창 쓸 때에 비해 10% 이하로 대폭 낮추고, 당시 발견한 개발자 고객군에 집중하여 제품 경쟁력으로 승부를 보겠다는 목표를 세웠다. 잔고 확보를 위한 레이오프도 이때 단행되었다. 이것만 보면 운전대의 방향을 잘 튼 것 같지만, 근본적인 문제가 세 가지 있었다.

첫 번째 문제는 '블리츠스케일링이 과연 만능열쇠였는가?'에 대한 의문이다. 2023년 번역 출간된 책 《투자의 진화The Power Law》에서 세바스찬 말라비는 블리츠스케일링에 대한 실리콘밸리 내의 논란을 설명한다. 네트워크 효과가 중요한 사업에서는 승자독식의 논리가 작동하다 보니, 스타트업들에게 경쟁자보다 먼저 규모의 경제를 달성해야 한다는 의무감을 갖게 한다.

하지만 2019년, 기업가 제이슨 프라이드는 VC 투자금이 스타트업에 도움이 되기보다는 스타트업을 죽이는 경우가 더 많다는 도발적인 주장을 한다. 스타트업 경영진이 현명하게 돈을 지출하는 방법을 깨닫기 전에 들어온 막대한 투자금이 '우선 지출하고 보자'는 압박으로 작용하기 때문이라는 분석이었다. 기업가 팀 오라일리 또한 블리츠스케일링은 성공의 비결이 아니라 생존자 편향의 오류(특정 데이터만으로 판단해서 잘못된 결론을 얻는 오류)에 해당한다며 창업자들에게 경고를 보냈다.

이처럼 블리츠스케일링은 시장에서 승리할 수 있는 방법 중 하나일 뿐인데도, 이때의 나는 '블리츠스케일링을 반드시 해야만 한다'는 생각에 빠져 있었다. 실리콘밸리가 다들 이렇게 한다니까, 링크드인이 이 방법으로 성공했다고 하니까, 나도 그렇게 해야 할 것만 같았다. '블리츠스케일링을 해서 실패한 경우는 없는지? 블리츠스케일링이 아닌 방법으로 성공한 네트워크 서비스는 없는지? 이 방법이 우리에게 가장 적합한지?' 같은 중요한 질문들은 저 멀리 치워버리고 바로 돌진부터 해버렸다.

 이와 연결되는 두 번째 문제는, 과연 '2021~22년 당시 커리어리가 블리츠스케일링을 할 수 있는 상황이었는가?'라는 점이다. 서비스 속성, 시장 상황, 우리가 가진 자원을 모두 고려할 때 커리어리에 블리츠스케일링 전략을 시도하는 것이 타당할 수는 있었다. 하지만 문제는 커리어리가 아직 준비되지 않았다는 것이었다.

 우리를 사랑해주는 타깃 고객을 아직 찾지 못했고, 제품 완성도 부족했다. 그래서 나는 실험을 최대한 많이, 빠르게 해야 한다고 생각했다. 그러려면 사람이 많이 필요했기에 채용이 중요했다. 채용에 내 리소스도, 회사의 리소스도 대거 투입했다. 어느 시점부터는 '이쯤 하면 뭔가 된 것 같은데?'라는 착각이 들었고, 다음 투자 라운드를 위한 트래픽 지표를 만들어야 한다는 생각이 겹쳐 마케팅 비용도 과감하게 쓰기 시작했다.

 2024년 봄, 커리어리 사업 리더를 맡고 있던 광종과 이런 이야기를 나눴다. 2021년 가을로 돌아갈 수 있다면 무엇을 다르게 했을 것 같냐고 질문하자, 광종은 두 가지를 답했다. 하나는 소수정예 인력으로 팀을 꾸려 커리어리의 PMF Product Market Fit (고객들이 정말 필요로 하는 제품 상태)를 찾는 것에 집중했을 것이고, 다른 하나는 커리어리가 속한 시장이 정말 빠르게 승부가 나는 판인지, 아니면 장기전이 필요한 시장인지에 대해 더 고민했을 것이라고 했다.

피터 틸은 《제로 투 원 Zero to One》에서 네트워크 효과가 작동하는 시장에서 승리하는 서비스들이 갖추어야 할 몇 가지 요건에 대해 이렇게 설명한다.

첫째, 네트워크 효과를 누리려면 초기 사용자에게 가치 있는 제품이어야 한다.

둘째, 그렇기에 네트워크 효과가 필요한 사업은 아주 작은 시장에서 시작해야 한다. 경쟁자가 없거나 아주 적으면서도, 특정한 고객층이 소규모로 모여 있는 시장이다.

셋째, 시장이 작다는 것이지, 시장이 존재하지 않는다는 뜻은 아니다. 둘은 전혀 다른 개념이다.

넷째, 틈새시장을 지배했다면 관련한 인접 시장으로 서서히 사업을 확장한다.

이 책은 미국에서 2014년에 출간되어서인지 블리츠스케일링에 대한 설명은 등장하지 않는다. 하지만 피터 틸의 생각을 내 방식으로 해석하자면, 블리츠스케일링은 사업 초기가 아니라 좀 더 뒤에 꺼내 들 전략이다. 우선 틈새시장을 독점적으로 지배해야 하며, 이후 다른 시장으로 확장해나갈 때 써먹을 방법인 것이다.

앞서 언급한 글 '시리즈B 함정—그리고 어떻게 피할 것인가'에는 스타트업 게놈 프로젝트의 설문조사 결과가 등장한다. 스타트업의 70%가 성급하게 규모를 키우고, 고성장 인터넷 스타트업의 74%가 성급한 스케일업 때문에 실패한다는 것이다. 그리하여 창업자에게 '새로운 자본의 50%를 스케일업이 확실한 영역에, 25%를 새로운 성장 동력을 실험하는 것에,

그리고 나머지 25%를 재정적 예비 완충 장치로 남겨둘 것'을 권고한다.

그러나 나는 기회의 문이 언제 닫힐지 모른다는 초조함과 투자금을 써서 주주들의 기대치를 충족시켜야 한다는 압박감에 짓눌려 허공에 돈을 날리고 있었다. 커리어리에 전체 리소스의 80%를 투입한다는, 잘못된 자원분배 결정도 한몫했다.

마지막 세 번째 문제는 '블리츠스케일링의 목표와 기한을 세웠는가?'라는 점이다. 설령 커리어리 제품이 제대로 준비되지 않았더라도 시도는 해볼 수 있다고 생각한다. 중요한 것은 시도에도 기한과 목표가 필요하다는 것이다. 언제까지 무슨 목표에 도달해야만 추가 투자를 하고, 만약 도달하지 못하면 투자를 줄이면서 그다음 기한과 목표를 설정하거나 아예 투자를 접는다는 것도 계획에 포함해야 했다.

리드 호프먼은 블리츠스케일링의 특징 중 하나로 이 점을 언급한다. 블리츠스케일링은 성공인지 실패인지 매우 빠르게 정해진다. 그리고 성공과 실패를 판단하려면, 명확한 목표와 기한이 전제되어야 한다.

> 고전적인 스타트업 성장이 비행기를 조립하면서 하강 속도를 늦추는 일이라면, 블리츠스케일링은 비행기를 더 빨리 조립하면서 날개를 만드는 와중에 제트엔진에 (그리고 어쩌면 제트엔진 재연소장치에) 불을 붙이는 일이다. 눈에 띄게 짧은 시간 안에 성공이냐 실패냐가 정해지는 이른바 '죽느냐, 사느냐'의 문제인 셈이다.

그는 '죽느냐, 사느냐'라고 표현했지만, 이것은 어디까지

나 '시도'에 대한 평가여야 할 것이다. 회사의 생존 자체를 이 문제에 거는 것은 어리석다. 하지만 나는 어리석었다. 나에게 회사의 명운과 커리어리의 성공 여부는 샴쌍둥이처럼 붙어 있는 문제였고, '커리어리를 접는다'라는 선택지는 내 머릿속에 아예 존재하지 않았다. 그러니 애초에 기한과 목표를 설정하겠다는 생각조차 하지 못했다. 오직 하나, '회사의 자원을 총동원해 커리어리를 성공시키고 이를 기반으로 다음 라운드 펀드레이징을 받아 링크드인 같은 회사로 성장한다'는 생각이 나를 지배하고 있었다.

이 생각은 신기하게도 블리츠스케일링을 종료한 후에도 변함이 없었다. 몇몇 주주는 왜 커리어리의 사업 지속 여부를 테스트해가며 결정하지 않는 것인지, 왜 신성불가침의 영역처럼 대하는 것인지에 대해 의문을 제기했다. 그럴 때마다 나는 이런저런 이유를 들어 커리어리를 계속해야만 한다고 주장했다. 이 시기 내 판단에 대해 정보라 님에게 조언을 구하니 이렇게 설명해주셨다. 정기구독 콘텐츠 사업은 준비$_{ready}$-조준$_{aim}$-발사$_{fire}$를 했다면, 커리어리는 발사-조준-준비를 한 것 같다는 것이었다. 정말이지 무언가에 단단히 씌었다고 해도 할 말이 없을 정도였다.

유튜브 채널 '슈카월드 코믹스'의 '주식은 지금'이라는 프로그램을 즐겨본다. 얼마 전 이 방송에서 '알상무'라는 진행자가 한 말이 인상적이었
다. 이분은 전직 헤지펀드 펀드매니저이자 애널리스트였던 금융인인데, 기관 투자자가 가장 먼저 배우는 것 중 하나가 '손절 라인'이라고 말한다. 회사에 투자 계획서를 제출할 때 관리자가 반드시 확인하는 것이 손절 라인이며, 손절 라인에 대한

계획 없이는 승인이 안 된다고 했다. 투자 목표 수익률도 중요하지만, 얼마 이하일 때는 손절하겠다고 계획을 미리 세운 후 시장에 들어가는 것이 투자할 때 매우 중요하다는 것이었다. 이 말은 비단 투자뿐 아니라 사업에도, 인생에도 공통적으로 적용되는 가르침이라는 생각을 했다.

무엇이든 '시도'를 할 때는 기한과 목표가 반드시 필요하다. 그래야 그 시도를 판단할 수 있다. 언제까지 무엇을 달성하면 당근(혹은 더 많은 보상이나 투자)을, 반대로 언제까지 무엇을 달성하지 못하면 채찍(혹은 투자 축소나 철회)을 줄 수 있다는 계획이 동반되어야 시도가 의미를 갖는다.

특히 후자, 즉 손절 라인에 대한 계획이 더 중요하다. 많은 창업자가 낙관주의자라서 잘될 경우를 상상하며 그다음에 할 일을 준비하는 데는 익숙하지만, 반대의 경우를 가정하고 대비하는 일에는 서툴다. 그러나 어려운 일일수록 의도적으로 대비해야 한다는 것을 뼈저리게 배웠다.

창업자가 눈이 멀 때는 어떻게 해야 하나

커리어리를 두고 나는 눈이 멀어 있었다. 2021년 여름부터 2023년 여름까지의 2년이었다. 스타트업 세계에서 2년은 수많은 일이 벌어지기에 충분히 긴 시간이다.

내가 내린 '자원배분'에 대한 결정들은 회사의 전략적 결정 차원에서 매우 중요한 어젠다였다. 그러나 나는 이를 상의하고, 공유하고, 논쟁하고, 리스크를 검토하는 데 에너지를 충분히 사용하지 않았다. 고민하는 중에도, 결정하여 실행에 옮기기 전에도, 핵심 이해관계자들과 충분히 대화하지 않았다.

주주들은 이 결정에 대해 어떻게 생각할까? 내가 신뢰하는 조언자들은 뭐라고 조언할까? 또는 '악마의 대변인devil's advocate'을 따로 지정해 내 생각과 반대되는 논리를 펼쳐보게 했다면 어떤 이야기를 들었을까? 내 생각이 잘못되거나 편향되지 않았는지 점검받을 수 있도록, 외부 조력을 받는 절차를 거쳤다면 어땠을까?

대학원에서 가장 인상적이었던 수업은 로널드 하이페츠 교수의 리더십 강의였다. 당시 배운 개념 중 하나가 '무도회장dance floor vs. 발코니balcony' 이론이다. 무도회장이 현장에 직접 뛰어들어 문제를 해결하는 행동 영역이라면, 발코니는 현장에서 한발 떨어져 전체 상황을 조망하고 객관적으로 진단하는 관찰 영역을 뜻한다. 그가 쓴 《어댑티브 리더십 1: 발코니에 올라(변화를 이해하라)The Practice of Adaptive Leadership》에는 이런 구절이 나온다.

> 시스템을 진단하거나 자기 자신을 진단하기 위해서는 지금 일어나고 있는 일에서 거리를 두는 능력이 필요하다. (…) 무도회장 안에서 계속 춤을 추고 있으면 함께 춤추고 있거나 주변에 서 있는 사람들만 보인다. (…) 하지만 당신이 발코니에 올라가면 무도회장과 사뭇 다른 광경이 보이기 시작할 것이다. (…) 발코니와 무도회장을 계속 오가면서 당신은 조직에서 일어나고 있는 일을 지속적으로 평가하며 중간중간 행동을 수정할 수 있게 된다.

무도회장에서 즉각적으로 대응하되 발코니에 올라가 호

흡을 가다듬고 장기 전략을 수립하며, 둘 간의 균형을 유지하는 것이 리더의 일이라는 것이다. (참고로 수업 중에 그가 이 개념을 설명하기 위해 활용한 자료는 〈12인의 성난 사람들 12 Angry Men〉이라는 고전 영화였다. 이 영화는 재판 배심원들의 토론이 거의 전부이지만, 발코니와 무도회장을 오가며 논의를 이끌어가는 한 인물의 존재감이 강하게 인상에 남는 작품이다.)

그런데 이 책이 주는 교훈이 한 가지 더 있다. 결코 혼자서 변화를 시도하지 말라는 것이다.

> 변화를 이끌어가기 위해서는 자신이 하는 일에 반드시 신념을 가져야 한다. 하지만 바로 이러한 신념이 약점이 될 수 있다. 추구하는 대의명분에 너무나 몰입해서 현실에서 일어나는 위험신호를 감지하지 못할 수 있기 때문이다. (…) 최근 2012년에 개최할 올림픽을 뉴욕에 유치하기 위해 핵심적으로 참여했던 사람과 대화할 기회가 있었다. (…) 올림픽이 유치되어야 한다고 너무나 굳게 믿었기에 실패를 전혀 예상하지 못했다. 또한 자신이 '명백하게' 생각하는 것들이 결정권자들에게는 그렇게 보이지 않는다는 사실을 감지하지 못했다. (…) 당신이 작은 시도를 하든 큰 규모의 시도를 하든, 절대 혼자 하지 마라.

하지만 현실의 나는 무도회장에서 한창 춤추느라 바빴고, 발코니에 올라가는 것이 어려웠다. (까먹기 일쑤였다.) 무엇보다 혼자서 빠르게 후다닥 결정하고 싶은 욕망을 다스리기가 참 어려웠다.

피터 드러커는 벤처 기업의 창업자에게는 외부인의 객관적인 조언이 필요하다고 강조한다. 공식적인 이사회까지는 필요하지 않을지라도, 창업자가 내린 결론과는 다른 의견을 제시할 수 있는 사람이 반드시 있어야 한다는 것이다. 무엇보다도 회사의 장기적 존속에 필요한 것들을 창업자가 시의적절하게 고민하고 실행할 수 있도록 끊임없이 창업자에게 질문하고 독려하는 것이 이 조언자의 가장 중요한 역할이라는 피터 드러커의 말에 고개를 숙일 수밖에 없었다.

창업자도 인간이다. 인간이기에 눈이 머는 시기를 맞닥뜨리기도 한다. 물론 눈이 멀지 않으면 가장 좋겠지만, 눈이 머는 것을 완전히 막기 어렵다면 어떻게 해야 할까. 빠르게 빠져나올 준비가 평소에 되어 있어야 한다는 사실을, 나는 큰 비용을 치르고서야 비로소 깨달았다.

창업가에서 CEO로: 자원배분의 원칙

《현금의 재발견 The Outsiders》은 금융인이자 교수로 활동 중인 윌리엄 손다이크가 하버드 MBA 데이터베이스를 활용한 연구 결과를 정리한 책이다. 장기적으로 기업가치를 극대화한 8명의 CEO 사례를 통해 자원배분의 원칙을 설명한다.

> CEO로 성공하려면 두 가지를 잘해야 한다. 하나는 효율적으로 운영하기, 다른 하나는 그 결과 들어오는 현금을 적재적소에 배치하는 것이다. (…) 본질적으로 자본배분은 투자와 같다. 따라서 모든 CEO는 자본배분자이면서 투자자다. 사실 이 역할이야말로 어떤 CEO든 가장 중요한 책무다. 하지만 안타깝게도 이런 중요성에도 불구하고 일류 비즈니스스쿨에는

자본배분을 가르치는 교육과정이 없다.

(…)

대다수 기업 경영자들은 자본배분을 제대로 하지 못한다. 그들의 미숙함은 놀라운 일이 아니다. CEO들은 대체로 마케팅, 제조, 엔지니어링, 관리, 때로는 사내 정치를 잘한 결과 CEO가 된다. 그런 이들이 CEO 자리에 오르면 자본을 어떻게 배분할지 결정해야 한다. 그들이 한 번도 씨름해본 적 없는 중요한 업무인 데다 금방 익숙해지지도 않는다. 이는 재능 있는 음악가가 커리어의 최종 단계에 이르렀을 때 카네기홀에서 연주하는 게 아니라 연방준비제도이사회 의장에 지명되는 것과 마찬가지다.

창업가도 마찬가지다. 마케팅, 제조, 엔지니어링, 관리 등 자신의 강점을 극대화하여 창업을 시작하지만, 매출이 늘어나거나 투자를 받아서 다루는 돈의 규모가 커질수록 본격적인 자원배분에 대한 의사결정을 해야 하는 날이 온다.

난생처음 해보는 일들에 익숙해지는 것이 창업가의 숙명이라지만, 자원배분은 한 번 내린 의사결정의 여파가 매우 크기에 무게감이 남다르다. CEO의 중요한 책무임에도 잘하는 사람이 드물고 배우기도 쉽지 않다는 점에서, '나만 그런 건 아니구나' 싶어 조금은 위로가 되었다.

1986년 투자회사 버크셔 해서웨이의 연차보고서에서, 워런 버핏은 CEO로 보낸 첫 25년을 되돌아보며 자신이 배운 가장 중요하고도 놀라운 교훈에 대해 언급했다. 그것은 십대 또래집단의 압력 같은 것으로, 업계에서도 CEO들이 다른 경쟁자들을 모방해야 한다는 압박감을 주는 이상한 기운이 있다는 것이었다. 버핏은 곳곳에서 출몰하는 이 강력한 기운을 '제도가 가하는 압박'이라고 이름 붙이고, 유능한 CEO가 되기 위해서는 여기서 벗어나야 한다고 지적했다.
이 책에 나오는 CEO들은 모두 이 강력한 압박 영향에서 벗어나 있다. 어떻게 그럴 수 있었을까? (…) 그들은 각자 독자적으로 경영철학을 세웠다. (…) 이 CEO들의 가치관 가운데에는 합리성, 데이터 분석, 스스로 생각하는 능력에 대한 강한 확신이 있었다. (…) 이들은 경쟁자들과 언론이 떠들어대건 말건 자기 사업의 핵심적인 경제성에 주목했다.

    같은 책 중, 워런 버핏이 말한 '제도가 가하는 압박'이라는 표현에서 나 또한 그 압박에 휩쓸렸음을 절감했다. 물론 경고음은 있었다. 주주 한 분과 커피를 마시던 2022년 어느 날, 이런 코멘트를 들었다. "목표를 달성하기 위해서 이것저것 다 시도할 수는 있다고 생각한다. 문제는 네가 가진 자원 대비 전선이 너무 넓은 것 같다"라고. 인상적인 피드백이었기에 지금도 기억하고 있으나, 당시에는 그 말을 애써 묻어버렸다.
    자원배분은 중요하다. 또 그만큼 어렵다. 창업자에서 CEO로 진화해야 하는 길목에서 마주하는 과제라는 생각도 든다. 배분할 자원의 규모가 커질수록 더 많은 학습과 고민이 필요하다. 우리 회사에 맞는 자원배분의 원칙이 필요했다. 그러나 나는 그러지 못했다. 전시 CEO였다면 결코 하지 않았을 일을 고스란히 저지르고 말았다.
    시리즈B 펀드레이징 이후 자원배분에 대한 의사결정은 결과적으로 총체적인 실패였다고 생각한다. 이것은 결과론적 평가인가? 다시 한번 생각해보았다. 만약 사업이 계속 승승장

구했다면, 내가 내린 그 의사결정들이 잘한 결정으로 평가받았을까? 그럴 수도 있다.

하지만 설령 운 좋게 사업이 잘되었다 할지라도,
- 시도에 기한과 목표 설정이 부재했고
- 눈이 멀 때 빠르게 빠져나오기 위한 장치가 부재했고
- '남들이 하니까 나도 해야지'라는 무분별한 경쟁심으로 자원배분의 의사결정을 내린 것

이 세 가지는 결과와 관계없이 나의 잘못이다.

마지막 체크 포인트: '나' 라는 주체는 어디에?

2025년 5월, 모 창업자와 대화를 나누던 중 이렇게 물었다. 만약 2021년 여름에 만나서 '커리어리로 회사의 무게중심을 옮기고 싶다'라는 주제로 자원배분에 대한 논의를 요청했다면, 어떤 조언을 했을 것 같냐고 말이다. 그는 '커리어리는 내가 정말로 좋아하는 서비스인가? 내가 직접 잘 키울 수 있는 서비스인가?'라고 질문했을 거라고 답했다. 그리고 그때의 나는 이 질문을 스스로에게 하지 않은 것 같다고 지적했다.

나는 맞다고 답했다. 당시에는 큰돈을 받은 만큼 큰 시장에서 제대로 해보고 싶었고, 그게 회사를 위해서도 맞는 길이라 믿었다고 말했다. 그는 많은 창업자가 큰 시장에서 사업을 하고 싶은 것은 인지상정이지만, 참 빠지기 쉬운 함정인 것 같다고 했다. 하지만 모든 회사가 유니콘이 될 필요도 없고 될 수도 없으며, 작은 시장에서도 얼마든지 매출과 이익을 내며 건실하게 성장할 수 있다는 사실을 알았더라면 좋았을 거라

고 덧붙였다.

앞서 '나의 기억' 파트로 돌아가 보면 이런 문장이 있다.

> 21. 만약 지금 우리 회사에 새 CEO가 와서 법인통장에 고스란히 남은 투자금과 진행 중인 사업들을 손에 쥐고 미래를 위한 결정을 한다면 무엇을 할 것인가. '매몰비용에 신경 쓰지 않고 시장 상황을 고려할 때, 블리츠스케일링을 위해 무엇을 하는 것이 최선인가'라는 생각으로 질문이 바뀌었음.

창업자마다 스타일이 다르므로, 창업 그 자체가 목적일 때는 무엇을 하든 성과가 더 잘 나오는 쪽으로 결정하는 것도 좋은 방법이다. 그러나 나는 인생의 미션을 이루기 위한 수단으로 창업을 선택했다. 그러므로 내게 가장 중요한 것은 '나'라는 주체였다. 이건 새 CEO가 와서 사업을 하는 게 아니라, 내가 하는 거니까. 내가 내 인생을 100% 투자해서 만드는 것이니까.

'지피지기 백전불태'에서 '지피지기'란 '적을 알고 나를 아는 것'을 뜻한다. 그런데 나는 적을 파악하려고만 했지, '나'를 아는 것에 대해서는 까맣게 잊고 말았다.

그때 나에게 해야 했던 딱 하나의 질문은 바로, "나는 가슴에 손을 얹고, 이걸 진짜로 진짜로 진짜로 좋아하나?"였다.

Scene #7

레이오프

시기
2023년 11월

장소
사무실에서 집으로 걸어가던 길

무엇을
인간의 본성에 대한 이해의 중요성을 깨닫고 현타가 오다

나의 기억

시작하기 전에

1. 이 주제에 대해서는 쓸까 말까 고민을 많이 했음. 그만큼 예민하고 어려운 주제임. 미국에서 건너와 번역된 경영서에는 자주 등장하지만 한국 책에서는 거의 읽은 적이 없는데, 막상 내가 글 쓰는 당사자가 되어보니 그 이유를 충분히 짐작할 수 있었음.
2. 그럼에도 불구하고, 내가 과거에 했던 의사결정과 실수들을 밑거름 삼아 현명한 의사결정이 더 많이 나오길 바라는 마음으로 썼음. 또한 스타트업 창업자 입장에서 레이오프를 이렇게 생각할 수도 있구나, 하고 참고하는 용도로 봐주시면 좋겠음.

그래서 우리 고객이 누구야?

3. 2018년 5월, 주주인 미국 VC 500스타트업(현 500 Global, 이하 500)이 만드는 시리즈A 프로그램(이하 SAP)에 참여함. 500이 투자한 스타트업 5~6곳, 그리고 500이 멘토로 초빙한 EIR_{Entrepreneur in Residence}(초빙 기업가) 10여 명과 함께 두 달 동안 진

행하는 교육 프로그램이었음. EIR은 500이 포트폴리오로 보유한 스타트업의 창업자 혹은 C레벨로 일한 경력이 있는 분들이었고, 대부분 외국인이었기에 영어로 진행되었음.

4. SAP 첫날, EIR 두 명에게 퍼블리 멤버십 사업을 설명하는 자리가 있었음. 유사한 해외 서비스가 있는 것도 아니어서 어떻게 쉽게 설명할지 고민하던 차에 받은 질문이 "너네 타깃 고객이 누구야?"였음. 이런 기본적인 질문에조차 어버버하면서 제대로 답하지 못하는 내가 한심해서 눈물이 날 지경이었음. 시작한 지 1년이 다 되어가는 서비스인데도, 나는 내 고객이 누군지도 잘 모르네? 젠장….

5. EIR들은 당장 고객들에게 연락해서 최대한 빨리 만나보라고 독촉함. 자기가 사용하는 서비스의 대표가 연락해서 이야기하고 싶다는데 싫어할 고객은 아무도 없을 거라면서. 이번만이 아니라 고객들과는 상시로 대화를 해야 하고, 고객과의 대화에서 비즈니스에 대한 대부분의 답을 찾을 수 있다고 두 달 내내 귀에 못이 박히도록 강조했음.

6. SAP가 진행되는 동안 우리의 현재 사용자가 누구인지, 그중에서도 특히 우리를 사랑하면서 사용하는 고객은 누구인지, 그들은 왜 사용하는지, 무엇에 만족하고 또 무엇에 불만족하는지, 대체재로 어떤 서비스를 고려하는지 등에 대해 집중적으로 파헤치는 시간을 가졌음. 고객을 직접 만나기도 하고, 전화 인터뷰도 하면서 계속 묻고 또 물었음.

7. 고객과 직접 대화를 해보니, EIR의 말이 맞았음. 자신이 돈 내고 쓰는 서비스를 만드는 회사와 대표가 더 좋은 서비스를 만들고 싶다고 대화를 요청했을 때, 거절할 수는 있어도 싫어할 리는 없다는 것. 오히려 대화한 후 좋은 경험이었다고 피드백

을 준 분들도 있어서 감사했음.

8. "우리 타깃 고객이 누구야?"라는 질문에 대해, 내 머릿속 뇌피셜이 아니라 실제 데이터(정량적인 데이터 및 정성적인 인터뷰 답변)를 가지고 설명할 수 있어야 한다는 것을 이때 처음으로 배웠음. 두 달 내내 챌린지를 받고 또 받으면서, 우리 사업과 고객에 대해 제대로 설명할 수 있도록 집중 트레이닝을 받은 것만으로도 SAP에 지불한 비용이 전혀 아깝지 않았음. 결과적으로 이 시기를 거치면서 사업 매출이 빠르게 올라간 것도 성과였음.

사업모델의 변화가 불러온 나비효과

9. 고객에 대해 제대로 답하지 못한 것과 고객에 대해 처음부터 다시 공부하는 자세로 파악해야 했던 이유는 사업모델의 변화와 연결되어 있음. 2018년 1월, 약 반년 정도 병행하던 크라우드 펀딩 사업과 정기구독 사업 두 가지를 놓고 정기구독으로 회사의 무게중심을 옮기는 결정을 함.

10. 2015년부터 진행해온 크라우드 펀딩 사업은 프로젝트마다 성과 편차가 들쑥날쑥해서 매출 예측이 어렵고, 크라우드 펀딩에 참여한 고객에게만 콘텐츠가 소비되고 끝난다는 한계가 있었음. 한편 2017년 7월부터 시작한 '퍼블리 멤버십'이라는 정기구독 사업은 매월 반복결제 매출이 발생한다는 큰 이점이 있었고, 지금까지 만들어온 콘텐츠가 묻히지 않고 계속 소비되며 그 데이터로 콘텐츠의 시장 수요를 예측할 수 있다는 장점이 있었음. (예컨대 '이런 콘텐츠는 잘 읽히는구나. 이건 인기가

없구나' 하면서.)

11. 그런데 크라우드 펀딩 대신 정기구독에 집중하는 결정은 예상했던 것보다 훨씬 많은 변화를 요구했음. 단순히 일회성 결제에서 반복결제로 바뀌는 것뿐 아니라, 근본적으로 '어떤 고객이 왜 우리 서비스를 이용하는가?'라는 문제 정의 자체가 바뀐다는 것을 결정 당시에는 깨닫지 못했음.

12. 크라우드 펀딩 사업모델이 주력이던 시절, 회사가 지향했던 바는 2017년 프리A 펀드레이징 IR 자료에 잘 드러나 있음. '지적 사치 intellectual luxury' '지적 즐거움' 등의 키워드를 사용하면서, 지금까지 한국어로는 접하기 힘들었던 고급 지식/전문 콘텐츠를 만들고자 했음. 영어 혹은 일본어 콘텐츠 생태계 대비 한국어 콘텐츠의 질과 양에 문제의식을 갖고 있는 분들을 저자로 섭외하여 함께 콘텐츠를 만들었음. 저자를 응원하는 마음, 그리고 '한국에도 이런 콘텐츠가 필요하지'라는 지지의 마음들을 모아 후원/기부하는 성격의 결제가 많았던 것도 주 고객군의 특징이었음. 평소 책이나 잡지를 구매하는 데 돈을 많이 쓰는 콘텐츠 헤비 유저들도 상당수였음.

13. 반면 정기구독 사업은 첫 결제보다 재결제를 유도하는 것이 훨씬 어려운 문제였음. 이 시기 정기구독 사업의 주 고객은 남보다 한발 앞서 새로운 트렌드나 정보를 습득하고자 하는 사람들, 특히 마케팅 및 브랜딩 업무를 하는 분들이 많았음.

14. 하지만 고객이 첫 결제만 하고 재결제를 취소하면 밑 빠진 독에 물 붓는 것과 마찬가지였음. 매달 내 통장에서 돈이 빠져나갈 때마다 고객은 '이 서비스가 지난 한 달간 이 돈만큼의 가치가 있었나?'를 상기함. 매월 결제일마다 고객의 냉정한 판단을 받는 저울 위에 올라와 있었기에 어떤 콘텐츠가 첫 결제를 유도하는지, 어떤 콘텐츠 때문에 고객이 재결제하는지 데이터를 뜯어보고 파고들어 사업에 필요한 콘텐츠의 성격을 이해하는 과정이 필수였음.

15. 응원하고 지지하는 마음에 기대던 시기는 끝나고, 아차 하면 재결제가 끊기는 아슬아슬한 외줄타기를 하는 심정이었음. 본격적인 '사업'의 시간이 시작된 것임.

16. 지금 돌아보면, 크라우드 펀딩에서 정기구독으로 사업모델이 바뀐다는 것은 '우리 사회에 필요한 의미 있는 콘텐츠'가 아니라 '고객에게 팔리는 콘텐츠'로의 전환을 뜻했음. 콘텐츠를 바라보는 관점이 '작품'에서 '상품'으로 바뀌는 중요한 변곡점이었으며, 동시에 2017년 프리A 당시 IR 자료에 썼던 문장에서 탈피하겠다는 선언이기도 했음.

17. 이런 과정에서 팀에도 불가피하게 혼란이 따라왔음. 그중에서도 변화의 당사자인 콘텐츠 조직이 겪는 혼돈이 컸음. 지적 욕구를 충족시키는 완성도 높은 콘텐츠를 만든다는 비전에 공감해 입사한 사람들이 대다수였는데, 이제부터는 타깃 고객이 결제하고 또 재결제하고 싶은 콘텐츠를 만들어야 한다는 방

향으로 전환된 셈이었음. 마치 작품성 높은 독립영화를 만들다가 박스오피스 1위를 하는 상업성 높은 영화를 만들어야 하는 것과 같은 변화를 요구하는 것이었음. 콘텐츠 기획에 필요한 역량도 달라져야 했지만, 더 중요한 건 의사결정의 기준을 더 이상 '의미와 가치'가 아닌 '시장과 고객'에 두는 마인드셋의 변화였음.

18. 하지만 3년간 이어온 크라우드 펀딩 사업의 관성을 단번에 바꾸기란 쉽지 않았음. 큰 그림에서는 사업모델의 변화에 모두 동의하면서도, '악마는 디테일에 있다'는 말처럼 실무적으로 하나하나 의사결정하는 단계에서는 크고 작은 충돌들이 발생했음.
19. 이런 혼돈의 시기에, 나는 SAP에 참여하게 되었던 것임.

사람을 계획에 맞춰라

20. SAP가 진행되던 시기, 레이 달리오가 쓴 책《원칙》을 읽었음. 아래 조언을 읽고 나서, 머릿속 세계가 천동설이 지동설로 바뀌는 듯한 충격을 받았음.

> 사람을 계획에 맞춰라. 당신에게 필요한 사람들의 유형은 조직의 설계에 달려 있기 때문에, 조직을 구성할 때는 계획이 사람보다 선행한다. 조직을 설계하면서 일을 잘하기 위해 개인들에게 요구되는 특성에 대한 명확한 심상지도를 만들어라.
> (…)
> 사람에 맞추기 위해 업무를 계획해서는 안 된다. 이것은 시간이 흐르면

대부분 실패로 드러난다. 이런 일은 해고하는 것을 꺼리는 사람이 그 사람이 할 수 있는 다른 일을 찾아보려는 경향이 있을 때 흔히 발생한다.

21. 한편 SAP를 통해 정기구독 사업의 고객에 대한 이해가 높아진 것은 물론 매출 및 각종 지표가 올라가다 보니 사업에 대한 자신감도 서서히 커지던 무렵, 미국에서 온 EIR이 HR 주제로 코칭 세션을 하는 자리가 있었음. 그는 여러 유명 빅테크에서 성공적인 커리어를 쌓고 있는 분이었는데, 함께 나눈 대화의 대부분은 시간이 지나면서 기억에서 흐릿해졌으나 그가 '레이오프'에 대해 했던 말만큼은 강렬하게 남았음.

22. "내가 지금까지 만난 대표 중에 늦게 레이오프해서 후회한 대표는 있어도, 빨리 레이오프해서 후회한 대표는 한 명도 없었다. 대표가 '뭔가 잘못되었는데'라고 느끼고 있다면 그때가 결정해야 할 타이밍이다. 대표가 가진 직감 gut feeling을 믿어라."

23. 레이 달리오 그리고 SAP에서 얻은 교훈을 종합하여 마음의 결단을 내림.

최초의 레이오프: 팀이란 무엇인가

24. SAP를 마친 직후 내가 가장 먼저 한 일은 '앞으로 우리 회사는 이런 목표로 갈 것이고, 이렇게 일해야 한다'라는 내용을 A4 용지 한 장으로 정리하는 것이었음. 모든 팀원들과 일대일 개별 면담을 하면서 이 문서에 대해 설명하고 Q&A를 진행함. 우리는 앞으로 이렇게 갈 건데, 여기에 동의하지 않는다면 이

배에서 내려도 된다고도 알려줌.

25. 그 후 리더들과 미팅하면서, 정기구독 사업모델에 집중하기 위해 꼭 필요한 일과 크라우드 펀딩 사업모델에는 필요했지만 더 이상 필요 없게 된 일을 정의함. 그런 다음 필요한 일을 할 수 있는 사람이 지금 팀에서 누구인지 매칭하는 작업도 진행함. 변화에 빠르고 유연하게 적응할 수 있는 능력, 계속 학습하며 성장하는 마인드셋을 보인 사람과 그렇지 않은 사람에 대해서도 의견을 듣고 여러 차례 논의를 거침.

26. 그 결과, 정기구독 사업모델에 필요한 일과 자신의 강점이 매칭되지 않는 팀원 한 명이 남았음. 크라우드 펀딩에서는 저자-독자 간 오프라인 이벤트가 매주 수차례 열렸는데, 정기구독에 집중하면서 오프라인 이벤트가 사라진 것에 업무적으로 영향을 받게 된 팀원이었음. 이 팀원은 매니저였던 소희와 매주 일대일 미팅을 통해 업무 피드백을 주고받았고, 소희와 나는 '이 팀원을 어떻게 교육시켜 어떤 일을 더 줄 것인가. 어디로 업무 변경을 할 것인가' 등에 대한 고민을 함께 나눠왔음. 그러나 레이 달리오의 조언에 따르면, 지금까지 잘못 접근하고 있었다는 것을 깨달음. 결정을 해야 했음.

27. 2018년 7월이 시작됨. 레이오프 커뮤니케이션을 하는 날, 해야 할 말을 미리 적어두고 여러 번 연습했음. 빈 회의실에 나와 매니저인 소희 그리고 해당 팀원까지 셋이 앉았고 준비한 말을 함. '앞으로 회사가 나아가고자 하는 방향과 네가 가진 강점을 잘 살릴 수 있는 일 사이에 더 이상 접점이 없다는 판단을 했으며, 안타깝고 미안하지만 여기까지만 함께하자'라고. 겉으로는 어떻게 보였을지 모르겠으나, 속으로는 덜덜 떨면서 이야기를 마침. 매니저인 소희가 이야기를 마무리할 수

있도록 먼저 회의실을 나왔는데, 그때의 무거운 분위기가 지금도 기억에 깊이 남아 있음.

28. 레이오프 커뮤니케이션을 잘해야 하는 이유는 당사자뿐 아니라 남아 있는 조직을 위한 것이기도 하다는 점을 알고 있었음. 대표로서 왜 이런 결정을 했는지에 대해 최대한 잘 설명해야 한다고 생각했음. 팀원들을 한 자리에 모아 내 결정에 대해 설명하고 질의응답 시간을 갖고, 따로 일대일 미팅도 가졌음.

29. 이번 레이오프에 대한 서로의 생각을 주고받으며, '팀이란 무엇인가'에 대한 생각이 많이 다를 수밖에 없다는 것을 알게 됨. 대표와 팀원은 각자 서 있는 위치가 다르기에 어쩔 수 없다는 것을.

    a. "회사는 왜 팀원이 더 성장하도록 기다려주지 않는가? 정기구독 사업에 필요한 강점을 육성할 수 있도록 회사가 팀원을 교육하는 노력을 충분히 했는가?"라고 물어보는 팀원이 있었고, 나는 "우리는 다음 라운드 투자가 필요한 스타트업이라 기다릴 시간이 없고, 그 전에 회사가 먼저 망한다"라고 답했음.

    b. "회사란 일하는 사람이 모여서 성과를 내는 곳이므로, 사람에 대한 투자가 먼저여야 하지 않나?"라고 물어보는 팀원이 있었고, 내 생각은 "성과에 도움이 되는 사람만 모여서 일해도 회사가 될까 말까 하다"였음.

    c. "지금까지 팀워크가 중요하다고 수없이 말해온 건 그럼 뭐였냐?"라고 물어보는 팀원이 있었고, 나는 "팀을 위해 팀워크가 중요한 게 아니라, 사업을 위해 팀워크가 중요하다"라고 대답했음. '팀워크'라는 단어 하나에도 수많은 해석이 있어서 왜 중요한지, 무엇을 위한 것인지, 여기에 대한 내 생

각을 구체적으로 명료하게 이야기하는 것의 중요성도 느끼게 됨.

30. 이렇게 레이오프 커뮤니케이션에 시간과 노력을 투자했음에도 후폭풍은 컸음. 팀 모두에게 정도는 다를지언정 상처가 남았을 것임. 이렇게 저렇게 흘러서 내 귀에 들어오는 말들에 나 역시 알게 모르게 상처를 입음.

31. 심리상담 선생님을 찾아감. 상황을 들은 선생님은 남은 팀원들이 떠난 팀원의 입장에 더 크게 공감하는 건 자연스러우며, 반대로 나는 앞으로도 계속 회사와 사업을 위해 팀원들이 불편해하거나 싫어하는 결정을 해야 할 텐데 그건 대표의 일이니 받아들여야 한다고 말씀하심. 그리고 이번에 내가 상처받은 이유는 내가 회사와 동일시되어 있기 때문인데, 회사에 대해 누가 좋지 않은 말을 하면, '회사=나'이므로 나에 대한 공격으로 받아들이는 것이라고도 짚어주셨음.

32. 7월 1일 19명이었던 팀이 8월 20일 무렵 11명으로 줄어 있었음. 레이오프는 한 명이었지만, 연쇄작용으로 7명이 자진 퇴사했기 때문임. 그 과정에서 리더들도 팀원들도 서로 크고 작은 상처를 입었음. 그해 여름 내내 나도 울고, 소희도 울고, 소리도 울고…. 조그마한 조직 안에서도 제각기 입장과 생각이 달랐기에 다 같이 스트레스 지수가 높은 시간이었음.

33. 그러나 결과적으로 '정기구독 사업모델에 집중하여 앞으로 밀고 나가보자'라고 믿는 사람들만 팀에 남게 되었음. 조직은 가벼워지고, 의사결정은 빨라졌음. 폭풍우가 한 번 몰아치고 난 후 맑은 바다를 빠르게 달리는 배처럼 시리즈A 펀드레이징에 집중했고, 어느새 2018년이 끝났음.

최초의 레이오프 이후: 채용에서의 변화

34. 레이오프를 거치면서, 채용에 대한 생각에 변화가 생김.
35. 첫 번째, 유능한 제너럴리스트를 뽑자. 비가 와도 망하는 게 스타트업이라고, 한 치 앞을 알 수 없는 상황에서는 사업이 언제 어떻게 바뀔지 모름. 시장 상황에 맞게 계속 변화하고 또 변화해야만 생존할 수 있음. 이런 상황에서는 특정 업무를 잘하는 스페셜리스트가 조직에 필요한 시점도 있겠지만, 시간이 지나면 조직에 기여하지 못할 가능성이 높음. 스페셜리스트에게 맞지 않는 일을 주는 것은 개인에게도 조직에도 불행임.
36. 따라서 사업모델에 여전히 불확실성이 높은 상태에서는 유능한 스페셜리스트가 아니라 유능한 제너럴리스트를 뽑아야 함. 그래야 변화가 생겨도 얼라인먼트만 되어 있다면 개인도 조직도 함께 움직일 수 있으니까. 물론 채용의 난이도와는 별개임. 유능한 스페셜리스트든 유능한 제너럴리스트든 너무나 뽑기 어려운 것은 마찬가지였음. 그러나 일단 노력은 해보자는 각오를 다졌음.
37. 두 번째, 스타트업의 정의에 대해 팀과 정확히 커뮤니케이션하자. 스타트업이 무엇인가에 대해서는 100인 100색 각자의 정의가 있음. 몇 가지만 찾아봐도 그 다양성이 드러남.
    a. 스타트업은 매우 빠르게 성장하도록 디자인된 기업이다. – 폴 그레이엄, 와이콤비네이터 공동창업자
    b. 스타트업은 반복 가능하고 확장 가능한 비즈니스 모델을 찾기 위한 임시 조직이다. – 스티브 블랭크, '린 스타트업'의 기반이 된 고객개발 방법론 창시자
    c. 스타트업은 제품이 무엇인지, 고객이 누구인지, 돈을 어떻

게 벌 것인지에 대해 명확하지 않은 혼란스러운 회사다. -
데이브 맥클루어, 500스타트업 창업자

38. 내가 생각한 스타트업의 가장 큰 특징은 '생존의 불확실성'이 었음. 다음 달에 회사가 살아 있을지, 내년 이맘때 회사가 존재할지 알 수 없는 불확실성 속에 어떻게든 살아남도록 방법을 찾아야 하는 것이 스타트업의 특징이라 생각했음.

39. 따라서 회사의 모든 것은 임시적이며 언제든 변할 수 있음. 이것이 '영업이익을 내는' 사업모델을 찾아낸 기성 기업과 가장 큰 차이임. 이 점에 대해 스타트업에 지원하는 구직자도 혹은 스타트업에서 일하고 있는 사람들도 잘 모르고 있거나, 머리로는 알고 있더라도 체감하지는 못한다고 생각했음. 이것은 삼성전자가 항상 위기라고 강조하는 것과는 차원이 다른 생존의 문제임을 팀에도 정확히 공유해야 한다고 생각하게 됨.

40. 그래서 채용 과정에서 스타트업에 대해 어떻게 이해하고 있는지 질문하기 시작함. 타운홀이나 신규입사자와 입사 첫 주 만나 이야기하는 자리에서는 오른쪽에 광종이 썼던 글을 인용하며 설명했음. 스타트업에서 일한다는 것의 의미에 대해 팀원들과 생각의 합을 최대한 맞추기 위함이었음.

최초의 레이오프 이후: 원칙과 확립

41. 월터 아이작슨이 쓴 《스티브 잡스 Steve Jobs》에는 스티브 잡스의 인재론에 대한 생각이 군데군데 등장함. 그중에서도 가장 유명한 것은, A급 인재는 오직 A급 인재와 일하기를 원하지만, B급 인재는 C급 인재를 채용하길 원한다는 내용임. 팀이 커진

> **김광중**
> 커리어리 Lead Product Manager
> 2021년 11월 22일
>
> 🤔 일하며 드는 생각 #1. 스타트업이란 무엇인가
>
> '스타트업'의 정의야 훌륭한 분들이 많이 해주셨겠지만,
> 실제로 일할 때 가장 중요한 특성은 '현상유지를 하면 망한다'인 것 같아요.
> (물론 기성기업도 현상유지라면 언젠가는 망하겠지만, 돈을 태우고 있는 스타트업은 그거시 코앞에..🔥)
>
> 비용을 상쇄할만큼의 수익을 만들어내거나, 성장세를 바탕으로 다음 투자를 이끌어내지 못하면 아름다운 미션과 비전은 역사의 뒤안길로..
>
> 여기에서 스타트업과 기성기업의 일하는 방식에 큰 차이가 생긴다고 생각합니다.
> 우리는 투자를 통해 확보한 기간 동안 어떻게든 망하지 않을 방법을 찾기 위해 고군분투 해야하고, 답을 찾을 때까지 계속 변해야만 하는 거죠.
> 그래서 스타트업을 임시조직으로 정의하기도 합니다.
> 이런 스타트업에서 일한다는 건,, 사서 고생이라는 말이 떠오르네요ㅎㅎ
>
> 👶🐻그래도 스타트업.. 사랑하시죠..?
>
> 최근 한국에서도 스타트업이 많은 관심을 받고, 메인 스트림에 한걸음 다가가면서, 이런 생각을 하지 못하고 진입하는 분들도 계신 것 같은데, 그럼 너무 고통을 받으실 것 같은 마음에 적어봄.

다고 B급 인재 몇 명을 놔두게 되면 그 조직은 순식간에 망가지므로, A급 인재 팀을 만들기 위해서는 가차 없이 ruthless 움직여야 한다는 것이 스티브 잡스의 주장이었음. 그는 한 인터뷰에서 채용이 자신이 하는 가장 중요한 일이라고 했음. 하지만 동시에 레이오프는 정말 고통스럽지만 피할 수 없다고 덧붙였음.

기준에 못 미치는 사람들을 정리해야 할 때는 고통스럽습니다. 정말 고통스럽죠. 세상에서 가장 훌륭한 사람이 아니라서 내보내야 할 때가 있으니까요. 하지만 제 역할이 때때로 바로 그 일이었다는 것을 깨달았습니다.

42. 타운홀에서, 그리고 신규입사자와 처음 만나는 자리에서 커뮤니케이션할 때는 두 가지 이야기를 했음.
43. 하나는 2×2 매트릭스였음. 이 매트릭스에는 '실력×태도'라는 두 가지 축이 있음. 우리 팀이 지향하는 A급 인재란 실력도 태도도 모두 높은 사람이라고. 그러니 둘 다 높은 수준이 되도록 열심히 하자고 말했음.
44. 다른 하나는 2019년 노벨경제학상을 수상한 마이클 크레이머 교수의 이론이었음. 우리 팀 모두가 A급 인재가 되어야만 '곱하기'를 통해 사업이 성공할 수 있다는 메시지를 전달하고자 했음.

> 크레이머는 뛰어난 인재들이 만든 우주왕복선과 같은 최고의 제품이라도 단 하나의 결함이 재앙이 된다는 것을 수학으로 표현하려고 시도했다. 이를 위해서 노동생산성은 개별 노동력의 '더하기'가 아니라 '곱하기'라는 생각에 이른다. 만약 더하기라면 우수한 집단에 다소 능력이 모자라는 사람이 있어도, 심지어 0의 능력이 있어도 큰 영향이 없을 것이다. 하지만 곱하기라면 다르다. 0이 곱해지는 순간, 산출물은 0이 되고 만다. 이처럼 챌린저호 사고는 '곱하기'였기에 일어난 일이다.

45. 그러나 실력과 태도 둘 다 좋은 사람만 채용한다는 것은 현실적으로 매우 어려운 일이었고, 또 다른 어려운 점은 실력과 태도라는 개념이 참으로 추상적이라는 사실이었음. 귀에 걸면 귀걸이, 코에 걸면 코걸이 식으로 사람마다 해석이 다를 수밖에 없고, 시간이 지나면서 해석이 변화하기도 했음. 팀원들과 생각의 합을 맞추고자 인재상을 구체적으로 설명하는 문서도

만들었음. 그래도 여전히 '정량적'으로 측정 가능한 영역이 아니기 때문에 '인재상의 기준에 나 자신이 부합하는가? 내 동료가 부합하는가?'라는 질문에는 주관적인 판단에 의존할 수밖에 없었음.

46. 면접에 참여한 사람들끼리 실력과 태도 모두 기준점을 넘었다고 판단할 때 채용했지만, 레이오프를 할 때는 달랐음. 성과를 못 내는 경우보다는 팀에 해가 된다고 판단되는 행동을 했을 때 이루어진 경우가 많았음. 사업 성과가 좋고 안 좋고의 문제에는 개인이 통제할 수 없는 여러 변수가 작동하지만, 팀에 해가 되는 이슈를 파헤쳐보면 대부분 '태도'의 문제였음. 태도는 그 사람이 평생의 삶 속에서 쌓아온 것이어서 단기간에 회사 안에서 바뀌기 어렵다고 판단했음.

47. 여기서 말하는 태도는 (사회 규범에 어긋나는 태도는 제외하고) 조직에서 선호하는 속성이 기준임. 그것은 조직마다 다르기 마련이라, 어떤 조직에서는 환영받을 수 있는 태도가 어떤 조직에서는 기준에 맞지 않는다고 판단될 수도 있음. 나의 경우, 시간이 갈수록 점점 더 중요하게 본 세 가지 속성이 겸손함, 성실함, 책임감이었음. 반대로 말하자면 겸손하지 않은 사람, 성실하지 않은 사람, 책임감이 없는 사람은 '곱하기'에서 0에 해당한다고 생각했음.

48. 2×2 매트릭스에 대해 이런 질문을 받은 적이 있음. '만약 실력은 좋은데 태도가 별로인 사람 vs. 실력은 별로인데 태도는 좋은 사람 중 꼭 골라야 한다면 누구를 선택하겠는가?' 나의 답은 둘 중에 굳이 골라야 한다면, 실력은 별로인데 태도가 좋은 사람을 뽑겠다는 것이었음. 태도가 좋으면 실력은 발전할 수 있다고 믿기 때문이었음. 여전히 투자금으로 굴러가는 '임

시조직'이라 언제 망할지 모르니 오래 기다려줄 수는 없지만, 그래도 태도가 좋다면 발전 가능성을 믿어보고 싶다는 것이 내 생각이었음. 그리고 태도가 좋은 사람이라면 본인이 최선을 다하더라도 자신의 실력이 팀에서 요구하는 수준을 넘어서지 못할 때, 자신의 한계를 인지하는 메타인지 능력이 있으리라고도 생각했음.

49. 전사 차원에서 매니저와 팀원 간에는 기본적으로 매주 일대일 미팅이 있었고, 리더들끼리 논의하는 미팅도 매주 있었음. 그래서 HR 어젠다에 대해서는 여러 채널로 의견 교환이 이루어짐.

50. 넷플릭스의 최고인재책임자 Chief Talent Officer로 일했던 패티 맥코드가 쓴 책 《파워풀 Powerful》에서는, 리더가 일대일 미팅에서 팀원의 문제점을 빠르게 이야기할수록 팀원이 문제를 개선할 가능성도 높아진다고 설명함. 고통스러울지언정 진실을 전하는 것이 더 효과적인 이유는, 본인 스스로 그 일을 잘하고 있지 않다는 것을 알고 있고, 그 자체가 고역인 경우가 많기 때문임. 차라리 리더가 일대일 미팅에서 먼저 꺼내면 팀원도 안도감을 느끼고 개선에 집중할 수 있기에, 직진하라고 조언함.

51. 하지만 시간이 지나도 반복적으로 이슈가 올라오는 건은 결론을 내려야 한다는 뜻이기도 함. 그때가 오면, 리더들과 논의한 후 내가 최종 결정을 내렸음. 아무리 힘들더라도 SAP에서 들었던 조언, "늦게 레이오프해서 후회한 대표는 있어도, 빨리 레이오프해서 후회한 대표는 한 명도 없었다"를 충실히 따랐음.

52. 레이오프 커뮤니케이션을 할 때는 매니저가 스스로 할 수 있

다고 하면 그렇게 했고, 그렇지 않은 경우엔 대표로서 직접 했음. 왜 이런 결정을 했는지 진솔하게 말하는 것이 내 책임을 다하는 일이자 당사자에 대한 최소한의 성의라고 생각했음.

53. 그러나 채용에서 무수한 시행착오를 거친 만큼 레이오프에도 거센 후폭풍이 따라올 수밖에 없었음. 2020년부터 팀원들로부터 익명으로 의견을 수렴하고 개선하는 HR 프로젝트가 몇 차례 진행되었는데, 매번 올라오는 어젠다가 바로 '퇴사 프로세스'였음.

54. 2019~20년 전후로 실리콘밸리 소식이 실시간으로 한국에 쏟아져 들어오면서, 미국식 스타트업 환경에 대해 다들 알고는 있었음. 타운홀에서도 스타트업의 정의에 대해 자주 커뮤니케이션했기에 '레이오프를 해서는 안 된다'라고 생각하는 사람은 거의 없었음. 다만 왜 이 사람이 회사를 떠나는지에 대한 합리적인 설명을 요구하거나, 퇴사일에 시간적 여유를 두어 업무 공백을 최소화하고 감정적으로 소화될 수 있게 해달라는 요청이 있었음. 이 부분에 대해서는 TFT를 만들어 조금씩 제도적으로 개선해 나감.

55. 그러나 레이오프는 개인의 인생에서 커다란 상처가 되는 만큼, 아무리 제도적으로 보완 장치를 마련했다고 해도 부족함이 많았을 거라 생각함.

56. 2018년 7월 이후 상황에 따라 한 명씩 레이오프를 진행했음. 하지만 팀의 규모를 줄이기 위해 여러 명을 동시에 레이오프한 적은 총 세 번 있었음.

첫 번째 대규모 레이오프의 목적: 현금 확보

57. 2022년 11월 진행된 레이오프의 목적은 현금 확보였음. 스타트업 투자 빙하기가 본격화되기 직전이었고, 2022년 9~10월에 주주들이 개별적으로 찾아와 시장 상황에 대한 경고를 연달아 해준 것이 영향을 미쳤음.

58. 시리즈C 펀드레이징 또는 주주들을 어떻게든 설득해 브리지 펀딩을 받는 것에만 의존하는 것이 아니라, 이와 병행으로 최대한 현금을 확보하는 노력이 필요했음. 그래서 두 가지를 계획했음. 하나는 레이오프를 통해 고정비를 줄이는 것이고, 다른 하나는 정기구독 사업을 매각해 현금을 확보하는 것이었음. (두 번째 아이디어는 2023년 상반기에 조심스럽게 잠재 인수자 탐색을 시도했으나 성공하지 못함.)

59. 11월이 시작되자마자 가장 먼저 한 일은 리더들을 모아 레이오프에 대한 도움을 요청하는 것이었음. 상황을 먼저 공유하고 나서 질문을 받았고, 각자의 역할을 나눠 가짐. 특히 주주들에게서 들은 스타트업 투자 시장 상황을 자세히 공유했는데, 지금까지 먹혔던 펀드레이징 전략이 앞으로는 더 이상 유효하지 않으며 BEP를 빨리 넘기는 것이 가장 중요하다고 설명. 맥락을 충분히 공유할수록 각자의 입장에서 최선을 다할 수 있다고 믿기에, 배경과 목적에 주안점을 두고 커뮤니케이션함.

60. 현금 확보를 목적으로 한 레이오프는 처음 해보는 것이다 보니 대규모 레이오프를 해본 스타트업 대표들을 찾아가서 조언을 구함. 그리고 레이오프를 다룬 미국 테크 기업/스타트업 대표들이 쓴 책이나 영문 아티클도 찾아서 읽어봄. 스타트업

레이오프에 대한 한국어 자료를 찾기 어렵다 보니, 사람과 영어 자료에 의지했음.

61. 첫 번째 대규모 레이오프를 계획하면서 두 가지 선택지를 놓고 고민했음. 동일한 액수의 현금을 절감한다면,
    a. 많은 인원을 레이오프하고, 기존 인력들의 보상을 유지한다.
    b. 적은 인원을 레이오프하는 대신, 기존 인력들의 현금 보상을 절감한다.

62. 나는 두 번째를 선택함. 커리어리가 이제 막 개발자라는 주요한 타깃 고객을 찾아낸 상황이었고, 이들이 사랑할 수 있는 제품을 만들려면 빠르게 많은 실험을 해야 하므로 제품 조직(프로덕트 매니저, 프로덕트 디자이너, 개발자)은 꼭 필요하다는 생각 때문이었음.

63. 두 번째 선택을 한 이후 레이오프 후보자에 대한 1차 의견을 리더들로부터 들었음. 그런 다음 내 관찰과 생각을 종합하여 최종 명단을 확정함. 앞서 조언을 구했던 모 스타트업 대표님이 최종 명단은 반드시 대표가 결정하라고, 그게 리더들을 위해 대표가 해야만 하는 일이라고 말해주었기 때문임.

64. 레이오프 후보자에 대한 보상 패키지도, 남은 팀원들의 보상 구조에 대해서도 각각 얼마나 줄일 것인지 계산함. 이때 각 팀원의 총보상액total compensation은 유지하되, 현금을 줄인 만큼 스톡옵션을 추가로 부여하는 방식으로 보상 체계를 설계했음. 어렵고 민감한 주제인 만큼 몇 번이고 체크하고 또 체크하는 작업이 이어졌음.

65. 당시 팀 규모는 60명 후반에서 70명 초반 정도였고, 레이오프 대상자는 10% 이내였음. 각자 받는 총보상액에 따라 현금 보상의 삭감 수준이 달랐는데 5~20% 범위였고, 나는 40%를 삭

감함.
66. 그다음 단계는 레이오프 커뮤니케이션이었음. 커뮤니케이션 순서를 어떻게 할지 여러 시나리오를 짜서 장단점을 논의한 끝에 내린 결정은 다음과 같음.
    a. 보상을 줄이는 대상 팀원들에게 내가 일대일로 설명하면서 동의를 구하고
    b. 떠나는 팀원들에게 내가 일대일로 설명하고
    c. 다 같이 모인 타운홀에서 내가 다시 레이오프의 목적과 앞으로 할 일들을 설명한 후 Q&A를 받는 순으로 가기로 함.
67. 준비하면서 벤 호로위츠가 쓴 《하드씽》을 다시 꼼꼼히 읽었음. 그는 세 번에 걸쳐 400명을 레이오프한 경험을 살려, 무엇을 하고 무엇을 하면 안 되는지 상세한 조언을 적었음. 그중 특히 도움이 된 두 가지는 다음과 같음.
    a. 사람들은 자신이 레이오프된 날은 분명하게 기억하기 때문에, 그날의 하나하나가 모두 중요함. CEO가 고용하고 일을 시킨 만큼, 레이오프도 CEO가 직접 용기를 내어 수행하길 직원들은 기대함.
    b. 실리콘밸리의 유명한 멘토였던 빌 캠벨이 벤 호로위츠에게 레이오프에 대한 CEO 메시지는 남는 직원을 위한 것이라고 조언함. 남은 직원들은 CEO가 자신의 동료들을 어떻게 대하는지 예의주시함. 하지만 회사는 앞으로 나아가야 하기에, 과도한 사죄에는 매달리지 말라고 권고함.
68. 일대일로 만나서 무슨 이야기를 어떻게 할지 고민하며 자료를 만들고, 스크립트도 써서 준비하고 들어갔지만 결코 쉽지 않았음. 에너지를 짜내며 한 사람, 한 사람과 이야기를 나눔. 어떤 대화는 심장을 쥐어짜듯 고통스러웠고, 어떤 대화는 한

없이 고마워서 눈물이 났음.

69. 약 3일에 걸쳐 일대일 대화를 진행하는 동안, 멘탈이 나갈 것 같은 상황에서 소리가 책 한 권을 건네줌. 넷플릭스 공동창업자 마크 랜돌프가 쓴 《절대 성공하지 못할 거야 That Will Never Work》라는 책이었는데, 소리가 손으로 쓴 메모가 끼워져 있었음. "시간이 없다면 이 부분만, 시간이 된다면 여기부터 읽고요"라고. 메모가 가리킨 곳은 '살아남기 위한 구조조정'이라는 파트의 한 대목이었음.

"지난 열두 달 동안 투자 환경이 급격하게 바뀌었습니다. 우리뿐 아니라 실리콘밸리의 모든 회사가 마찬가지입니다. 우리는 이제 벤처 자금에 의지해서 회사를 꾸려갈 수가 없습니다. 자급자족할 수 있어야 합니다. 우리 운명을 스스로 만들어가야 합니다. 그렇게 하려면 지출을 엄청나게 줄여야 합니다." (…) "우리 친구와 동료 중 일부가 떠날 거예요. 그들이 뭔가 잘못했기 때문이 아닙니다. 순전히 회사를 더 강하게 만들기 위해 꼭 필요한 일이어서 어쩔 수 없이 하는 거죠."
(…)
구조조정을 모두 끝내고 잠시 후, 남은 직원들을 모았다. 나는 앞으로 나아가자고, 그리고 우리 자신과 모두에게 보여주어야 할 엄숙한 책임감에 관해 짧게 이야기했다. 잔인하고 변덕스러운 구조조정이 아니라 넷플릭스를 살리는 방법이었음을 증명하자고 말했다. 우리 모두 넷플릭스를 살리기 위해 최선을 다하자고 다짐했다.

70. 20년 전 넷플릭스도 닷컴버블이 터진 후 살아남기 위해 레이오프를 했고, 모두가 고통받았지만 전진했다는 사실이 위로와 용기를 주었음. 소리의 마음에 감사했음.

71. 마지막으로 타운홀을 열고 모든 팀 앞에서 이야기했음. 아래는 당시 사용한 자료 중 일부임.

> **시장 상황**
>
> - 10/17 주차부터 더 심각해진 시장 상황 인지
> - 시장이 시시각각 변하고, 요즘은 특히 터프하다.
> - 내년 하반기 정도 되면 투자 시작하겠다는 곳들도 있음. 그때가 되면 죽을 팀들은 다 죽었을 것. (내후년이 되어서야 투자한다는 곳들도 있고)
> - 보수적으로 보는 곳들은 24개월치 런웨이 준비하라는 말도 함
> - 성장 → 생존
>
> **제 의사결정의 원칙**
>
> 1. 회사의 생존이 가장 중요
>   - 속도전: 현금을 하루라도 아끼고, 팀에게도 도움이 된다
>
> **제 의사결정의 원칙**
>
> 2. 인건비 절감
>   - 1안: 전체 팀 인원 중 약 25%가 떠나고, 남은 팀원들의 보상 동결
>   - 2안: 전체 팀 인원 중 약 10%가 떠나고, 남은 팀원들과 고통을 분담
>   → 2안을 선택
>
> 왜?
> - 팀에 대한 자부심 → 지금 이 팀을 만드는데 들어간 노력과 에너지
> - 시장의 사이클은 순환한다 → 미래의 성장동력을 훼손하는 선택 X

72. 타운홀이 끝날 무렵, 평소 과묵했던 한 팀원이 손을 들고 질문했음. "그래서 이다음 펀드레이징은 언제 시작하는 건가요?" 지나간 일은 지나간 일이고 앞날을 묻는 메시지여서 고마웠음. 팀원들 앞에서 고개와 허리를 숙이고 공개적으로 사과한 것은 이날이 처음이었음.

73. 약 3주 동안 진행된 일이었음.

첫 번째 대규모 레이오프의 교훈

74. 놀랍게도 현금 보상을 줄이자는 제안에 모두가 동의했음. 다들 동의서에 회신하면서 각자 나에게 장문의 이메일을 보내왔음. 이메일에 담긴 메시지도, 쓰는 데 들어간 마음도 고마웠음.
75. 하지만 내가 잘못 판단한 것이 있었음. 타운홀을 기점으로 레이오프에 대한 커뮤니케이션을 종료하고 그다음 목표를 향해 빠르게 달리자고 치열함을 독려하기보다는, 어수선하고 상처받았을 팀원들을 감정적으로 케어하는 데 조직의 에너지를 쓰게 만든 것임. HR팀이 각 팀원들과 일대일 미팅을 하도록 했는데, 이러다 보니 회사의 공식적인 리소스가 계속 포스트 post 레이오프에 쓰이게 됨. 미래로 나아가는 것이 아니라 과거의 상처를 핥는 데 팀의 중요한 시간을 쓰게 한 것, 즉 레이오프 이후 냉정하지 못했던 나 자신에 대한 반성이 있음.
76. 글자로만 보던, '현금 확보를 위한 레이오프'가 실제로 해보면 얼마나 어려운지도 뼈저리게 절감함. '회사의 생존을 위해서는 비용 절감이 필요하다. 그러려면 고정비 중 가장 큰 비중을 차지하는 인건비를 줄이는 게 먼저다.' 머리로는 참 쉽게 할 수 있는 생각이지만, 현실은 그보다 수백 수천 배 험난하고 고통스럽다는 것을 배웠음. 무슨 일이든 내가 직접 손발에 진흙을 묻혀가며 해보기 전에 말로만 이게 좋다 저게 필요하다고 떠드는 사람이 되지 않겠노라 다짐했음.

두 번째 대규모 레이오프의 목적: 조직 쇄신

77. 2023년 11월 진행된 대규모 레이오프의 목적은 첫 번째 대규모 레이오프에서 얻은 크나큰 깨달음에서 비롯되었음. 현금 보상 삭감이라는 선택이 얼마나 인간의 본성에 어긋나는 결정이었는가에 대한 아하 모멘트가 뒤늦게 찾아왔기 때문임.

78. 1년 전에는 이 방식이 최선이라고 생각했음. 회사는 현금을 아낄 수 있고, 팀 대다수가 스톡옵션을 부여받았으니 회사의 미래 가치와 연결된 생각과 행동을 하게 될 것이며, 동시에 어렵게 채용한 팀원들을 최대한 데리고 가야 원하는 성과를 낼 수 있다는 이유 때문이었음.

79. 그러나 약 반년이 지나 깨달은 것은 '내가 회사를 위해 보상을 희생했다'라는 인식으로 여러 부작용이 발생했다는 것임. 개인으로서는 자연스러운 감정이라고 생각함. 나 자신도 되돌아보니, 급여에 대한 희생을 요구했다는 미안함 때문에 팀과 정확한 커뮤니케이션을 해야 할 때도 심리적 장벽으로 인해 그러지 못했음.

80. 2023년 가을, 집으로 가는 버스 안에서 허튼짓을 했다는 현타가 강하게 옴. '언젠가 불가피하게 레이오프를 해야 할 날이 또 온다면, 그때는 훨씬 과감하게 팀을 줄이고 남은 사람들에게는 보상을 크게 올리겠다'고 다짐함.

81. 그런데 곰곰이 생각해보니 '언젠가'라는 것은 언제 올지도 모르고, 아예 오지 않을 수도 있겠다 싶었음. '왜 언젠가 하려고 하지? 할 거면 지금 당장 해야겠다'라는 결심을 함.

82. 두 번째 대규모 레이오프는 가능한 팀을 가볍게 가져가는 동시에 일하는 분위기를 더 타이트하게 만든다는 조직 쇄신 차

원이었음. 아무리 내가 회사의 매각/정리를 결심했다 해도, 내 손에서 모래알이 빠져나가는 듯한 기분으로 회사 상황을 관찰자처럼 지켜보고만 싶지 않았음. 끝의 끝까지, 한 팀으로 기민하고 빠르게 움직이고 싶은 욕구가 강했음.

83. 이는 귀중하게 유지하고 있었던 커리어리 제품 조직을 크게 축소하는 결정이었고, 그래서 나와 팀원들 사이에서 가교 역할을 하는 리더들의 역할이 중요했음. 리더들에게는 내 생각을 솔직하게 터놓고 이야기한 후 부탁했고, 감사하게도 모두 적극적으로 도와주었음.

84. 1년 전의 교훈을 바탕으로, 이번에는 세 가지를 다르게 진행함.
    a. 제품 조직을 대상으로 별도의 타운홀을 열어서 레이오프 계획을 공개했고, 같은 시간에 팀 전체를 대상으로 이메일을 발송하여 목적과 계획에 대해 동일한 내용을 알림. 그 후 제품 조직 팀원들과 일대일 미팅을 진행함.
    b. 1년 전에는 레이오프 대상자 명단을 정해놓고 커뮤니케이션했다면, 이번에는 스스로 결정하도록 선택권을 팀원 개개인에게 부여하고, 퇴사 시 보상 패키지에 대한 설명과 함께 마감시한 내에 회사에 남을지 떠날지 답을 달라고 요청함. 누가 남고 누가 떠나는 결정을 할지 주말 내내 조마조마하게 기다렸고, 월요일이 되자 결론이 남.
    c. 남는 선택을 한 사람을 대상으로는 삭감된 현금 보상액을 복구했고, 현금 잔고를 고려하여 가능한 한도 안에서 일부 팀원에 대해서는 총보상액도 인상함.

85. 결과적으로 전체 팀원은 40명대 후반에서 20명대 중반으로 줄어들었음. 보상을 복구하거나 인상했기 때문에 매달 소진되는 순현금 규모 net burning가 크게 줄어들지는 않았으나, 이는

애당초 목표가 아니었기에 중요하지 않았음.
86. 이 작업 또한 약 3주 동안 진행됨.

두 번째 대규모 레이오프의 교훈

87. 1년 전 레이오프를 마친 후 후회했던 점—감정적 케어에 팀의 에너지가 많이 쓰인 것—이 있었기에, 이번에는 커리어리가 어떻게 하면 채용 사업에서 더 빨리 매출을 낼지, 정기구독 사업은 코앞으로 다가온 연말연초 프로모션에서 어떻게 하면 더 성과를 낼지, 즉 돈 버는 것에만 집중하도록 팀의 분위기를 몰아가고자 했음.
88. 1년 전 레이오프를 할 때 모 대표님으로부터 받은 조언을 다시 읽어봄. 당시 내가 조언을 듣고 와서 적어둔 메모를 리더들과 공유했는데, 소희가 다시 찾아내 전달해줌. 첫 번째 항목을 읽고 나서 바로 현타가 옴…. 나보다 앞서 고통을 겪은 대표님으로부터 이미 귀중한 교훈을 얻고 공유까지 해놓고는, 나는 정말로 멍청한 결정을 했던 것임. 돌고 돌아서 깨닫는 데 1년이 걸림.
    a. 레이오프를 많이 했다고 후회하는 대표는 본 적이 없다. 할 수 있는 최대한 해라. 60~70%까지 해도 된다. 이렇게 해도 의외로 회사는 잘 돌아간다.
    b. 처음 레이오프를 적게 했다가 두 번 레이오프하는 게 최악이다.
89. 역시 아무리 훌륭한 조언이라도, 듣는 것과 실행하는 것은 천지차이임.

90. 내가 2022년 11월에 내렸어야 했던 의사결정은 다음과 같았음.
    a. 팀을 절반 혹은 그 이하로 과감하게 줄이고
    b. 남은 팀원들의 보상은 파격적으로 올리고
    c. 커리어리에서 채용 사업을 본격적으로 시작하고, 퍼블리 멤버십의 콘텐츠 경쟁력에 투자하며, 나머지는 다 접어야 했음.
    d. 즉 사업의 본진에 소수 인원으로 집중해서 성과를 내고, 성과가 나는 걸 확인한 후 필요하다면 다시 채용하는 것이 바람직했음.
91. 이 시기는 생각에 집중하느라 사무실에서 집까지 자주 걸어갔음. 단지 현금 확보를 위한 목적으로 레이오프를 선택하는 것이 아니라 그보다 상위의 전략적 수단으로 레이오프를 택해야 한다는 것도, 동시에 인간의 본성과 본능에 대한 깊은 이해가 조직관리에 얼마나 중요한지도, 온몸에 피를 철철 흘리면서 배웠음.

세 번째 대규모 레이오프의 목적: 다시, 현금 확보

92. 2024년 4월, 마지막 레이오프의 목적은 매각을 앞두고 최대한 현금을 확보하는 것이었음.
93. 3월 말, 주주총회가 열림. 이 자리에서는 좀 더 긴 논의 끝에 지금은 다른 무엇보다도 현금 확보가 최우선이라는 데 주주들의 의견이 모였음.
94. 4월 초, 이사회가 열림. 여러 가지 시나리오에 따라 현금 잔고가 어떻게 될지 예측하고, 매각 전까지 꼭 있어야 할 최소한의 필수인력을 정의함.

95. 필수인력 중 리더들은 상황을 알고 있었고, 팀원들은 따로 만나 솔직히 터놓고 이야기하면서 매각 전까지 남아달라고 부탁함.
96. 4월 둘째 주 금요일 아침, 임시 타운홀을 열고 팀 앞에서 미리 써둔 원고를 출력해 천천히 읽었음. 매각이 안갯속이어서 팀에 구체적인 진행 상황을 공개할 수는 없으나, 지금 회사에는 최대한의 현금 확보가 필요하다는 이사회 논의를 거쳐 어려운 결정을 하게 되었다는 것이 메시지의 골자였음.
97. 이번에는 극소수를 제외한 팀 대부분이 회사를 떠나는 상황이었음. 퇴사자들을 위한 보상 패키지를 설명한 후 타운홀 말미에 이렇게 이야기함. 마지막 인사 차원에서 나와 일대일 미팅을 잡아두었는데 오고 싶으면 와도 되고, 아니다 싶으면 안 와도 되니 자유롭게 결정하면 된다고. 각자에게 선택권을 주었음.
98. 그런데 모두가 다 나를 찾아왔음. 정말로 끝이었기 때문에, 앞서 두 번의 레이오프와는 달리 그동안 정말로 고생 많았다고 이야기를 나누고, 포옹을 하며 작별할 수 있었음. 자신이 만든 서비스가 제발 좋은 회사에 잘 매각되어 앞으로도 부디 잘되었으면 좋겠다고 말하며 눈물을 흘리는 팀원들도 있었음. 마음이 아팠고, 정말 고마웠음. 긴 금요일이 끝남.
99. 이 작업은 약 일주일 동안 진행됨.

세 번째 대규모 레이오프의 교훈

100. 주말이 지나고 월요일이 됨. 아침 일찍 커다란 사무실에 나와

소희, 은별만 출근함. 서로 옹기종기 붙어 앉아서 하루의 일을 시작함.

101. 2018년 SAP 초반, EIR로부터 챌린지를 계속 받다 보니 멘탈이 털려 막막한 채로 서 있던 내게 500의 김경민 님(현 500 글로벌 매니지먼트코리아 대표이사)이 다가와 이렇게 말해줌.

102. "지금 상태는 흙탕물 같은 거다. 그런데 시간이 좀 지나면 돌과 흙은 바닥으로 가라앉고 맑은 물이 위로 올라올 거다. 맑은 물이 위로 올라올 때까지 좀만 더 버텨라. 다들 똑같은 과정을 거쳤고, 너도 그중 하나니까 그냥 내 말을 믿어봐."

103. 그 후로도 혼돈의 한복판에 갇혔다고 느낄 때마다, 맑은 물이 올라오기를 인내심을 갖고 기다리고자 했음. 물론 말처럼 쉽지 않았고, 중간중간 다시 흔들려 흙탕물 상태로 돌아가기도 함.

104. 그러나 이날 아침은 마음속에 맑은 물이 서서히 차오른 듯했음. 조용하게, 차분하게, 꼭 해야만 하는 일을 시작하는 고요한 아침이 평온했음.

지금의 생각

맥락의 중요성

영화 〈머니볼 Moneyball〉을 다시 봤다. 메이저리그 최하위 팀 오클랜드 애슬레틱스의 단장인 빌리 빈은 부단장 피터 브랜드와 선수를 내보내는 일에 대해 이야기한다. 빌리 빈은 선수를 트레이드하고 자르는 것이 단장의 역할이기 때문에 본인은 선수들과 친하게 지내지 않는다면서, '이건 부단장인 네 일 job'이기도 하다고 딱 잘라서 말한다. 머뭇거리는 피터 브랜드는 빌리 빈을 상대로 방출 대상인 선수와 어떻게 이야기할지 연습을 해보는데, 말이 길어지고 대화는 꼬인다. 이때 빌리 빈이 피터 브랜드에게 말한다.

> 걔들은 프로야. 단도직입적으로 말해. 그냥 사실대로. '피터, 자넨 방출일세. 자세한 건 잭이 처리할 거야.' 머리에 총 한 발이 낫겠나, 가슴에 다섯 발이 낫겠나?

시간이 흐른 후, 피터 브랜드는 트레이드가 결정된 선수에게 통보하는 일을 맡게 된다. 둘은 빈 사무실에서 일대일로 만난다.

피터 브랜드: 자네 타이거스로 트레이드됐어. 제이 파머의 전화번호야. 구단의 여행 전담 매니저. 알아서 잘 챙겨줄 거야.

선수: (잠깐 침묵을 지키다) 이게 끝인가?

피터 브랜드: 응.

선수: 알았어. (자리에서 바로 일어남.)

둘의 대화는 약 1분 정도로 짧다. '프로 스포츠팀의 세계는 결정을 알리는 사람도, 결정을 듣는 사람도 이렇게 드라이한 대화를 나누는 것이 기본값인가? 이건 미국이라 가능한 건가, 아니면 영화라서 드라마틱하게 만든 건가' 하는 여러 생각을 하면서도 동시에 실제 비즈니스 세계에서는 이렇게 하기 참으로 어렵다고 느낀다. 그렇기에 역설적으로 넷플릭스는 "우리는 가족이 아니라 프로 스포츠팀이다"라는 말을 더욱 강조했던 것 아닐까 싶다.

2018년 6월 국내에 번역 출간된 레이 달리오의《원칙》은 넷플릭스의 조직문화를 설명한 '컬처 덱 Culture Deck'과 함께 이 시기 한국 스타트업 생태계에 많은 영향을 미쳤다. 나 역시 열광했던 사람 중 하나였다. 넷플릭스의 조직문화를 우리 팀에도 최대한 끌어들이고자 안달했고(우리도 콘텐츠+정기구독 사업 모델 회사니까!),《원칙》에 담긴 내용을 팀 내에서 구현해보고자 애썼다(최고급 인재들이 모인 팀이라면 이렇게 해야 하니까!).

안타깝게도, 결과적으로는 잘하지 못했다. 미국의 빅테크와 금융회사가 지향하는 조직문화는 그 나라의 경제, 문화, 정치, 법률, 사회 등 전체적인 맥락을 기반으로 형성된 것이다. 이를 문화 등 제반 환경이 다른 한국에 적용하기란 정말 어렵다는 것을 직접 실행해보기 전에는 몰랐다.

그럼에도 채용, 교육, 평가, 보상, 조직문화, 레이오프 등 스타트업이 겪는 (그리고 초보 창업자라면 난생처음 겪게 될) HR 어젠다에 대해 찾아보고 배울 수 있는 유용한 경로는 대체로 미국 기업들의 이야기였다. 창업가와 투자자가 쓴 책과 블로그, 이들을 취재한 언론 기사나 연구 논문 등 영어로 된 자료에 많이 의지했다. 한국 기업 또는 스타트업 대표님들께 한국적 맥락에 맞는 도움을 요청했더라면 좋았겠으나, 적극적으로 용기를 내지 못했던 것이 아쉽다.

레이오프는 불가피한가

돌이켜보면 내가 내렸던 레이오프 결정들은 크게 세 가지 목적으로 나뉜다.
- 채용을 잘못했을 때
- 조직 쇄신이 필요할 때
- 현금 확보가 필요할 때

우선 어떤 사람에 대한 판단을 잘못해서 채용한 경우는, 개인의 문제가 아니라 회사 채용 과정의 실패다. 우리가 어떤 사람을 원하고 원하지 않는지(후자가 더 중요했다)에 대한 기준이 분명하지 않았기에, 그리고 후보자가 그 기준에 부합하는지를 채용 과정에서 제대로 판단하지 못했기에 발생한 결괏값이었다.

채용 과정의 실패를 줄이고자 여러 가지 장치도 만들고 개선을 위해 노력했지만, 그래도 참 어려운 일이라고 생각한다. 레이 달리오는 《원칙》에서 "채용은 신중하게 접근해야 하는 위험한 도박이라는 점을 이해해야 한다"라고 적었고, 위대한 경영자였던 앤드루 그로브조차 《하이 아웃풋 매니지먼트》에서 어려움을 토로했을 정도다.

> 면접의 성공을 보장하는 방법이 과연 존재할까? 몇 년 전에 나는 인텔의 고위직에서 일할 사람을 면접한 적이 있다. 나는 가능한 한 조심스럽고 신중하게 이 면접을 진행했다. 나는 그 사람의 스킬, 과거 성과, 가치 등이 매우 마음에 들어서 그를 채용했다. 하지만 첫 출근일부터 그는 골칫거리였다. 나는 의기소침해져서 면접 기록과 레퍼런스 체크 때 나눴던 대화들을 모두 살펴보았다. 하지만 지금까지도 내가 왜 그 사람의 상당히 큰 결점을 발견하지 못했는지 모르겠다. 아무리 주의를 기울여 면접을 진행하더라도 아무것도 보장하지 못한다. 행운을 얻을 확률을 조금 늘려줄 뿐이다.

그런데 더 큰 문제는 채용 기준을 상황에 따라 옮기는 '타협'을 할 때였다. 할 일은 많은데 사람이 없다는 조급함이 1차로 타협하게 만들고, 조금 더 시간이 지나면 스스로 타협했다는 것조차 머릿속에서 지워버리는 2차 타협이 이루어진다. 그리고 타협의 대가는 신용카드 청구서처럼 후불제로 돌아온다. '세계 최고 레스토랑 50' 1위 식당의 경영자였던 윌 구이다라가 쓴 《놀라운 환대 Unreasonable Hospitality》에는 이런 구절이 나온다.

> 인력 부족으로 곤란한 상황이 되면 관리자들은 서둘러 그 자리를

채우려고 한다. 인력이 절실하게 필요하다 보면, "뭐, 이 사람이 나빠봤자 얼마나 나쁘겠어?"라고 생각하게 된다. 그 마음도 이해한다. 나 역시 비슷한 경험을 한 적이 있다. 사람을 잘못 들여 그들이 일으킨 피해를 팀이 오롯이 견뎌야 했고, 3주 후에야 다시 원점으로 되돌릴 수 있었다. 그 과정이 너무나 힘들었는데, 그럴 바에는 적합한 인재를 찾을 때까지 일주일에 몇 시간 더 근무하는 편이 훨씬 낫다.

채용 과정에서의 실수human error는 뽑고자 하는 사람의 욕심에서 비롯되는 것 같다. 이 욕심을 어떻게 다스리느냐가 문제다.

두 번째, 조직 쇄신이 목적인 레이오프는 기업이 생존과 성장을 위해 계속 변화하는 가운데 발생한다. 기업이 미래로 나아가기 위해 해야 할 새로운 일에 개인의 강점이 더 이상 매칭되지 않을 때인데, 개인이 부단한 노력으로 새로운 일에 요구되는 강점을 빠르게 개발한다면 다행이지만, 대개는 '특정 시간 이내'라는 제약조건이 붙을 가능성이 높다. 어쩌면 이런 조건이 있는 것 자체가 개인에겐 행운일 수도 있다. 스타트업은 기다려주지 못하는 경우도 많기 때문이다.

《파워풀》에는 수십 명 규모의 작은 스타트업이었던 넷플릭스가 전 세계에 서비스를 제공하는 글로벌 기업으로 확장하던 시기에 겪은 내부 진통의 경험이 나온다. 패티 맥코드에게 초기 멤버였던 팀원이 회사가 변했다며 불만을 토로하자, 당신은 50명 규모의 스타트업 조직에서 가장 행복해할 사람이라며 이제는 회사와 개인의 교집합이 종료되었다는 사실을 알려준다. 또한 커리어 상담을 하러 찾아온 직원에게는 자신이 좋아하고 잘하는 일을 계속 같은 회사에서 할 필요는 없다고도 조언한다. 차고를 짓기 위해 채용된 사람이 마당의 잔디를 깎는 데 필요하지는 않다는 비유를 들면서, 이 회사에서 당신의 역할은 완료되었다는 말을 전하기도 한다.

넷플릭스는 숨 가쁜 속도로 성장하는 사업을 위해 조직 쇄신 차원의 레이오프를 수시로 진행했고, 나는 팀의 얼라인먼트를 위해 조직 쇄신 차원의 레이오프를 선택했다. 최근 미국 빅테크 기업들이 AI에 집중하면서 비非 AI 업무를 하는 직원들을 레이오프하는 것도 이와 유사한 결단이라고 생각한다.

마지막으로 현금 확보가 목적인 경우는 나의 가장 뼈아픈 교훈이 집약돼 있다. 내가 좀 더 잘했더라면 피할 수도 있었던 일이라고 생각하기 때문에.

2022~23년 미국 실리콘밸리에서 들려온 레이오프 뉴스들을 보면서 자연스럽게 '정-반-합'에 생각이 미치게 되었다. 세상 모든 것은 정-반-합(합은 사실 좀 어렵고 '정-반-정-반'의 반복인 것 같은데)의 사이클을 거치게 된다. 돈이 풀리고, 그 돈이 투자 시장을 거쳐 기업으로 흘러가면 채용 경쟁이 펼쳐진다. 모두가 채용 경쟁에서 승리하고자 과할 정도로 돈을 쏟아붓다가 어느 순간 시장에 돈이 마른다. 그 후폭풍이 레이오프다. 무엇이든 과하면 감내해야 할 대가가 따른다. 기업 또는 경영자의 실력 차이도 시장에서 긴 시간 정-반-합의 패턴을 실전으로 경험했느냐 아니냐에서 오는 것 같다고 생각했다.

그렇다면 나는 왜 채용 전쟁에 뛰어들었는가? 왜 제품 조직의 규모, 개발자 조직의 규모에 집착했는가? 이유는 간단하다. 스타트업이라면 다들 그렇게 한다고 생각했으니까. 투자를 받으면 공격적으로 채용하는 것이 당연해 보이고, 개발자 숫자가 다음 펀드레이징의 기업가치에 영향을 미치는 것 같으니까. 스타트업 시장에서 유행처럼 번진 실리콘밸리의 '조직문화'까지 결합되면서 HR 어젠다에 내 에너지와 시간이 무한정 빨려들어가기 시작했다.

여기에 나의 독립적인 생각은 1도 없었다. 미국에서 요즘 잘나간다는 어느 스타트업이 이렇게 하니까, 한국에서 가장 손꼽히는 유니콘 스타트업이 저렇게 하니까, 경쟁자들이 그렇게 하니까, 나 역시 무비판적으로 동일한 행동을 답습했다. 내 생각과 로직이 정립되지 않은 채 무작정 시작하느라 바빴다. 내 생각이 없었기에 휩쓸리기도 아주 쉬웠다.

찰리 멍거는 《가난한 찰리의 연감》에서 인간이 빠지기 쉬운 심리적 경향 중 하나로 '사회적 증거social proof 경향'을 지적한다.

> 진화는 인간에게 사회적 증거 경향을 남겨주었습니다. 주위 사람들이 생각하고 행동하는 모습을 보고 따라 하려는 경향이죠. (…) 사회적 증거 경향은 언제 가장 쉽게 촉발될까요? 그 답은 많은 실험을 통해 명확하게 도출되었습니다. 그것은 수수께끼나 스트레스가 존재할 때입니다. 이 두 가지가 모두 존재할 때는 특히 더 그렇고요.

수수께끼도, 스트레스도 둘 다 높았던 나는 명확하게 사회적 증거 경향에 빠져 있었다. 나 자신을 잃고, 그렇게 되어야만 할 것 같은 내가 되기 위해서, 눈도 감고 귀도 가리고 그저 허둥대느라 바빴던 시간이었다. 시리즈B 펀드레이징 이후 HR 어젠다를 과하게 대하느라 정작 사업에서 가장 필요한 것을 고민하고, 그 일을 실행하는 데 내 시간을 사용하지 못한 것이 지금 가장 후회하는 것 중 하나다.

내가 원하는 조직은 무엇인가

그렇다면 나는 무엇을 다르게 했어야 했나. 가장 먼저 해야 했던 것은 내가 하려는 사업에 어떤 사람과 조직이 필요한지에 대한 고민이었다. 예를 들면 이런 질문들이다.

- 나는 어떤 사람과 일할 때 마음이 편안한가?
- 반대로 어떤 사람과 일할 때 내 마음이 불편한가?
- 어떤 환경에서 내 퍼포먼스가 극대화되는가, 또는 떨어지는가?
- 사업 목표를 언제까지 달성하려면 어떤 사람이 필요한가, 그때 조직 구조는 어떠해야 하는가?
- 내가 원하는 사람의 기준은 무엇인가? 타협할 수 없는 영역은 무엇인가? 만약 그런 사람을 찾지 못한다면 그때 사업 목표를 수정할 것인가? 다른 방법은 없는가?

이 생각은 상황에 따라 수시로 달라지고 수정되었을 것이다. 하지만 기본적인 생각의 토대가 있는 것과 그렇지 않은 것은 시간이 지날수록 큰 차이를 만든다. 사람과 조직에 대한 고민의 깊이가 얕았고, 사업과 긴밀하게 연결된 조직 계획이 부족했던 것이 많은 문제를 불러왔다.

그리고 이 질문들은 결국 '나'로 돌아온다. '나는 어떤 사람과 어떤 조직을 원하는가?'라는 질문에서 방점은 '나'에 찍혀 있다. 그렇기에 이 질문에 답하려면 '나는 누구인가'라는 근원적이고도 어려운 질문에 함께 답해야 한다. 그런데 이런 질문에 대해 생각한다는 것은 결코 쉽지 않았다. 중요한 문제에 대해 깊게 사색하기보다, 나의 뇌는 자꾸만 빠르게 성취감을 줄 수 있는 다른 일(실은 중요하지 않은 일들)로 나를 유도하기 일쑤였다.

비즈니스와 금융 분야를 아우르는 칼럼니스트인 모건 하우절은 콜라보레이티브 펀드 블로그에 '게으른 일, 좋은 일 Lazy work, Good work'이라는 글을 썼다.

> 록펠러는 역사상 가장 성공한 사업가였습니다. 그는 또한 은둔자로 대부분의 시간을 혼자 보냈습니다. (…) 록펠러의 일은 유정을 뚫거나 기차에 원유를 싣거나 옮기는 것이 아니었습니다. 올바른 결정을 내리는 것이었습니다. 그리고 결정을 내리기 위해서는 무엇보다도 혼자서 조용히 문제를 생각할 수 있는 시간이 필요합니다. (…)
> 좋은 일이란 육체적 활동을 의미했던 과거에 머물러 있다면, 지식근로자의 시간을 가장 생산적으로 사용하는 것이 소파에 앉아 사색하는 것이라는 생각을 이해하기 어려울 것입니다. (…) 알버트 아인슈타인은 이렇게 말했습니다. "저는 시간을 내어 해변을 따라 오래 산책하면서 제 머릿속에서 무슨 일이 일어나고 있는지 귀 기울여봅니다."

워런 버핏 역시 월스트리트의 소음에 휩쓸리지 않고자 스스로를 오마하에 가두었다. 깨어 있는 시간 대부분은 기업 보고서를 읽거나 일대일로 사람을 만나거나 전화 통화를 하면서 정보를 수집한다. 고독과 사색에 익숙해지도록, 소음에 휩쓸리지 않도록, 나만의 독립적인 사고를 할 수 있도록, 의도적인 장치를 만들어야 하는 이유를 이제는 알 것 같다.

창업자의 멘탈: 좋은 사람 vs. 좋은 대표

레이오프는 입장에 따라 가치관의 차이가 극명하게 드러나는 순간이라고 생각한다. 당사자의 인생에 크나큰 트라우마가 될 수 있고, 이 과정에서 창업자 역시 깊이 상처를 입기도 한다.

모 주주는 우리 회사에 투자하기로 결정한 후 응원차 만난 자리에서 나에게 이렇게 말했다. "좋은 사람이 되지 말고, 좋은 대표가 되면 좋겠다." 레이오프를 앞두고 내가 항상 곱씹었던 말이었다. '나는 사랑받으려고 대표하는 게 아니야. 좋은 사람이 되려고 대표하는 게 아니야. 좋은 회사라는 결과로 보여주면 돼. 그런 대표가 되는 게 내 일이야'라고 속으로 수없이 되뇌며 나 자신을 일으켜 세우고자 했다.

2022년 11월, 레이오프를 마친 후 일기에 이렇게 적어두었다.

> 대표라는 직무의 JD job description를 쓴다면, 좋은 사람을 채용해야 하고, 리소스 분배를 잘해야 하고, 돈을 벌어와야 하고… 등등이 있지만 사실 아무도 말하지 않는 0번이 있다. 대표의 JD 0번은, 욕을 먹는 것이다. 그리고 욕을 먹는 것을 두려워하지 않는 것이다.

이렇게 적어둘 만큼 현실의 나는 두려워했다. 욕을 먹는 것도 두려웠고, 내 판단이 잘못되었을까 봐 두려웠고, 그릇된 판단으로 결국 레이오프까지 이어지게 만든 과거의 나 자신도 밉고 싫었다.

10년 동안 여러 번의 레이오프를 하면서 입은 상처는 이제 흉터로만 남아 있다. "흉터가 남은 내가 싫은가?"라고 묻는다면, 그렇지는 않다. 하지만 누구에게나 권하고 싶진 않다. 그럼에도 불가피하게 같은 흉터를 남긴 혹은 남기게 될 분들께는, 자신을 다독이는 시간을 꼭 가지시라고 권하고 싶다. 정신과든 심리상담이든 자신이 쓸 수 있는 모든 방법을 가능한 한 다 활용하면 좋겠다. 좋은 대표도 결국 인간이기 때문에.

그리고 무엇보다, 정말 힘들고 어려운 상황을 잘 받아들여준 모든 동료들에게 늦었지만 다시 한번 죄송하고 고마운 마음을 전하고 싶다.

내가 다시 팀을 만들 때

이 글을 쓰는 동안 내 지난 판단들을 떠올리며 스트레스를 받았는데, 마침 워런 버핏의 2024년 '버크셔 해서웨이 주주 서한'을 읽으며 약간의 위로와 한 움큼의 용기를 얻었다.

> 버크셔가 고용하는 경영진의 능력이나 신뢰성을 판단할 때 실수한 적도 있습니다. 충성도에 대한 실망은 재무적 손실 이상의 고통을 안겨줍니다. 그 고통은 실패한 결혼에서 느끼는 것과

비슷한 수준에 이를 수도 있습니다.

인사 결정에서 바랄 수 있는 건 적당한 타율일 뿐입니다. 문제를 바로잡는 것을 미루는 것, 즉 찰리 멍거가 말했던 '손가락 빨기|thumb-sucking(해야 할 일을 알면서도 고민만 하며 실행하지 않는 것을 뜻함)'야말로 가장 큰 죄악입니다. 그는 저에게 "문제는 저절로 사라지지 않는다. 해결하려면 행동이 필요하다"라고 말하곤 했습니다.

워런 버핏조차 사람에 대한 판단을 잘못하고 '실패한 결혼'처럼 고통받는다는데? 인사 결정에서 완벽한 성과를 내는 것은 불가능하다는데? 그리고 나는 적어도 '손가락 빨기'는 하지 않는 사람이라고 생각하기 때문에, 아무리 불편하고 고통스럽더라도 문제를 인지하면 해결하고자 행동하는 사람이기 때문에, 그 점에서 '합격/불합격을 따진다면 불합격은 아니야'라고 생각했다.

그리고 유명한 행동주의 공매도 펀드였던 힌덴버그 리서치 창업자, 네이트 앤더슨의 편지도 읽었다. 사업을 접으며 그 이유를 공개한 편지인데, 그중 함께 일했던 팀원들을 소개하는 대목에서 감탄과 부러움을 금치 못했다.

> 한 번에 한 명씩, 뚜렷한 계획 없이, 저희는 11명의 놀라운 사람들로 팀을 구성했어요. 일손이 부족해서가 아니라, 우연히 만났을 때 어떤 사람인지 보고는 함께하지 않으면 미친 짓이라 생각했기에 한 명씩 영입했죠.
> 우리 팀 모두가 똑똑하고, 집중력이 뛰어나며, 함께 일하기

즐거운 사람들입니다. 자만심도 거의 없죠. 실제로 만나보시면 모두가 정말 친절하고 예의 바릅니다. 하지만 이 분야에서는 세계적 수준의 일을 해내는 무자비한 암살자들이에요. 저처럼 우리 팀원들도 전통적인 금융권 출신이 아닙니다. 제가 처음 고용한 직원은 자신을 전직 바텐더라고 소개하곤 하죠. 우리 모두는 세상을 보는 시각이 비슷하고, 대체로 차분한 외모에 비슷한 열정의 불꽃을 가지고 있습니다. 그들은 모두 제게 가족 같은 존재예요. 우리는 모두 엄청나게 열심히 일했고, 정확성과 근거에 기반한 발언에 집중했습니다.

나도 언젠가는 이런 글을 쓰고 싶다.

Scene #8

주주 관계의
본질

시기
2022년 하반기 초

장소
삼성동 패스트파이브 삼성 3호점 사무실

무엇을
주주간담회를 진행하고 결단을 내리다

나의 기억

시작하기 전에

1. 시드부터 시리즈B까지 총 다섯 번의 투자를 받았고, 프리A부터 시리즈B까지는 모두 VC 투자였음.
2. 고백하건대 사업을 하면서 가장 어렵고도 감정적인 에너지가 최고조로 소진되던 일이 바로 주주를 대하는 일이었음.
3. 라운드마다 주주와의 관계는 다른 양상을 띠었으나, 창업자와 투자자 간의 관계가 어떠해야 하는지에 대한 근본적인 답을 찾지 못한 채 10년이라는 시간이 지나감.

시드 라운드(2015~16): 잘 보이고 싶은 사람

4. 창업에 대해 무지한 상태로 회사를 시작했기에, 투자와 주주에 대한 이해도가 0이었음. 경영학을 전공했고 비즈니스 뉴스와 책을 꽤 읽었더라도, 글자로만 알았을 뿐 실제로는 까막눈 수준이었음.
5. 이러다 보니 2015년 창업을 하면서, 시드 투자를 받으면서도 주주에 대한 개념은 별로 없었음. 주주명부에 적힌 주주의 이름과 지분율이 무엇을 의미하는지도 잘 몰랐음.

6. 잘 몰랐다면 빠르게 학습이라도 해야 했는데 그런 생각도 하지 않았음. '콘텐츠/미디어 시장의 문제를 푼다'라는 개념만 있었을 뿐 구체적인 계획이 없었음. 창업을 결심한 후에는 곧바로 '무슨 사업을 어떻게 하지?'에 온통 에너지가 빨려 들어가 있었음. 주주 구성이라든지 내 지분율과 기업가치 같은 것들을 고민할 틈이 없었고, 마음 한편에는 '이게 뭐 그리 중요하겠어. 나중에 필요할 때 다시 고민하지'라는 생각도 있었음.
7. 회사의 결정적 순간마다 투자자에게 얼마든지 도움과 조언을 구할 기회의 문이 열려 있었다는 것을 그때는 잘 몰랐음.
8. 지금 되돌아보면, 투자자는 내가 '잘 보이고 싶었던' 사람이었음. 존경하는 만큼 실망시키고 싶지 않았고, 잘하는 모습만 보여주고 싶었고, 못하는 것은 감추고 싶었음. 그렇기에 중요한 문제도, 어려운 이슈도, 터놓고 상의한 적이 없었음.
9. 이 시기 나에게 주주란 중요하고 어려운 존재, 내 약한 부분을 결코 드러내고 싶지 않은 상대였음.

프리A 라운드(2017): 고통을 함께 버틸 수 있는 관계

10. 처음으로 VC 대상으로 프리A 펀드레이징을 진행하면서 돈의 고통을 절절하게 겪었음.
11. 2017년 1월부터 8월까지 고통의 시기를 통과하면서 함께 버텨준 사람들에게 감사의 마음과 함께 전우애가 생겼음. 리드 투자사였던 캡스톤파트너스의 오종욱 팀장도 그런 사람이었음.
12. 이런 관계가 가능했던 데는 여러 가지 이유가 있겠지만, 가장 중요한 것은 두 가지라고 생각함. i) 내 바닥을 상대에게 드러

낼 계기가 있었는지, ii) 그 타이밍에 나를 드러낼 용기가 있었
는지. 당시 나에게는 계기가 있었고(펀드레이징이 너무 힘들고),
용기도 있었음(혼자서는 도저히 감당하기 어려운 상황이어서 자존
심이고 뭐고 다 내려놓고 도와달라고 해야 했음).

13. 그리고 상대가 나의 고통을 진지하게 받아들여주는 사람이어
야 하는데, 오종욱 팀장이 그런 사람이었다는 것도 행운이었
음. 당시 역삼동 마루180에서 일하고 있었는데, 캡스톤파트너
스도 같은 건물의 같은 층에 있었던 덕에 언제든 만나서 상의
할 수 있는 환경인 것도 운이 좋았음.

14. 처음부터 극단적으로 솔직하게 상의할 수 있는 관계로 출발
했기 때문에, 그 후로도 중요한 순간마다 가장 먼저 연락했음.
시리즈A와 시리즈B 펀드레이징, 공동창업자와의 지분 정리,
회사를 이제 그만하고 싶다는 마음이 들었을 때도 첫 번째로
전화한 상대였음. 창업가에게 우호적인 의사결정을 하고자 늘
애쓰는 사람이라는 신뢰가 있었기 때문에 가능한 일이었음.

15. 시리즈A 펀드레이징 때부터 생긴 주주간담회 자리에서도 그
는 사업에 대해서는 먼저 말을 꺼내지 않았음. "사업은 대표님
이 가장 많이 고민하고 계시니, 제가 나서서 할 말은 없을 것
같습니다"라는 말을 자주 하는 사람이었음.

16. 그러다 보니 따로 만나는 자리에서도 내가 먼저 어려운 점을
솔직하게 터놓고 도움을 요청할 수 있었음. 커리어리를 놓고
주주들의 의견이 갈리던 때에도 함께 상의했고(이 시기 그는 캡
스톤파트너스를 퇴사했기 때문에, 이해관계에 얽매이지 않고 객관적
으로 조언해줄 수 있었음), 회사와 내가 일체화되면서 겪은 정신
적 스트레스에 대해서도 유일하게 털어놓았던 주주였음.

17. 그러나 지금 돌아보면, 이때도 여전히 주주에 대한 내 생각이

정립된 것은 아니었음. 우리 회사에 돈을 투자했고 그 대가로 지분을 가지고 있다는 것 외에는 아는 바가 없었고, 주주와 창업자의 관계에 대해 오종욱 팀장과 진지하게 이야기를 나눠본 기억도 없음. 급하게 해결해야 할 종류의 문제가 아니었기에 '나중에 생각하지 뭐'라는 마음이 컸음. 급하지 않지만 창업자에게는 중요한 문제임을 이때는 깨닫지 못했음.
18. 이 시기 나에게 주주란, 나를 내려놓을 수만 있다면 고통을 함께 나눌 수 있는 상대라는 생각을 함.

시리즈A 라운드(2019): 좋은 날에도 나쁜 날에도 만나는 사이

19. 시리즈A 펀드레이징은 2018년 9월에 시작해서 목표 투자금을 다 모으는 데 넉 달이 걸렸음. 프리A 라운드에서 모았던 금액의 세 배를 유치했는데, 오히려 시간은 절반으로 단축됨.
20. 그러나 기존 주주들과 새로 들어오는 주주들 간에 계약서를 조율하는 데 두 달이라는 시간이 추가로 소요됨. 각 라운드의 주주마다 이해관계가 다르기 때문에, 돈 문제에 대한 조율은 참으로 예민하고 까다롭다는 것을 배움.
21. 문제는 회사의 현금 잔고가 간당간당하기 직전이었다는 점임. 하루라도 빨리 투자금이 입금되어야 했기 때문에 주주들을 상대로 때로는 숫자와 논리로 설득하고, 때로는 눈물에 애원을 곁들여 호소하기도 했음. 밤늦게 주주 한 곳과 통화하다 화가 나서 눈물이 터지기도 했고, 모 주주의 사무실로 찾아가 이 계약서 조항에 동의해주시지 않으면 다음 달에 우리 회사는 문 닫아야 한다고 애걸 반, 협박 반으로 설득했음. 결국

2019년 2월이 되어서야 계약서가 날인되고 투자금이 입금됨.

22. 이후 가장 크게 달라진 것은 주주간담회가 생겼다는 점임. 매월 고정된 날짜에 맞춰 꼬박꼬박 한 번도 빠짐없이 만났음. 주주간담회를 한두 시간 진행하면, 그 후에는 식당으로 이동해서 밥을 먹고 술을 마시면서 오만가지 이야기를 나눔. 주주간담회에서 미처 마치지 못한 논의를 좀 더 편한 분위기에서 이어서 하고 요즘 스타트업 투자 시장의 동향, 투자한 스타트업들의 비하인드, 이런저런 개인사까지 두루두루 다양하게 이야기함. 서로의 인간적인 면모도 더 깊게 알게 되었음.

23. 사무실에서만 만난 것도 아니었음. 날씨 좋은 가을날 서울숲에서 돗자리를 펴고 했던 주주간담회도, 모 심사역의 집들이 자리에서 진행했던 주주간담회도, 시리즈B 펀드레이징 직후 각자 가져온 축하주를 실컷 나눠 마셨던 주주간담회도, 지금은 모두 재미있는 추억으로 남아 있음. 서로 맡은 역할은 달랐지만, 비슷한 또래의 사람들이 자주 만나다 보니 인간관계로 보면 화양연화花樣年華 시절이었다고 생각함.

24. 물론 주주간담회에서 좋은 이야기만 나올 수는 없었고, 서로 얼굴 보고 하기 껄끄럽고 복잡한 이야기들도 많았음. 1년 넘게 정기구독 사업의 구독자 수가 정체되다 보니, 이 일에만 집중해도 모자랄 판에 커리어리에 리소스를 쓰는 것에 대한 챌린지가 갈수록 높아졌음. 이걸 왜 하는 것인지에 대한 의문도, 당장 중단하든지 정기구독 사업과 합쳐서 시너지 효과가 있는지부터 살펴보자는 코멘트도 간담회 때마다 나왔음. 여기에 공동창업자 지분 정리 이슈에도 주주들이 관여되어 있다 보니, 회사 안팎이 다 아수라장이었음.

25. 초기 1년 반은 매월 시험을 치르는, 혹은 숙제 검사를 받는 기

분이었음. 매번 아슬아슬한 마음으로 주주간담회를 준비했고, 끝나면 안도했음. 이런 악전고투 속에서도 매월 주주간담회를 하고, 다 같이 저녁을 먹으면서 보낸 시간 자체가 어떻게든 서로 버티게 도와준 리추얼ritual이었다고 생각함. 어쩌면 너무나 어려운 시기였기에 더더욱 자주 만났는지도 모르겠음.

26. 2020년 하반기부터 내가 전시 CEO 모드로 살면서 사업 성과가 빠르게 개선됨에 따라 주주간담회 주기는 격월로 바뀌었고, 마음이 훨씬 편안해졌음. 창업자와 주주 간의 관계란 사업이 잘되면 모든 문제가 해결된다는 것을 배웠음. (반대로 사업이 잘되지 않으면 어떤 해결책을 갖고 와도 답이 없다는 것을 시리즈B 펀드레이징 이후 주주간담회에서 배우게 되었음.)

27. 하지만 이 시기에도 주주들과 자주 만났을지언정 논의는 대부분 현안에 집중되어 있었음. 회사의 장기적 미래에 대한 진지한 논의라든지, 주주로서 우리 회사에 무엇을 기대하는지 등에 대해 솔직한 이야기를 한 기억은 없음. 사업의 복잡도가 증가하고, 생존을 위해 발버둥치느라 여유가 없었음.

28. 이 시기 나에게 주주란, (한 달에 한 번씩 만나는 건 절친 수준이라 생각하는데) 좋은 날에도 나쁜 날에도, 눈이 오든 비가 오든 만나서 대화하고, 그 힘으로 같이 버티는 우군이라 생각했음.

시리즈B 라운드(2021): 큰돈에는 큰 책임이 따른다

29. 시리즈B 펀드레이징은 2021년 3월부터 6월까지 진행됨. 시리즈A 라운드에서 유치한 금액의 4~5배 규모의 큰돈이었지만, 계약서 날인 및 투자금 입금까지 가장 빨리 진행됨.

30. 새로운 주주들이 들어오고, 주주간담회는 격월로 진행하기로 함. 다 같이 저녁을 먹는 리추얼은 한 차례 해보고 없앴음.
31. 이러한 변화의 계기는 회사의 무게중심을 커리어리로 옮기겠다는 결정을 주주간담회에서 처음 알렸던 날이었음. 찬성하는 주주, 반기지 않는 주주, 중립을 유지하는 주주로 반응이 갈렸음. 각자 우리 회사의 미래를 무엇으로 보고 투자했는지(지식 콘텐츠 업계의 넷플릭스로 보고 투자한 것인가, 한국의 링크드인으로 보고 투자한 것인가)에 따라 시각이 나뉘었음.
32. 주주들 간에 이렇게 의견이 나뉜 것은 처음 겪는 일이었고, 더욱이 그 주제가 회사의 미래에 대한 판단이라는 점에서 심각한 일이었음. 시리즈B 펀드레이징이 끝난 지 얼마 되지도 않았는데 벌써부터 주주들 간의 견해 차이가 불거진다는 것이 속상하고 복잡한 마음이었음.
33. 시리즈A 펀드레이징 이후 진행된 주주간담회와는 확 달라진 분위기에 당황스럽기도 했음. 그때도 물론 어려움은 많았지만, 이래도 저래도 '우리는 한 팀'이라는 마인드가 있었음. 미팅 중에 날 선 논쟁을 하더라도 저녁을 먹으면서 풀고 의기투합할 수 있었음.
34. 그러나 시리즈B 펀드레이징 이후 진행된 주주간담회에서는 그러기가 쉽지 않았음. 주주들 간의 텐션이 온몸으로 느껴지는 가운데, 모든 주주를 설득시키려면 커리어리 사업이 잘되는 것 말고는 백약이 무효라고 생각했음. 오종욱 팀장을 비롯해 다른 선배 창업가들에게 이 상황에 대한 조언을 구했을 때도, 회사를 위해 내가 가장 옳다고 생각하는 판단을 하고 주주들에게는 결과로 증명하는 게 최선이라는 말을 들었음.
35. 마침 이 시기에 내가 읽었던 책 중 나심 탈레브의 《스킨 인 더

게임Skin in the Game》이 있었음. 저자는 자신의 핵심 이익이 걸린 사람, 즉 책임지는 사람이 직접 판단하고 관여해야 한다는 것이 이 책의 주제라고 밝힘. 그리고 누군가에게 '당신이 틀렸다'는 사실을 말로 인식시키는 것은 불가능하며, 오로지 현실로 보여줄 때만 비로소 받아들이게 된다고 주장함.

36. 나심 탈레브에 따르면, 혁신적 사업가란 '책임지는 사람들' 카테고리에 속함. 자신의 책임을 회피하지 않고, 리스크를 남에게 떠넘기지도 않는 사람이라는 뜻임. 물론 주주들도 큰돈을 투자한 건 맞지만, 나는 훨씬 많은 핵심 이익을 걸고(내 인생을 걸었으므로) 이 일을 하고 있는 사람이었음. 그러므로 내가 책임지고 판단하는 게 옳다고 생각했음.

37. 지금 되돌아보면, 그렇기에 더욱 나는 커리어리를 반드시 성공시켜야 한다는 신념에 빠져들게 된 것 같음. 일종의 청개구리 같은 심보도 있었고.

38. 투자받은 지 반년 후인 2022년 초, 커리어리는 여전히 헤매고 있었음. 커리어리에 의구심을 갖고 있는 주주들은 왜 이걸 계속해야 하는지 물었고, 커리어리의 미래를 지지하는 주주들은 투자 후 1년은 기다려보자고 했음. 저녁 식사 자리가 없었으므로, 주주간담회에서 석연치 않은 대화를 마치고 나면 "다음 달에는 좀 더 잘해봅시다"라는 말과 함께 헤어졌음. 관계의 밀도도 깊이도 축적되지 못한 채 시간이 흘러갔음.

39. 투자받은 지 1년 후인 2022년 여름, 커리어리는 타깃 고객으로 개발자가 맞을지도 모른다는 가능성을 찾은 상태였지만 매출도 없이 매달 높은 인건비와 마케팅비를 소진하고 있었음. 한편 정기구독 사업은 흑자 전환을 목표로 마케팅비를 줄였기에 그만큼 매출도 주춤했음. 즉 회사 전체적으로 보면 기

존 사업은 정체되고, 신규 사업은 성장의 조짐을 찾지 못하는 대혼돈의 시기였음.

40. 엎친 데 덮친 격으로 2022년 3월부터 미국 기준금리가 성큼성큼 뛰어오르기 시작함. 스타트업 투자 시장의 냉각기라는 큰 변화는, 시리즈A 라운드 때 겪었던 아수라장(이때는 투자 시장이 활황이었음)과는 차원이 다른 문제를 일으킴.

41. 결국 투자 1년 후 열린 첫 주주간담회에서 파열음이 터졌음. 바뀐 투자 시장의 분위기를 고려할 때 더 기다리지 말고 커리어리를 접어야 한다는 강력한 의견이 공개적으로 쏟아짐. 모 주주는 커리어리에 쓰는 리소스로 콘텐츠 사업에 집중하는 것이 회사의 미래를 위해 옳은 길이라고, 커리어리에 계속 돈을 쓴다면 다음 라운드 펀드레이징에 참여하지 않겠다고 했음. 또 다른 주주는 커리어리가 잘되더라도, 주식시장에 상장된 채용업계 기업들의 가치와 비교하면 시리즈B 펀드레이징 때의 우리 기업가치보다 상승 여력이 높지 않다며 우려를 표했음. 1년은 기다려보자고 했던 주주들도 곤란한 입장이었음.

42. 이날의 주주간담회는 그간의 주주간담회 중 가장 고통스러웠음. 내가 무슨 말을 하는지도 모른 채 겨우겨우 끝냈고, 모든 기력이 소진됨. 다음 날 아침 일찍 사무실로 찾아와 "우리는 커리어리가 잘될 거라고 믿는다. 같이 해내보자"라고 말해주는 주주 앞에서 눈물을 펑펑 쏟은 기억만 남아 있음.

43. 선택을 내려야 할 때였음. 회사의 미래에 대해 주주들의 생각이 다르다는 것은 충분히 확인했고, 그렇다면 내 결단만 남았음. 어느 한쪽을 선택하는 순간, 반대쪽 주주와는 당분간 조금은 불편한 관계를 감내하면 된다고 생각했음.

44. 하지만 마음 한구석으로는 슬펐음. 좋은 날에도 나쁜 날에도,

비가 와도 눈이 와도, 함께 버티던 '원 팀'은 이제 정말 안녕이
구나. 주주간담회에서 느껴지던 팀워크 분위기를 내가 참 좋
아했다는 것도 알게 됨.

45. 결국 나는 커리어리를 선택함.

46. 그날의 주주간담회 이후 다 같이 모이는 자리는 더 이상 없었음. 나는 공식적으로 주주간담회를 없앴고, 대신 주주들에게 일대일로 만나 이야기하자고 제안함. 주주들도 어쩌면 나와 비슷한 마음이었던 것 같음. 단, 커리어리를 지지하는 주주와는 좀 더 자주 만나서 상의했고, 다음 라운드 펀드레이징에 대해서도 논의하기 시작함.

47. 다 같이 모여 결론 없이 어정쩡하게 이야기하는 것보다, 입장이 어떻든 간에 일대일로 만나 깊게 이야기하는 편이 훨씬 유익하고 마음도 편했음. 일대일 자리에서 들은 정보들 덕분에 2022년 말 현금 확보를 위한 레이오프를 포함하여 일련의 의사결정을 빠르게 할 수 있었음. 주주들도 생각이 서로 다른 주주를 신경 쓰느라 하지 못했던 솔직한 조언을 해주었기에 감사했음.

48. 투자받은 돈의 규모에 따라 창업자가 감당해야 하는 압박감의 크기는 ×n으로 비례하는 것이 아니라 2의 n승으로 증가한다는 것을 생생하게 깨달았음.

49. 이 시기 나에게 주주란, '원 팀인가? 끝까지 설득해야 할 대상인가? 거리를 두고 내가 믿는 대로 가도 되나?' 등으로 복잡한 고민했던 대상이었음. 하지만 후속 투자를 고려하면 결코 관계를 저버릴 수도 없는 존재. 마냥 '우군'으로만 여겼던 예전의 관계와 비교할 때, 참 외롭다는 감정을 느꼈던 시절임.

지금의 생각

Unknown Unknowns의 세계

〈하버드 비즈니스 리뷰〉에서 '초보 CEO가 가져야 할 3가지 마음가짐'이라는 글을 읽었다. 그중 한 대목이다.

> 이사진이나 주요 주주를 눈치 봐야 할 상사로 생각하지 말고, 문제를 상담할 수 있는 멘토로 여겨라. 기업가치 극대화라는 관점에서 이들은 그 어떤 이들보다 우군이다. (…) 이사진과 개별적인 대화를 나누고, 회사가 가고 있는 방향에 대해 구체적이고 진솔한 대화를 나누어 우군으로 만들어야 한다.

근사한 말이지만 문제는 현실에 있다. 창업자와 주주는 '기업가치 극대화'라는 공동의 목표를 가지고 있기에 '한배'를 타고 있는 건 맞다. 하지만 그렇다고 해서 자동으로 '한 팀'이 되는 것은 아니다. 투자 계약서에 명시된 대로 각자의 역할과 책임이 있으며, 돈이 얽힌 문제에서는 이해관계가 첨예하게 갈리기도 한다.

2025년에 만난 몇 분에게 내 경험을 공유하면서 주주와의 관계에 대해 조언을 구했다. 반응은 다양했다. 윤자영 대표님은 투자받기 전이야 창업자가 투자자를 대하기 힘들 수 있지만, 투자 이후에는 얼마든지 사업의 파트너로 대등하게 대해도 되었을 텐데 마음고생을 많이 한 것 같다며 안쓰러워했다. 투자자의 말 한마디와 행동 하나에 창업자가 받는 심리적 압박의 크기에 대해 진지하게 서로의 경험을 공유한 동료 창업자도 있었다.

또 다른 투자자는 주주간담회 무용론을 이야기했다. 사업에 대해 창업자처럼 1년 365일, 하루 24시간 고민하는 투자자는 없기 때문에 주주간담회에서 주주가 사업에 대해 이런저런 의견을 낸다고 실제 도움은 되지 않는다고 생각하는 입장이었다. 그래서 본인은 주주간담회를 웬만하면 만들지 않거나 있더라도 참석하지 않는다고 했다.

창업자와 투자자가 아무리 긴밀하게 협업하며 가깝게 지내더라도, 근원적으로 DNA가 다르다고 생각하는 분도 있었다. 다른 창업자들은 이렇게까지 주주 커뮤니케이션에 리소스를 많이 쓰지 않는다고(투자받은 후 주주와 연락을 잘 하지 않고, 심지어 잠수를 타는 창업자도 있다고 했다) 하면서, "그렇게까지 안 해도 되었을 텐데"라며 안타까워하는 분도 있었다.

몇 년 전 〈언노운 노운 The Unknown Known〉이라 는 다큐멘터리를 인상적으로 보았다. 도널드 럼즈펠드 전 미국 국방부장관의 이면을 다룬 이 작품에 따르면, 그는 사분면으로 나누어 이 세상을 인식한다.

- Known Knowns: 우리가 알고 있다는 것을 아는 것
- Known Unknowns: 우리가 알지 못한다는 것을 아는 것
- Unknown Knowns: 우리가 잘 알고 있다고 생각하지만 실제로는 모르고 있었던 것

- Unknown Unknowns: 우리가 모른다는 것 자체를 모르는 것

돌이켜보면 나에게 주주와의 관계란 'Unknown Unknowns', 즉 내가 무엇을 모르는지조차 모르는 I don't know what I don't know 영역에 해당했다고 생각한다. 10년 동안 주식회사의 대표였지만, 끝에 와서야 비로소 알게 된 것이 많았다. (그래서 연쇄창업가들이 성과를 잘 낼 확률이 높겠구나 하는 생각도 든다.)

내가 무엇을 모르고 있었는지, 그리고 진즉 알았더라면 좋았을 것이 무엇인지에 대해 하나씩 짚어본다.

투자금에 의존하면 독이 된다

나에게 주주가 어려운 존재였던 첫 번째 이유는, '후속 투자'를 항상 염두에 두고 대할 수밖에 없었기 때문이었다. 투자 시장 상황이 어려워지면서 후속 투자의 중요성은 더욱 커졌고, 그만큼 주주를 대할 때 스트레스 수치도 같이 올라갔다. '회사가 생존하려면 투자를 받아야만 해'라고 생각하니 주주의 말 한마디에도 흔들리고, 표정 변화 하나에도 눈치를 보게 되었다.

2022년 주주간담회에서 갈등이 최고조로 치달았을 무렵, 모 투자자에게 주주간담회가 너무 힘들다고 조심스레 이야기를 꺼내자 이렇게 조언해주셨다. "하루 빨리 월 BEP를 넘겨라. 그 다음엔 연간 BEP를 넘겨라. 투자가 더 이상 필요하지 않은 흑자 구조로 회사가 돌아가면 너도 훨씬 편한 마음으로 주주들을 대할 수 있을 것이다." 이 말을 나는 결국 지키지 못했다.

2024년 《이나모리 가즈오의 회계경영 稻盛和夫の實學》이라는 책을 선물받았다. 앞부분의 몇 문장만 읽었는데도 머리가 명해졌다.

> 60년간 수많은 기업을 이끌며 내가 단 한 번도 적자를 기록한 적이 없는 비결은 '매출은 최대로, 경비는 최소로'라는 아주 단순한 원칙을 목숨처럼 지켰기 때문이다.
> (…)
> 함부로 사람 늘리지 마라. 원자재는 딱 필요한 만큼만 사라.
> (…)
> 이익이 없다면 당신의 사업은 사업이 아니다. 이익이 없으면 그것은 회사가 아니다.

이나모리 가즈오의 말에 따르면 나는 사업도, 회사도 만들지 못한 대표였다. 나는 '스타트업'에 취해 있었다. '이익이 뭐가 중요해, 스타트업은 돈 버는 거 나중에 해도 돼' '지금은 폭발적인 성장만 하면 돼. 훨씬 큰 꿈을 꿔야 해. 꿈의 크기만큼 투자는 자연스럽게 따라와' 같은 이야기에 취해, 오랜 세월 살아남는 기업들이 보여준 사업의 기본에 대해서는 생각조차 하지 않았다. 이익을 내면 회사는 성장하고 그렇지 못하면 망한다는 기본을 말이다.

내가 직접 번 돈이 아니라 투자금에 의존하는 것을 으레 있는 일이라 여기다, 어느 순간 회사의 생존이 투자금에 달려 있다는 사실을 깨달았을 때 고통을 느낀 것은 너무나 당연했다. 나의 미션이 살아 있는 회사가 아니라 '투자를 받아야만 돌아가는 회사'가 되어버렸기에.

VC 투자, 정말 필요했나

우리 회사에 투자한 11곳의 기관 주주 가운데 10곳이 VC였다. 문제는 내가 VC 투자를 받는다는 의미가 무엇인지도 모른 채 2017년에 덥석 VC 대상의 펀드레이징을 시작했다는 것이다. 한 번 VC 투자를 받고 나니 그다음에도 다른 선택지를 고민하지 않고 계속 VC 투자를 받았다. 자금을 조달할 수 있는 다양한 선택지를 더 알아볼 생각도 없이 "스타트업은 VC 투자를 받아야지"라고 다들 말하니까 나방이 불에 뛰어들 듯 나도 따라갔다.

시간이 한참 지난 후 두 가지 장면이 떠올랐다. 하나는 프리A 펀드레이징을 시작하기도 전인 2016년, 모 VC와의 만남에서 들은 말이다. 그는 우리 회사에 대한 간단한 설명을 듣고 나서, 사업에서 VC 투자를 받는 것이 반드시 정답은 아니라고 말해주었다. 본인이 투자한 한 회사 대표의 예를 들면서, 투자자가 요구하는 사업 성장 속도에 맞추느라 만날 때마다 앙상하게 말라가는 게 안타까웠다고 했다. 행복해 보이지 않는다고도 했다.

또 다른 하나는 시리즈A 펀드레이징 전후로 만난 모 투자자와의 대화였다. 그는 VC가 아닌 대기업의 사회 공헌이나 공익 목적으로 조성된 자금을 조달하는 건 어떻겠냐고 제안했다. VC가 원하는 규모와 속도에 맞춰 사업을 하다 보면, 지금 사업의 유니크한 색깔이 사라질지 몰라 우려된다고 말했다.

《투자의 진화》에는 실리콘밸리의 전설적인 VC 중 한 명인 빌 걸리의 말이 나온다. 2019년 그는 자신의 소셜미디어에 이렇게 쓴다. "대부분의 기업가들은 벤처자금을 받아서는 안 된다." 퍼스트라운드캐피털의 조시 코펠먼도 이에 동의하며 "나는 제트기 연료를 판매한다. 어떤 사람들은 제트기를 만들고 싶어 하지 않는다"라고 말한다. 저자 세바스찬 말라비는 VC는 위험을 감수하며 빠르게 성장하려는 야심찬 소수에게만 적합한 투자 방식이며, VC 스스로가 이 사실을 널리 알려야 한다고 강조한다.

이 책에는 마크 저커버그의 사례도 등장한다. 2005년 그는 〈워싱턴포스트〉의 페이스북 투자에 구두 합의한다. 그런데 액셀이라는 VC가 더 높은 기업가치로 평가하면서, 경쟁자보다 더 많은 금액을 투자하겠다고 끼어든다. 저커버그가 액셀의 제안을 〈워싱턴포스트〉에 알리며 입찰 경쟁을 하겠느냐고 묻자, 〈워싱턴포스트〉 CEO는 "그 사람들에게 돈을 받는 것은 우리에게서 받는 것과는 다를 것입니다. 우리는 당신이 회사를 어떻게 경영할지에 대해 아무런 말도 하지 않을 것입니다"라며, 가격을 올리는 대신 저커버그의 경영권을 보장하겠다고 제안한다. 저커버그는 두 가지 선택지를 놓고 고민한 후 〈워싱턴포스트〉가 아닌 VC의 돈을 선택한다. 그는 제트기를 만들고자 했던 것이다.

창업가들을 위한 저자의 조언은 이렇다.

> 기업가정신의 목표가 개인의 자율성에 있다면, 창업자는 벤처캐피털이 조건과 함께 온다는 사실을 이해해야 한다. 기업가들이 자신들의 회사를 균형 잡힌 속도로 성장시키기 원한다면, 벤처캐피털이 자신들이 원하지 않는 압박을 가할 수도 있다.

이는 앞서 언급한 글 '시리즈B 함정—그리고 어떻게 피할 것인가'에서 창업자에게 전하는 첫 번째 조언과도 닿아 있다. 여기에서 나오는 '대부분의 회사'에 나 또한 포함되어 있었다.

> 자금 조달을 서두르지 마세요. 자본을 조달하기에 이상적인 시기는 다음 단계로 비즈니스를 효율적으로 확장하는 방법을 알아냈을 때입니다. 이는 명백한 말처럼 들리지만, 대부분의 회사는 실제로 돈이 부족하고, 아직 사업 확장 방법을 제대로 파악하지 못했을 때 자본을 조달합니다. (…) 린하게 유지하는 것은 일을 파악할 시간을 더 많이 줍니다. 더 많이 파악할수록 더 나은 자금 조달을 실행할 수 있습니다.

《투자의 진화》에 소개된 통계에 따르면, 미국 기업 중 1%만이 VC 투자를 받는다고 한다. 그러나 한 연구에 따르면, 1995년부터 2019년까지 진행된 IPO 기업 중 VC 투자를 받은 곳은 47%, 연구가 마무리되는 시점에 이들 기업이 전체 시장 가치에서 차지하는 비중은 76%에 달했다. 그만큼 VC 투자는 기업 혁신에 중요한 존재다.

그러나 'VC 투자가 내 사업에 맞는가?'는 다른 문제다. 중요한 것은, 다른 대안들을 검토하지 않고 '우리는 스타트업이니까'라는 이유만으로 혹은 '회사에 돈이 부족해서' VC 투자를 택하는 것은 사업을 망칠 수도 있다는 사실이다.

숫자로 말하자

모든 관계에서 핵심은 '기대 관리 expectation management'라고 생각한다. 마음의 합이 잘 맞아 자연스럽게 서로 무엇을 원하는지 알 수 있다면 좋겠지만, 그런 행운은 드물다. 서로가 기대하는 바를 명확히 커뮤니케이션하지 않을 때 어려움이 발생하는 것은 필연적인 것 같다. 가족 안에서도, 팀 프로젝트에서도, 회사 동료들 사이에서도 그렇다. 하물며 큰돈이 걸린 주주와의 관계라면 더 말할 나위가 없다.

되돌아보면, 나는 두 가지 문장을 말하는 데 매우 인색했다. 하나는 "무엇을 원하시나요? 저에게 무엇을 기대하시나요?"이고, 다른 하나는 "잘 모르겠어요. 그러니 도와주세요"다.

첫 번째 문장을 많이 썼더라면 주주와 기대치를 조율할 수 있었을 것이고, 두 번째 문장을 많이 썼더라면 주주에 대해 내가 모르는 것들을 빠르게 배웠을 것이다.

특히 주주들과 '당신은 무엇을 원하는가? What do you want?'라는 질문에 대해 자주 그리고 계속 파고드는 대화를 많이 할 수록 좋았을 것 같다. '5 Why'라는 방법론이 있듯이 말이다. "나는 이것을 원해요. 당신은 무엇을 원하시나요?" "그게 무슨 뜻인가요? 그게 왜 중요한가요? 정말 중요한가요?" "원하지 않는 것은 무엇인가요? 왜 원하지 않나요? 정말 안 중요한가요?" 같은 질문을 통해 서로를 이해하고, 기대치의 접점을 찾아낼 수 있었을 것이라 믿는다.

투자 전의 기대 관리

제프 베이조스는 의사결정 전에 '이 결정은 번복 가능한가, 아닌가'를 먼저 따져봐야 한다고 말했다. 대부분은 번복 가능한 의사결정에 속하므로 원하는 결과가 아니라면 결정을 빠르게 되돌리면 그만이다. 하지만 주주에 관한 결정(누구를 주주로 초대하고, 그가 몇 퍼센트의 지분을 갖는가)은 번복하기 어려운 데다 번복하려면 큰 비용을 치러야 한다. 주주에 대한 단 한 번의 결정이 누적되어 미래의 중요한 의사결정에 대단히 큰 영향을 미친다는 것을, 그때는 몰랐다.

'나는 어떤 주주를 원하는가? 어떤 주주는 원하지 않는가? 나는 어떤 주주들과 회사의 미래를 함께 개척해나갈 것인가?'라는 근본적인 질문이 먼저 필요했다. 나에게 맞는 주주를 선택한다는 것의 의미는 결국 '나는 누구이고 어떤 사람인가'에서 출발하는 파생과 같다.

- 나는 어떤 기업을 만들고 싶은가? 내가 원하지 않는 기업의 모습은 어떠한가?

- 이 기업으로 어떤 목표를 이룰 것인가? 이게 나에게 왜 중요한가?

- 그 목표를 언제까지 이룰 것인가?

- 그 목표를 이루고 나면 어떻게 할 것인가? 이루지 못한다면 어떻게 할 것인가?

이 질문들에 대한 나의 생각을 정리하는 게 먼저였다. 그리고 IR 미팅에서 만나는 투자자들과 이런 주제로 이야기를 나누었더라면 얼마나 좋았을까 싶다. 이런 대화는 투자받은 후에 하면 늦다.

《투자의 진화》에는 1999년 클라이너 퍼킨스 회장 존 도어가 구글 창업자 세르게이 브린과 래리 페이지를 처음 만났을 때의 대화가 등장한다. 존 도어는 두 창업자의 포부를 알아보고자 구글이 앞으로 얼마나 성장할 수 있다고 보는지 묻는다. 래리 페이지는 자신 있게 100억 달러는 될 수 있다고 답한다. 존 도어가 시가총액을 의미하느냐고 재차 확인하자, 래리 페이지는 시가총액이 아니라 매출을 의미한다고 단호하게 말했다.

이 답변을 들은 존 도어는 깜짝 놀라며 기뻐했다. 매출이 100억 달러라면 시가총액은 적어도 1000억 달러가 된다는 의미였고, 이 숫자는 구글의 잠재력에 대한 자신의 예상보다 무려 100배나 큰 규모였다. 이는 구글이 마이크로소프트에 버금가고, 아마존보다는 훨씬 큰 회사로 성장할 것이라는 뜻이었다. (참고로 2025년 8월 14일 기준, 구글의 시가총액은 2조 5000억 달러다.)

모 투자사 대표님은 이런 이야기를 했다. 투자하고 싶은 팀이 정해지면 투자를 집행하기 전 그 회사에 찾아가 본인 회사에 대한 IR 발표를 먼저 한다고 했다. 또한 자신이 투자하는 것의 의미는 (예를 들어) 5년 안에 10배 매출 성장을 기대하는 것이고, 그러려면 매해 전년 대비 1.5배씩 성장해야 한다는 뜻인데, 만약 이 성장 속도에 자신 있으면 함께하고 아니면 투자를 받지 않아도 괜찮다고 커뮤니케이션을 명확히 한다고 했다.

결혼도, 공동창업도 결정하기 전에 충분히 많은 대화를 나눠야 하는 것처럼 주주와의 관계도 마찬가지라는 생각이 든다. 돈이 걸린 관계이므로, 숫자에 관한 대화는 더욱더 중요하다.

투자 후의 기대 관리

《엑시트 바이블》은 M&A 자문사 김규현 대표가 쓴 책이다. 초반에 이런 구절이 나온다.

결론부터 이야기하면 엑시트는 선택의 문제일 뿐 꼭 해야 할 필요는 없다. 다만 기업은 영원할 수 있어도 경영자와 주주에게는 반드시 끝이 있다.

(…)

그래서 당장 엑시트를 하지 않더라도 어떻게 아름답게 끝맺을 수 있을지 잘 이해하고 있어야 한다.

회사 매각 과정을 거치면서 내가 절실하게 깨달았던 것은, 창업자와 주주 사이에 중요한 어젠다 중 하나가 회사의 최종 목표 end-goal와 주주의 엑시트 플랜 exit plan에 대한 대화라는 점이다. VC 주주는 우리 회사에 투자한 펀드의 만기일이 있다 보니 오랜 시간 기다려줄 수도 없거니와, 애초에 오랜 기간이 필요한 사업이었다면 VC 투자가 적합하지도 않다.

'우리의 목표는 매각인가, IPO인가? 매각이라면 언제 얼마의 가치로 어떤 곳을 잠재 인수자로 고려하여 진행해야 하는가? IPO라면 언제 얼마의 가치로 어디에 상장할 것인가? 다음 라운드는 언제, 얼마로 펀드레이징을 할 것인가? 펀드 만기와 수익률을 고려할 때 납득할 만한 계획인가?' 이 부분에 대해 주주들과 지속적인 합의를 거쳐 계획을 세우고, 이 계획이 창업자가 현재 내리는 사업상의 의사결정과 일관성을 유지하도록 만드는 것이 내가 지금 생각하는 주주와 창업자 관계의 본질이다.

아쉽게도 나는 이 사실을 깨우치지 못했기에 주주들과 진지한 논의를 해보지 못했다. 아무리 많이 만나 밥을 먹고 인간적인 친분을 쌓았더라도 아이젠하워 매트릭스에 나오는 '중요하고 급한 일' '중요하지 않지만 급한 일'에 대부분의 에너지를 쏟고 있었다. 회사의 최종 목표와 주주의 엑시트 플랜에 대한 고민은 '중요하지만 급하지는 않은 일'에 해당했고, 이런 카테고리의 일이야말로 시간을 따로 빼놓고 챙겨야 한다는 것을 머리로는 알았지만 몸이 따라가지 못했다. '중요하지만 급하지는 않은 일'이 어느새 '중요하고 급한 일'이 되는 순간부터 혼돈이 시작되는 것은 당연지사였다.

미국의 34대 대통령 아이젠하워는 "어느 전쟁도 계획대로 이긴 적은 없지만, 계획 없이 이긴 전쟁도 없다"라는 명언을 남겼다. 상황이 계속 바뀌더라도, 회사의 최종 목표와 엑시트 플랜은 전시가 아닌 평시에 나누어야 할 대화 주제다.

소년을 죽여라

만화 《그 남자! 그 여자!彼氏彼女の事情》의 주인공은 전교 1등에다 성격도 태도도 좋은, 교사와 학생 모두의 존경과 애정을 받는 모범생이다. 완벽함의 표상으로 떠받들어지지만, 사실 그의 내면에는 칭찬받고 싶은 어린아이가 살고 있다. 사람들에게 칭찬받고 인정받고 주목받는 것이 살아가는 힘의 원천이라는 것을 가족들만 알고 있다.

나 역시 마찬가지였다. 내게 중요한 사람으로부터 칭찬받고 싶은 마음, 그에게 좋은 모습만 보여주고 싶은 마음, 그의 기대를 뛰어넘고 싶은 마음이 아주 어린 시절부터 나를 움직이게 했다. 하지만 반대로 그 마음은 나를 옭아매는 밧줄이기도 했다는 것을, 주주와의 지난 10년을 돌아보며 새삼 깨달았다. 저 만화의 주인공은 고등학교 시절 칭찬 중독에서 벗어났

건만, 나는 그러지 못했다.

미국 드라마 〈왕좌의 게임 Game of Thrones〉 시즌 5에는 이런 장면이 나온다. 주인공 존 스노우는 큰 전투에서 승리를 거둔 후 동료들의 투표로 밤의 경비대 총사령관에 선출된다. 그는 리더로서 조직의 미래를 위해 어떤 결정을 내리고 싶어 한다. 하지만 이 결정은 자신을 뽑아준 동료들의 반발을 불러일으킬 것만 같다. 고민하던 그는 밤의 경비대 마에스터 아에몬 타르가르옌에게 조언을 구한다.

"지시를 내리면 절반은 등을 돌리겠죠"라고 존 스노우가 말하자, 100년 넘게 살아온 현자 아에몬 타르가르옌은 이렇게 답한다.

> 그 절반은 이미 자네를 싫어해. 하고 싶은 대로 하게. 사령관 노릇을 하면서 즐거운 일은 거의 없을 걸세. 하지만 운이 좋다면 필요한 일을 할 만한 힘을 얻게 될 거야. 소년을 죽이게. 그리고 남자로서 다시 태어나야 하네.

Scene #9

끝을 향한
여정
Part 1

시기
2024년 4월 26일 금요일 밤

장소
퇴근길

무엇을
할 수 있는 모든 걸 다했기에
후련함을 느끼다

나의 기억

시작하기 전에

1. 나의 목표는 2024년 6월까지 모든 것을 끝마치고 자유를 얻는 것이었음. 그렇게 하면 결심한 시점으로부터 딱 1년. 어떤 끝일지는 알 수 없더라도, 타임라인을 내가 주도적으로 설정하는 것이 중요했음.
2. 실제로는 2024년 8월 말, 공식적으로 퇴사 서류를 제출하면서 종결됨.
3. 1월부터 8월까지 매주, 짧게는 하루 단위로 수많은 일이 발생하고 결정되고 결정을 번복하고 또 다른 결정을 하는 시간의 연속이었음. 이해관계자가 가장 많이 등장하며, 회사의 마지막에 관련된 여러 사안이 병렬적으로 진행되었기에 복잡하기도 함.
4. 공개 가능한 범위 내에서 사실 관계는 가능한 객관적으로, 나의 생각과 감정에 대해서는 최대한 솔직하게 작성하고자 함.
5. 두 기간의 성격이 달라서 1~4월을 Part 1, 5~8월을 Part 2로 나누어 작성함.

2024년 1~2월에 한 일들(1): 주주들과의 대화

6. 2024년 1월이 시작됨. 작년 말부터 2주 정도 시간을 들여 작성한 '2023년 한 해 동안 배운 것들'이라는 10장짜리 메모를 모든 기관 주주(Scene #9에서 '주주'는 모두 기관 주주를 뜻함)에게 이메일로 보냄. 나의 결심을 직접 알리기 전에 미리 언질을 주기 위해 쓴 글이었음.

7. 이 행동에 대해 내가 예상치 못한 두 가지 결과가 있었음. 하나는 대부분의 주주가 장문의 이메일 답장을 보내왔다는 점임. 읽으며 무척 감사했음.

8. 다른 하나는 이 메모를 읽은 주주들이 내 의도와는 달리 '사업을 잘해보겠다는 대표의 의지가 강력하구나'라고 이해했다는 점이었음. 즉 내가 메모를 잘못 썼다는 것. 젠장….

9. 이제는 주주들과 직접 만나 이야기해야 할 타이밍이었음. 주주명부를 기준으로 지분율 높은 주주부터 순차적으로 만나달라고 요청함. 기관 주주 내부의 의사결정 구조를 고려할 때, 납득 가능한 '명분'으로 커뮤니케이션해야 한다고 생각했음. 매각 경험이 있는 선배 창업가 몇 명에게 조언도 받았음.

10. 주주들에게 한 이야기의 핵심은 이러함. 몸도 정신도 극한으로 지쳐 이제는 회사 성장에 전적으로 내 에너지를 쏟을 수 없고(결과적으로는 진짜 이유와 마찬가지였음), 회사를 위해 나는 지금 가장 좋은 CEO가 아니므로 매각이든 새 CEO 영입이든 제3의 옵션이든 주주들과 잘 논의해 결정하고 싶다는 것이었음.

11. 주주와의 일대일 미팅 전날, 메일로 미리 내 어젠다를 공유해둠. 메일은 간단하게 썼고, 실제 미팅 자리에는 해야 할 말을 A4 용지 두 장으로 출력해 가져감. 미리 어젠다를 읽은 만큼

깜짝 놀라거나 당황하는 주주는 없었으나, 반응은 다양했음.

12. 주주 A는 계속 위로하고 격려해줌. 우리는 VC이기 때문에, 어떤 기업은 투자 대비 100배 성과를 내고 어떤 기업은 0이 될 수도 있다는 것을 잘 안다고. 투자할 당시에도 0이 될 가능성까지 펀드 수익률로 계산해본 후 결정했으니 아무 걱정할지 말라고. 그동안 고생했고, 건강 챙기라는 말도 덧붙였음.

13. 주주 B는 차분하게 두 가지 질문을 함. "무엇이 그렇게 당신을 힘들게 했나요?" "다른 주주들은 뭐라고 하나요?" 전날 만난 주주 C의 코멘트를 전했는데, 그의 말인즉슨 '지금 네가 많이 지친 것 같으니 팀을 아주 작게 줄이고, 1년 정도 최소한의 일만 하며 상황을 지켜보자'는 것이었음. B는 이 말을 듣더니, 투자자 입장에서는 그렇게 말할 수 있지만 창업자는 족쇄에 묶인 지옥 같을 거라며, 그건 아닌 것 같다 함.

14. 자랑스러운 포트폴리오가 되지 못해서 죄송하다고 말하자, 주주 D는 처음부터 지금까지 항상 자랑스러운 포트폴리오였다고 말씀해주심. 2022년 말 어떤 장례식장에서 만났을 때 내가 회사에 대해 이야기하다 울었던 일을 언급하면서, '그때부터 힘들었던 것 같은데 진작 도와주지 못해 미안하다'고 했음.

15. 주주 E는 투자 계약서상 의제청산우선권deemed liquidation preference 조항을 언급했음. 지금처럼 자금이 얼어붙은 시장 상황상 매각 금액이 높지 않을 가능성이 크고, 그 경우 의제청산우선권 조항을 피할 수 없을 텐데, 그렇게 되면 설령 매각되더라도 10년 가까이 고생해놓고 보상도 없이 회사를 떠나는 거라 정말 잘못된 선택인 것 같다고 했음. 새로운 CEO를 찾아 그가 1~2년 정도 회사를 맡아 일을 좀 하다가 매각하는 게 좋지 않겠느냐며 여러 차례 적극적으로 말렸음.

16. 주주 F는 창업자에게는 회사와의 관계에 '끝'이 필요하고, 그 방법이 매각인 것도 좋은 선택이라고 말해줬음.
17. 주주들의 다양한 반응을 보면서 이 사람은 어떤 사람인지, 나와는 어떤 관계였는지 생각하게 됨. 상황이 잘 굴러갈 때는 다 좋음. 핵심은 상황이 좋지 않을 때임. 예상치 못한 최악의 상황에서야 그 사람과 나 사이 관계의 본질이 드러난다고 생각함. "수영장 물이 빠지면 누가 발가벗고 있었는지 알 수 있다"라는 워런 버핏의 말대로, 물이 빠진 상황에선 서로 어떤 말과 행동을 하는지가 관계의 밑바닥을 보여준다고 느꼈음.
18. 2월 말이 되자 대부분의 주주가 상황을 알게 됨.

2024년 1~2월에 한 일들(2): 잠재 인수자와의 대화

19. 주주들과 대화하는 동시에 잠재 인수자 potential buyer 와의 미팅이 병렬적으로 진행되었음.
20. 그동안 알고 지냈던 광의의 경쟁사이자 협업을 고려했던 곳들의 명단을 정리해 10곳으로 추렸음. 이 회사들의 공통점은 창업자, 대표 혹은 C레벨과 내가 최소 한두 번 이상 직접 만나 이야기를 나눠본 관계였다는 것임. 이때의 장점은 내가 최고위 의사결정자에게 바로 연락할 수 있다는 것과 오랜 기간 경쟁사이자 파트너로서 지켜본 만큼 그 회사의 강점 및 그들이 아쉬워할 만한 점, 그리고 그 부분을 우리가 충족해줄 가능성(즉, 상대가 우리를 얼마나 매력적으로 느낄지)에 대해 어느 정도 알고 있었다는 점이었음. 그리고 반대로 그들도 우리에 대해 아는 바가 많다는 점 역시 좋다고 생각했음.

21. 각 회사의 재무제표상 현금이 얼마인지, 주주가 누구인지, 최근 성장세가 어떠한지, 전자공시시스템DART에 올라온 최신 보고서를 읽으며 사업 확장 계획에 대해 리서치했음.

22. 그리고 우리 회사의 주요 숫자를 정리한 간단한 문서를 구글 스프레드시트로 만들고, NDA Non-Disclosure Agreement (비밀유지협약서) 문서 양식도 미리 준비해둠.

23. 위 준비를 마친 후, 각 회사의 대표 또는 C레벨에게 문자를 보내 티타임을 요청했음. 이메일보다 문자가 답변이 빠르고, 덜 딱딱한 커뮤니케이션을 할 수 있다고 생각했기 때문이었음. 하지만 이렇게 만남을 요청하는 것이 심적으로 쉽지는 않았음. 그동안의 세일즈 미팅 경험이 분명 도움은 되었지만, 이건 이것대로 더 다부지게 마음을 다잡는 작업이 필요했음.

24. 놀랍게도 다들 빠르게 미팅을 잡아줌. 다음 날 바로 만난 경우도 있었음. 어젠다를 미리 공개할 수 없어서 만나달라는 말밖에 할 수 없었고, 갑작스러운 요청이었는데도 이렇게 빠르게 시간을 내줘서 고맙다고 인사하면, 돌아오는 답변이 대부분 비슷했다. '아, 정말 중요한 일인가 보다'라고 생각했다고.

25. 어떤 미팅은 아침에, 어떤 미팅은 밤늦게 세 시간 넘게 이어졌음. 주말에 만나 시간제한 없이 대화를 나누기도 함. 외부에 공개할 수 없지만 대표나 C레벨로서 가질 수밖에 없는 내밀한 고민과 고통이 우리 모두에게 있었음. 그런 이야기들을 나와 공유해주고, 그들의 가장 귀한 자원인 시간을 기꺼이 내준 것에 대해 매우 감사하게 생각함.

26. 인수 제안에 관심을 보인 곳들에는 NDA에 사인을 받은 후, 회사 주요 숫자를 확인할 수 있는 문서 접근 권한을 부여함. 그리고 일주일 안에 더 진행할지 여부를 알려달라고 요청함.

27. 다만 이제 와서 생각해보면, 대표인 내가 먼저 잠재 인수자를 만나 회사의 매각 의사를 밝히고 인수 관심도를 체크하는 것이 과연 좋은 방법이었는지 의문이 듦.
28. 첫 번째 이유는, 내가 처음부터 전면에 나섬으로써 협상의 폭을 좁혀버린 것이 아닌가 싶기 때문임. 내가 아닌 다른 누군가가 먼저 상대의 관심도를 확인한 후 협상 과정에서 나를 협상의 지렛대로 쓰는 것이 더 좋지 않았을까 하는 생각임. 물론 대표 대 대표로 만났을 때 더 빠른 의사결정이 이루어지고, 합이 맞는다면 추진이 원활할 수 있겠지만 이 시기에 만난 잠재 인수자들과는 안타깝게도 그런 행운이 따라주지 않았음.
29. 두 번째 이유는, 감정적으로 매우 취약했던 내 상태 때문이었음. 주주들과 만나는 자리에서도, 잠재 인수자를 만날 때도 마찬가지였음. 미리 준비한 스크립트 중 이 대목("나에게는 회사가 내 가족이었고, 서비스들이 내 자식이었다. 하지만 아무리 생각해도, 독자적으로 성장을 추구하는 것은 더 이상 회사를 위한 답이 아니라는 판단을 내렸다")을 말할 땐 눈물을 주체할 수 없었음.
30. 내 눈물 때문에 상대방도 좀 더 마음을 열고 솔직하게 이야기 했을 수도 있음. 그러나 대표 대 대표로 두 회사의 미래 가능성을 냉철하게 논의하는 중요한 자리에서, 한쪽이 감정 컨트롤이 안 되는 모습을 보인 것은 분명 협상에는 도움이 되지 않았을 것이라고 생각함.
31. 어느 날은 잠재 인수자 한 곳과 미팅을 마치고 2호선 삼성역에서 내려 현대백화점 지하를 지나 사무실로 돌아가는 내내 울었음. 누군가가 보면 저 사람 무슨 일 있나, 싶을 정도로 눈물이 멈추지 않았음. 이 이야기를 했더니 광종은 10년 연애하고 헤어지는 건데 눈물이 안 나면 이상한 거라고 말해줘서 그

말이 또 이상하게 위로가 되었음. 또 다른 누군가는 직접 낳고 키운 자식을 입양 보내려고 사방팔방 돌아다닌 건데 당연히 슬프고 눈물이 날 수밖에 없었을 거라고 말해줌.

32. 아무튼 이 시기에는 모든 일에 눈물이 났음. 내가 어떤 말을 하거나 누가 무슨 말을 하거나 뭐든 감정선이 건드려지면 자동으로 눈물부터 터졌음. 급성수면장애 문제로 다니던 정신과 의사에게도 내 상태를 이야기함. 의사는 우울증 증상 중 하나일 수 있다면서, 수면제 외에도 추가로 약을 처방해줬으나 별다른 효과가 없었음.

33. 이런 상태는 1~2월에 특히 심했음. 3월부터 서서히 나아졌는데, 이때 했던 노력과 깨달음은 뒤에 적겠음.

2024년 1~2월에 한 일들(3): 매각 준비를 위한 협업

34. 한편으로 매각 준비를 위해 외부 전문가들과 협업을 시작함.
35. 우선 2020년 초부터 같이 일해온 임진빈 변호사(현 법률사무소 올빛 대표변호사)와 매각 자문 계약을 체결함. 추천받은 여러 로펌과 의제청산우선권 조항의 해석에 대해 자문을 구하며 나를 잘 도와줄 수 있는 곳인지, 대화할 때 합이 잘 맞는지를 살펴봄. 그러나 결국엔 내가 어떤 사람인지 가장 잘 이해하는 사람, 마음 편하게 이것저것 상의할 수 있는 사람이 가장 중요한 기준이라고 판단했음.
36. 임진빈 변호사는 4년 넘게 회사의 결정적 고비마다 긴밀히 일해왔기 때문에 '전우'라고 표현해도 무방할 정도로 신뢰가 깊었음. 내가 일할 때 무엇을 편안해하고 불편해하는지에 대한

이해도가 높았기에, 불필요한 커뮤니케이션 비용이 들지 않는 다는 것도 큰 장점이었음. 또한 해결할 문제가 무엇인지와 클라이언트가 무엇을 가장 원하는지 파악한 다음 '문제를 해결하기 위한 수단'으로 법을 활용하는 변호사라는 점도 좋았음.

37. 그래서 그는 2023년 가을, 내 결심을 알고 있었던 극소수의 사람 중 한 명이었음. 2024년 초 함께 식사하며 상의하던 자리에서 그는 익명의 기업으로 포장해 사람들과 상의해보고 사례를 조사한 적은 있지만, 이런 경우는 거의 보지 못했다고 말했음. 어쨌든 매출과 이익이 나는 서비스가 있고, 회사 잔고도 꽤 있는데 창업자가 그만하고 싶다는 이유로 회사를 매각하거나 접는 경우는 한국 스타트업 생태계에서 흔치 않기에 본인 역시 이 일이 어떤 결말을 맞게 될지 궁금하다고 했음.

38. 추가로 M&A 자문사 몇 곳도 소개받았으나, 더 이상 진행되지는 않았음. 그중 한 곳이 이유를 솔직하게 말해주었음. 본인들이 기여할 수 있는 바는 i) 잠재 인수자를 물색해서 거래를 가져오는 것 ii) 그 후 협상에서 최대한 유리한 조건으로 매각이 이루어지도록 돕는 것이라 함. 그런데 첫 번째는 이미 내가 유력한 잠재 인수자 대표들과 다 알기 때문에 자문사 쪽 인맥보다 접근이 빠르다는 점, 두 번째는 예상되는 거래 사이즈가 자문사 내부 기준에 못 미칠 가능성이 높다는 점을 들었음. 매각가의 일정 비율을 수수료로 가져가는 만큼 이들도 ROI Return on Investment를 따져봤을 때 하고 싶은 프로젝트가 아니라는 것을 명확하게 이야기해줘서 오히려 좋았음.

39. 그리하여 회사 밖은 변호사(이후 임진빈 변호사를 연결고리로 하여 회계사 및 법무사들과도 협업하게 됨), 회사 안은 소리, 광종, 소희 그리고 파이낸스 매니저 은별과 함께 본격적으로 매각 준

비 작업을 시작함.

2024년 1~2월에 한 일들(4): 최악의 시나리오 대비

40. 최악의 시나리오는 파산 또는 청산이라고 생각했음.
41. 그래서 파산/청산을 경험해본 다른 창업자들을 만나 어떤 법적 절차를 거쳐야 하는지, 시간과 비용은 얼마나 드는지, 내가 무엇을 준비해야 하는지도 미리 알아보았음. 파산/청산을 위해서는 변호사 비용 및 세금 납부까지 고려하면 약 1억 원 정도의 현금을 남겨두어야 한다는 것도 알게 되었음.
42. 이에 맞추어 소희와 은별에게 파산/청산 시나리오가 발동될 때 필요한 서류와 예상 자금을 미리 준비해두라고 부탁했음.
43. 실제로는 어떻게 되든지 간에, 최악의 상황에 대한 준비를 해두었기에 마음이 한결 가벼워졌음.

2024년 3월에 한 일들: 잘못 쓴 시간

44. 여러 미팅이 복잡하게 오가는 가운데, 잠재 인수자들로부터 검토 결과가 속속 도착했음. 3월 초, 우리에게 적극적인 관심을 보인 곳은 두 곳이었음. 두 기업 모두 인수 검토를 위한 체크리스트를 보내며 구체적인 자료를 요청했고, 핑퐁이 계속 오감. 여기에 대응하는 일이 한쪽에서 돌아가고 있었음.
45. 다른 한쪽에서는 주주들의 의견을 한데 모으고 조율하는 작업도 병행했음. 매각 추진과 새 CEO 선임이라는 두 안을 두

고 주주들 간에 의견이 갈렸고, 그에 따라 잠재 인수자에 대한 대응 외에도 주주들이 물색해온 CEO 후보자들을 직접 만나 Q&A 대응을 했음.

46. 마침 3월이 주총 시즌이어서, 정기 주주총회 겸 전체 기관 주주들이 한자리에 모이는 대형 주주간담회도 준비해야 했음.

47. 점점 내가 해야 하는 일의 카테고리가 늘어나고, 카테고리별 일의 가짓수도 증가함. 이해관계자가 많은 상황에서는 공동의 목표를 설정하기도 어렵지만, 일의 우선순위를 정하기도 어려웠음. 이럴 때일수록 누군가가 총대를 메고 하나에 집중해 바짝 끌고 가지 않으면 이도 저도 안 되기 쉬운데, 문제는 그 총대를 메고 의사결정하는 사람이 누구냐는 것이었음.

48. 정작 중요한 매각 협상에 드라이브를 거는 사람이 없었기에 진행이 지지부진해짐. 우선순위가 분산되고, 책임자는 명확하지 않다 보니 상대방에게 어영부영 끌려감.

49. 매각 협상 건으로 돌아가자면, 잠재 인수자 두 곳이 제시한 인수 의향 금액은 두 배 차이가 났음. 더 높은 가격을 제시한 기업을 A사, 다른 곳을 B사라고 부르겠음.

50. 가격을 기준으로 고려할 때 A사에 더 집중하기로 함. 다만 A사는 내부 의사결정 구조상 검토에 시간이 꽤 걸린다고 미리 알려주었는데, 그럼에도 결정을 최대한 앞당기기 위해 A사의 대표 앞에서 광종과 함께 회사에 대한 설명 및 Q&A 세션을 두 시간가량 진행했음. 발표자도 청중도 모두 이 사업을 잘 아는 '빠꿈이'들이었기에 거두절미하고 본론부터 들어가 아주 디테일한 숫자 중심의 논의가 이루어졌음.

51. 그러나 인수 여부에 대한 결정을 언제까지 알려줄 것인가에 대해서는 가타부타 답이 없이 늘어졌음.

52. 이제나저제나 답을 기다리던 중 《허브 코헨의 협상의 기술 1 You Can Negotiate Anything》의 내용이 뒤늦게 떠올랐음. 허브 코헨은 세계적 기업들을 위한 인수합병 전략뿐 아니라 미국 정부, CIA, FBI를 위해 인질 협상 프로그램을 개발한 협상 전문가임. 이 책에서 그는 협상에서 승리하는 열쇠는 항상 상대방이 시간, 돈, 에너지를 먼저 투자하게 만드는 것이라고 강조함. 어떤 형태로든 투자한 게 있어야 자신이 쏟아부은 노력을 돌려받고자 하는 심리가 발동한다는 이유 때문이었음.

> 시간 투자가 없으면 성공도 없다. 그래서 항상 상대방이 이 상황에 투자하도록 유도해야 한다.
> (…)
> 타협 의지와 투자 규모는 직접적으로 비례한다. 왜 미국은 베트남 전쟁에서 철수하기가 그렇게 힘들었을까? 베트남에서 철수하려고 하기 전에 이미 그 전쟁에 자국민 4만 5천 명의 생명을 희생했기 때문이다. 그렇게 많은 인력을 투자하고 나서 그냥 아무 일 없었다는 듯 손 털고 나올 수는 없는 노릇이다.
> (…)
> 이 인간 본성의 원리를 이해해야 한다. 그 원리가 당신에게 불리하지 않도록 유리한 쪽으로 이끌어라.

53. 동시에, 예전에 들었던 선배 창업자의 말이 불현듯 뇌리를 스쳐감. 만약 매각 협상을 하게 된다면, 잠재 인수자와 양해각서를 쓸 때 반드시 시간과 돈에 대한 조건을 걸어야 한다는 이야기였음. 배타적 협상 기간을 설정하고, 그 안에 정당한 사유 없이 계약이 체결되지 않을 경우에는 귀책 당사자가 상대에

게 인수 의향 금액의 일정 퍼센트를 페널티로 지급하도록 해야 한다고 했음. 그래야 인수 의향 금액도, 인수 결정 시점도 서로 책임감을 갖고 협상에 임할 수 있다는 것이었음. 분명히 들어놓고도 까맣게 잊고 있었던 나 자신이 참으로 한심했음.

54. 3월 말, 주총을 거쳐 신규 이사 2인을 선임한 이사회를 만듦. 지금에서야 이사회를 만드는 게 다소 아이러니하게 느껴지기도 했지만, 이사회를 통해 전체 주주의 동의를 구하는 데 들어가는 시간과 에너지를 줄이고 이사회 내에서 빠르게 결정한 후 주주에게 공유하는 방식으로 변경한다는 목적이 있었음. 3인 체제의 이사회에는 주주 두 명과 내가 들어감.

55. 2024년 3월을 한마디로 요약하자면, '피 같은 시간을 참으로 잘못 사용한 한 달'이었음.

2024년 4월에 한 일들: 반성은 있어도, 후회는 없다

56. 4월이 시작된 주의 어느 날, A사로부터 답이 옴. 거절이었음.
57. 그렇게 한 달이 허무하게 날아갔음.
58. A사의 답을 들은 후 열린 이사회 미팅에서 내가 이렇게 제안함. B사에 최후의 제안을 하자는 것이었음. 지금 인수의향서에 돈을 걸자고 하기엔 이미 늦었으니 데드라인이라도 정확히 걸자고. 이 금액으로 인수할 것인지 일주일 내로 결정해달라고 하고, 만약 그 안에 결정하지 못하면 인수하지 않는 것으로 알겠다는 내용을 내가 B사 대표를 만나 직접 이야기하겠다고. 대표 대 대표로 이야기해보고, 이 제안이 수락되지 않으면 그냥 끝내는 게 맞다고.

59. 그다음 주, B사의 대표를 만남. 마침 벚꽃 시즌이었기에 함께 긴 시간 산책을 하면서 내 제안에 대해 진지하게 이야기함. 연초에 만났을 때는 울었지만, 이제는 담담하게 말할 수 있었음. B사가 앞으로 하려는 일과 부족하다고 느끼는 점을 들으며, 그 부분을 우리가 어떻게 채워줄 수 있을지에 대해 대화함.

60. 그 후에는 A사와 마찬가지로, B사에도 광종과 함께 회사에 대한 설명 및 Q&A 세션을 두 시간 정도 진행했음. 일주일의 기한을 제시했으나, B사 내부의 컴플라이언스와 이사회 결정 프로세스에 대한 설명을 먼저 들었기에 좀 더 시간이 걸린다는 점은 인지하고 있었음. 그러나 이번에는 이전과 달리 시간제한을 우리가 먼저 걸었다는 것이 중요했음.

61. B사의 답을 기다리는 동안, 주총에서 나온 의사결정에 따라 현금 잔고를 최대한 확보하기 위한 마지막 레이오프가 진행됨. 이 시기부터 소희, 은별과 함께 회사가 앞으로 어떤 경로를 탈지, 그 시나리오에 따라 현금 잔고가 어떻게 달라지는지 시뮬레이션하면서 강도 높게 현금을 관리하기 시작함. 매각 전까지 함께 일해주어야 할 필수인력들을 케어하는 일도 하다 보니 시간이 순식간에 지나갔음.

62. 4월 셋째 주 무렵, B사와의 구체적인 매각 조건이 오가는 동시에 B사 경영진 내부에서 우리의 인수를 두고 의견이 엇갈렸다는 귀띔을 전해 들었음.

63. 생각을 좀 더 한 끝에, B사 대표에게 장문의 메일을 씀. 나중에 '아, 그때 설득하기 위해서 이걸 좀 더 해볼걸'이라고 후회하고 싶지 않았음. 그래서 '이걸 해볼까?'라는 아이디어가 떠오르는 것은 일단 다 해보자는 생각의 발로였음.

64. 메일에 내가 생각하는 양사 간의 시너지 효과 및 인수가 성사

된다면 내가 무엇을 도울 수 있는지, 내가 할 수 있는 약속들을 최선을 다해 썼음.

65. 4월 마지막 금요일, B사로부터 연락을 받음. 최종적으로 인수하지 않기로 결정했다고. 기다리게 해서 미안하다고.
66. 그런데 신기하게도, 나는 후련했음.
67. 맥주를 한잔하고 집으로 돌아가는 길에 이런 생각이 들었음. 지난 넉 달 동안 내가 할 수 있는 건 모조리 했고, '할까 말까' 싶으면 일단 다 했다고. 그래서 아무런 후회가 없고, 만약 이대로 매각이 안 되어서 파산이나 청산으로 가도, 나는 결과를 깨끗이 수용할 수 있을 것 같다고.
68. 내가 무척 좋아하는 만화 중《블루 피리어드 ブルーピリオド》라는 작품이 있음. 공부도 운동도 다 잘하지만 인생의 빛을 찾지 못해 방황하던 주인공은 어느 날 그림에 자신의 인생을 걸어야 겠다고 결심함. 그 길로 일본 미술계에서 최고의 국립대학인 도쿄예술대학 미대 입시를 고3 한 해 동안 미친 듯이 준비함. 시험을 치른 직후 미술학원 선생님에게 이렇게 말함. "후회는 없어요. 반성할 부분은 죽을 만큼 많지만요."
69. 이날, 나는 주인공이 한 말의 의미를 이해할 수 있었음. 내가 할 수 있는 모든 것을 끝까지 전력투구했을 때, 그제서야 후회가 없다고. 결과는 물론 중요하지만, 결과가 설령 기대와 다르거나 나쁘더라도 "뭐, 상관없어"라고 담담하게 말할 수 있게 된다고. 나에게 후회란 결과가 아니라 과정에 훨씬 크게 연동되어 있다는 것. 그게 나라는 인간이라는 것.
70. 그리하여 후련함을 안고서 4월이 끝남. 머리가 시원해지는, 4월의 좋은 마지막이었음.

지금의 생각

약자의 협상법: 시간의 주도권

 1~4월 중 딱 한 곳으로 시간을 되돌릴 수 있다면 3월 초를 선택하고 싶다. 이때 A사와 B사를 두고 내가 어떤 선택과 판단을 했더라면, 시간을 허비하지 않을 수 있었을까.

 여러 가지 아쉬움이 있지만, A사가 더 높은 인수의향 금액을 불렀다는 것에 눈이 멀었다는 것을 꼽고 싶다. 숫자로만 보면 A사가 더 매력적인 제안을 한 것처럼 보이지만, 돈과 시간을 건 양해각서가 없었던 만큼 그 숫자는 책임지지 않아도 되는 숫자였다. 높은 숫자에 욕심이 났고, 그 욕심이 안 그래도 불리한 조건의 협상(인수자가 사고 싶어서 시작한 협상이 아니라 매도자가 팔고 싶어서 시작했기 때문에)에 기름을 부었다. 의미 없는 가격 정보와 더불어 결정적으로 시간의 주도권을 상대방에게 넘겨준 채 질질 끌려다닌 바보 같은 행동이었다.

 2024년 9월, 드라마 〈쇼군 Shōgun〉이 미국 에미상 시상식에서 18관왕을 휩쓸었다는 기사를 읽은 후 뒤늦게 몰아보았다. 나에게 2023년 '올해의 콘텐츠'가 〈투르 드 프랑스: 언체인드 레이스〉였던 것처럼, 2024년 '올해의 콘텐츠'는 〈쇼군〉이 되었다. 그리고 〈쇼군〉이 내게 준 가장 큰 교훈은 '약자의 협상법'이었다.

이 드라마는 일본 전국시대인 1600년을 배경으로 한다. (실존 인물들을 가지고 픽션을 만들다 보니, 극 중 이름은 다르게 사용되지만) 도요토미 히데요시의 아들을 중심으로 한 오사카 세력이 강력한 권력을 쥐고 있던 시기, 에도를 근거지로 삼고 있는 도쿠가와 이에야스는 언제 목숨이 날아갈지 알 수 없는 약자의 처지다. '전국 3영걸'로 거론되는 오다 노부나가, 도요토미 히데요시 그리고 도쿠가와 이에야스의 캐릭터를 비교하는 유명한 문구를 떠올려보자면, 도쿠가와는 '울지 않는 새는 울 때까지 기다린다'에 해당하는 사람이었다. 때문에 그는 '일본을 통일한다'라는 꿈을 마음속에 간직하면서도 겉으로는 드러내지 않은 채, 오사카 세력을 상대로 목숨 건 승부를 은밀하게 진행한다.

하지만 오사카의 현 권력도 바보는 아니기에 점점 도쿠가와의 목을 조여온다. 드라마 후반, 죽음이 코앞에 닥친 상황에서 도쿠가와는 오사카 세력을 상대로 협상하면서 한 가지를 반드시 지킨다. 바로 '시간의 주도권'만큼은 본인이 절대 놓지 않는 것. 그는 협상 자리에서 매번 "X라는 상황이 오면, 나는 언제까지 Y를 하겠다"라는 식으로 말한다.

상황 자체는 본인 힘으로 온전히 통제할 수 없지만, 그 상황에 따른 자신의 행동만큼은 먼저 타임라인을 설정하고 상대에게 통보한다. 이렇게 하면 상대도 그가 제시한 타임라인을 기준으로 생각하게 된다. 도쿠가와도, 그의 최측근 참모이자 통역사 역할을 하는 또 다른 주인공 마리코도 마찬가지 방식의 협상 커뮤니케이션을 한다. 그들은 내 행동에 대한 타임라인을 선제적으로 설정한다. 아무리 입지가 좁은 상황에서도. (물론 이 타임라인은 신성불가침이 아니라 협상에 사용하는 무기다.)

시간의 주도권을 놓지 않는 협상은, 다르게 말하면 더 이상 잃을 게 없기 nothing to lose 때문에 가능하다. 내가 원하는 대로 되거나 아니면 죽음뿐인 상황이기에 과감하게 움직일 수 있다. 그래서 시간의 주도권은 약자일 때 더욱 강력하게 (혹은 유일하게) 써먹을 수 있다.

이 드라마를 한창 몰입해서 보던 어느 날, 도쿠가와와 마리코처럼 나 또한 약자의 입장에서 협상을 진행했어야 했는데 정반대로 행동했다는 깨달음이 머리를 후려쳤다. 돈이 아니라 자유를 선택한 이상, 나는 더 잃을 게 없는 사람이었다. 그렇다면 내가 가진 유일한 무기는 '시간'이었고, 그 시간을 내 것으로 만들었어야 했다.

내가 했어야 했던 것은

- 회사를 파산/청산하는 것(즉, 법인의 '죽음'이라는 옵션)을 기본값으로 두고, 잠재 인수자를 상대로 시간의 주도권만큼은 반드시 행사했어야 했다. 즉 "언제까지 결정해달라. 이때까지 답이 오지 않으면 인수하지 않는 걸로 알고, 우리는 다른 기업으로 넘어간다"라는 메시지를 상대에게 명확히 전했어야 했다.

- 가능한 이른 시점에 레이오프를 해서 현금 보유액을 최대한 확보했어야 했다. 약자의 협상에서 회사를 매각할 때는 사업 지표의 상승세가 인수가격에 큰 영향을 미치지 않는다. 반대로 사업 지표의 상승세가 중요할 때는 인수자가 사고 싶을 때인데, 그들의 FOMO Fear of Missing Out (기회를 잃을까 봐 두려워하는 심리 상태)를 자극해서 인수가격을 올리는 수단으로는 의미가 있다. 추가로, 최악의 경우인 파산/청산을 하기 위

해서라도 현금은 필요하다.

그러나 당시의 나는 A사와 B사 둘 중 한 곳을 반드시 잡아야 한다고 생각했고, 혹은 잡을 수 있다고 믿었다. 그래서 이도 저도 아닌 채로 상대에게 끌려다녔다.

앞으로 내가 다시 협상할 날을 위해 몇 가지 다짐을 적어둔다.

- 이 협상에서 내가 가진 협상력 진단을 최대한 객관적으로 하자. (낙관적인 것보다는 보수적인 판단이 더 좋을 것 같다.)
- 내가 반드시 사수해야 할 부분과, 타협하거나 양보하거나 포기할 수 있는 나머지 부분에 대해 적어두자. 항상 눈에 보이는 곳에 붙여두고, 이 목표를 끊임없이 상기하자.
- 절대로 시간의 주도권을 놓치지 말자. (앞서 '약자의 협상법'에서 이 부분이 특히 필요하다고 썼지만, 사실 어느 협상에서든 중요하다고 생각한다. 허브 코헨은 모든 협상의 합의는 마감 시한 직전 혹은 마감 시한이 지난 후 일어나기 때문에 시간에 대해 인내심을 가지라고 조언한다.)

M&A에 대한 착각

2024년 12월, '오늘부터 회계사'라는 유튜브 채널에 'M&A 절대 쉽지 않습니다'라는 영상이 올라왔다. M&A 자문사 대표가 본인의 경험을 바탕으로, 스타트업과 중소기업의 M&A 시장 현실에 대해 설명한 내용이다. 나는 이 영상을 반년이 지나 보게 되었는데, 나의 경험과 비교해가며 유심히 시청했다. 세 가지 교훈을 요약하자면 이렇다.

첫째, 우리 회사가 팔릴 수 있는가에 대한 판단 기준은 세 가지다. 먼저 과거 실적이다. 이는 투자 유치 시장과 가장 큰 차이점이기도 하다. M&A는 결국 숫자로 증명되어야 성사될 수 있다. 매출 100억 원 규모이거나 이에 근접한 수준부터 본격적인 논의가 시작된다. 다만 영업적자 상태라면 인수자를 설득하기 어렵다. 다음으로는 현재 가격이다. 매도자와 인수자의 기대 가격이 서로 맞아야 가능한데 이 점이 말처럼 쉽지는 않다. 일반적으로 기업 가치는 영업이익의 5~10배 수준에서 결정된다. 마지막으로 미래 성장성이다. J커브 형태의 급성장이 이상적이지만, 반드시 그래야만 하는 것은 아니다. 인수자가 누구인지에 따라 성장 가능성에 대한 해석과 평가는 달라질 수 있기 때문이다.

나의 경우, 과거 실적에서부터 걸림돌이 있었다. 매출 규모도 문제지만, 영업적자라는 이슈가 더 컸다. 특히 가장 많은 비용을 쓰고 있던 커리어리가 독자적으로 생존 가능한 비즈니스 구조를 갖추지 못한 상태였기 때문에, 잠재 인수자 입장에서도 이 정도 인력구조로 2~3년 안에 예상 매출을 어느 정도 기대할 수 있을지 혹은 목표 매출을 달성하려면 얼마나 더 투자해야 하는지에 대한 숫자 예측이 까다로웠을 것이다. (실제 미팅에서도 이 예측을 위해 숫자를 파고드는 논의가 큰 비중을 차지했다.) 아무리 양측이 가격에 대해 타협하고, 미래 성장성에 대한 스토리를 만들어 설득하더라도 결국 '숫자로 증명되는 사업'이 가장 기본 조건이라는 사실에 뼈아프게 공감했다.

둘째, 누군가로부터 "당신 사업을 인수하고 싶습니다"라는 말이 나온 후 M&A가 최종 성사되는 경우는 3~5%밖에 안 된다. 그만큼 M&A가 어렵다. 나를 인수하고 싶다고 누군가가 찾아오더라도, 이건 시작도 안 한 거라고 냉정하게 생각해야 한다.

이와 비슷한 이야기를 선배 창업가들로부터도 들었다. 아무리 많은 곳에서 우리 회사 인수에 관심을 표하더라도, 끝까지 가는 경우는 극히 드물다고. 중간중간 돌발 변수가 많기도 하고, 마지막 단계에서 무산되기도 한다고. 어떤 대표님은 계약서 도장 찍는 단계에서 딜이 깨지는 경험을 해보니 정말 멘탈이 나간다고도 했다. 하지만 극도의 정신력으로 다른 잠재 인수자를 만나는 사이클을 한 바퀴 더 돌고 나니 매각이 성사되었다는 이야기도 솔직하게 들려주셨다.

누가 먼저 찾아올 때도 M&A 성사 확률이 3~5%에 불과한 것을 감안해보면, 내가 1~4월에 찾아갔던 잠재 인수자가 10곳(사업 시너지를 고려해 선별한 후보들이긴 했으나)뿐이었던 것은 통계적으로 부족한 모수였다는 생각이 든다.

셋째, M&A는 어렵기도 하지만 시간이 오래 걸린다. 1년 안에 끝나면 정말 빠른 거다. 약 5년 정도의 타임라인을 가지고 준비하는 게 좋다. 스타트업이나 중소기업 M&A는 매도자와 인수자가 원래 알던 사이, 서로 신뢰관계가 있던 사이에서 많이 성사된다. 그러므로 M&A를 목표로 한다면 나를 인수할 법한 회사의 대표 혹은 경영진과 미리 관계를 맺어두는 것이 좋다. 과거 실적이 나오지 않더라도 M&A가 된 경우는, 대체로 이렇게 라포가 형성되었을 때다.

이 영상을 보고 나서, 내가 반년 안에 M&A를 끝내고자 했던 것에 웃음이 나왔다. 당시에는 잘 몰라서 오히려 배짱 있게 질렀던 시간 계획이었다. 2025년 4월, 김강석 크래프톤 전 대표님에게 이런 질문을 했다. 만약 2023년 6월 대표님을 만나서 내 결심을 말했다면, 어떤 조언을 해주셨을 것 같냐고. 대표님은 그 결심은 지지하지만 1~2년은 걸릴 거라고, 현실적인 타임라인을 알려줬을 거라고 하셨다.

1~4월에 만난 잠재 인수자 10곳과도 그전부터 M&A를 염두에 두고 만났더라면 좀 더 다른 방향으로 시간이 쓰였을 것이라는 생각이 든다. 사업 제휴나 협업 시도를 반복해보면서 실제로 사업 시너지가 나는지, 일하는 합은 잘 맞는지 등을 테스트해보았다면 서로에게 더 효과적인 판단 근거가 되었으리라 생각한다.

누가 좋은 협상 대리인인가

앞서 '대표가 직접 잠재 인수자를 만나 회사의 매각 의사를 밝히고 인수 관심도를 체크하는 것이 과연 좋은 방법이었을까?'라는 질문을 던졌다. 물론 당시에는 깊이 고민할 겨를이 없었다. 내가 상대 회사의 최고 결정권자를 직접 아는 만큼 내가 협상의 출발점 역할을 맡은 것이었는데, 《허브 코헨의 협상의 기술 1》을 다시 읽다가 다음과 같은 문장을 만났다.

> 누구를 위해 협상한다고 할 때 가장 최악의 인물은 누구인가?
> 자기 자신이다.
> 다른 사람을 위해 협상한다면 훨씬 더 잘할 수 있다. 왜 그럴까? 어떤 협상을 하든 사람은 자신의 문제는 너무 심각하게 받아들이기 때문이다. 스스로를 위해 협상할 때 당신은 자기

자신에 관해 너무 많이 신경을 쓸 것이다. 그래서 압박감을 느끼고 스트레스를 받는다.

다른 사람을 위해 협상에 나설 때는 마음이 훨씬 편안하다. 좀 더 객관적이 된다. 그 상황이 재미있거나 게임처럼 여겨지기 때문이다. 실제로 협상은 게임이 맞다.

그렇다면 나를 위해서, 우리 회사를 위해서, 협상을 대리해줄 수 있는 좋은 후보자는 누구였을까? 실제로 A사와 B사와의 협상 단계에서부터는 주주 중 한 곳이 이 역할을 맡았다. 비록 협업해보지는 못했으나, M&A 자문사들도 선택지 중 하나다.

2025년 5월, 두 개의 티타임 일정이 있었다. 한 사람은 대학 시절부터 알고 지낸 오랜 친구이고, 다른 한 사람은 지인으로부터 소개받아 인연을 맺은 지 8년 정도 된 사이이다. 1년에 한 번 정도 만나 각자의 고민을 나누던 관계였으나, 2023년 6월에 매각 결심을 상의한 대상은 아니었다.

오랜만에 만나 근황을 이야기하다 보니 자연스럽게 매각 과정에서 있었던 일들에 대해서도 이야기가 이어졌다. 흥미롭게도 이 둘은 나에게 비슷한 말을 했다. "그때 나한테 연락하지 그랬어, 내가 도와줄 수 있었는데." 들으면서 아차 싶었다. 내가 왜 이 사람들을 떠올리지 못했을까. 분명 내 머릿속에 이들이 어떤 캐릭터이고, 어떤 일에 유능한지에 대한 정보가 있었는데도 당시엔 까맣게 잊고 있었다.

예일대 MBA에서 '관계의 전략적 관리'라는 인기 수업을 가르쳤던 마리사 킹 교수가 쓴 책《인생을 바꾸는 관계의 힘 Social Chemistry》에는 '던바의 수 Dunbar's number'라는 개념이 등장한다. 인류학자 로빈 던바에 따르면, 신석기 시대부터 오늘날에 이르기까지 인간이 공동체의 일원으로서 안정적으로 유지할 수 있는 친분 관계는 약 150명이다. 이를 던바의 수라고 하는데 이 중 10%인 15명과는 깊은 유대관계를 맺고, 10배인 1500명과는 단순히 안면만 있는 사이가 된다.

그런데 흥미로운 포인트는 이것이다. 어떤 문제에 대해 도움을 구해야 할 때 가까운 150명 안쪽의 사람들이 아니라 오히려 1500명에 해당하는 사람들, 다르게 말하면 느슨한 네트워크에 속한 사람들이 더 효과적인 해결책을 줄 수 있다는 것이다. 오랫동안 연락이 끊겨 관계가 휴면 상태인 사람에게 연락하는 것도 저자가 강력하게 권하는 방법이다. 유용하면서도 색다른 정보를 얻을 가능성이 높기 때문이다. 보고 싶은 것, 듣고 싶은 것에 갇히기 쉬운 에코 체임버 echo chamber 효과에서 벗어나도록 도와줄 수 있다는 것이다.

> 시들해진 관계에 이처럼 활용되지 못하고 있는 잠재적 가치가 큰데도 왜 사람들은 다시 연락하길 망설이는 걸까? 단지 다시 연락할 시간을 내지 못하는 것이 그 하나의 이유다. 계속 연락하지 않았던 것 때문에 무안한 마음 역시 흔한 걸림돌이다. 부담을 주고 싶지 않거나 부탁하기 망설여져서 다시 연락을 못하는 사람들도 있다. 하지만 주된 이유는 어색해질까 봐 꺼려지는 마음 때문이다. (…) 망설이지 말고 전화기를 집어 들어라. 그럴 용기가 나지 않으면 이메일을 써라. 해보면 생각만큼 그렇게 어색하지 않다. 당신이라면 당신이 친구라고 생각하는 옛 동료가 당신에게 도움의 손길을 내밀 때 기꺼이 얘길 들어주지 않겠는가?

그러므로 도움이 필요할 때는 가장 먼저 조언자 그룹과 대화를 나눠야겠지만, 그다음에 할 일은 명함첩이나 카카오톡 채팅창을 훑는 일이라는 생각이 들었다. 저절로 머릿속에 떠오르지 않더라도 이름을 보면서 '아 맞아, 이 사람이 있었지!' 하는 계기가 되기 때문이다. 그리고 이렇게 하려면, 마음속에 조금이라도 여유와 느긋함이 있어야 가능하다.

그런 의미에서 허브 코헨의 이 조언은 도움이 된다. 나 대신 협상을 맡아줄 좋은 대리인을 찾든, 불가피하게 내가 직접 협상을 진행해야 하든 말이다.

> 모든 협상에 있어서 이렇게 말하는 연습을 하라.
> "이게 잘못되면 내 인생이 끝장날까?"
> 이 질문에 대한 답변이 '아니다'라면 이렇게 말하는 연습을 하라.
> "그게 무슨 대수야!", "누가 상관해?", "그래서 뭐?"

창업자의 멘탈: 무엇을 믿을 것인가

몇 년 전, 주주 중 한 곳과 저녁을 먹으면서 들은 이야기다. 그는 미국 스타트업에도 투자하고 있는데, 그중 한 회사의 옵저버 observer 권한을 얻어 이사회에 온라인으로 참관하고 있다고 했다. 덕분에 미국 VC 문화에 대해 많이 배우는 중인데, 그 가운데 하나가 투자를 하면 창업자에게 정신과 의사나 심리상담사를 붙이는 게 디폴트 조건이라는 것이었다. 그만큼 창업자의 정신건강이 사업에 미치는 영향이 지대하다는 것을 알고 있기에, 투자자들도 여기에 비용을 들여서라도 적극적으로 지원한다는 점에 감탄했다고 한다.

나는 대학원 시절 정신과 치료를 받은 경험 덕분에 정신과에 대한 심리적 장벽이 낮았고, 운 좋게도 잘 통하는 심리상담 선생님을 만나서 창업 후 힘든 시점이 오면 정신과든 심리상담이든 적극적으로 활용하고자 했다. 더불어 모든 문제는 사후 해결보다 사전 예방이 효과적이라는 생각에 2019년 5월부터 꾸준히 퇴근 후 달리기를 해왔던 것이 큰 도움이 되었다. 신체적으로 건강해진 것도 있지만, 그보다 더 큰 변화는 멘탈이었다.

사업은 내 의지대로 되는 것이 1도 없지만, 달리기만큼은 오롯이 내 의지에 따라 결과가 나왔다. '사업 지표는 도대체 왜 이 모양인가'라고 스트레스를 받더라도 달리기 지표(1km당 속도가 더 빨라진다거나, 달리는 거리가 늘어난다거나, 한 달 동안 달리기한 날이 증가한다거나)는 얼마든지 내 힘으로 우상향 그래프를 그릴 수 있었고, 작지만 확실한 성취감을 느꼈다. 회사에서 온종일 탈탈 털리고 돌아와도, 달리기를 하고 나면 기분 좋게 잠들 수 있었다. 무라카미 하루키의 책을 그 전부터 좋아했지만, 한 인간으로서 그를 존경하며 닮고 싶은 마음이 든 것은 달리기를 시작한 이후였다.

그러나 2024년이 시작된 후에는 정신과로도, 상담으로도, 달리기로도 해결되지 않는 지경에 이르렀다. 숨 돌릴 틈 없이 바빴고, 셀 수 없을 정도로 온갖 일을 했고, 특히 눈물 마를 날이 없었던 1~2월은 실로 최악의 시기였다. 감정이 요동쳤다. "이 회사가 요즘 이런 분야에 리소스를 많이 쓰고 있으니, 빠르게 확장하기 위해 분명 우리 서비스를 가장 갖고 싶어 할 거야"라고 말하면서도 한편으로는 무서웠고, 불안했고, 두려웠다. 과연 이 일의 끝이 오긴 할까. 온다면 어떤 끝일까. 나는 그 끝을 감당할 준비가 되어 있나.

달리기를 하던 2월의 어느 날, 불현듯 이런 생각이 떠올랐다. '지금 내가 뭘 더 한다고 해서 회사 매각이 더 잘되거나 안 되는 데 미치는 영향은 아주 작을 것이다. 만약 매각이 성사된다면, 그것은 지난 10년 동안 해온 결정들 덕분일 것이다. 매각이 안 되더라도 그것 역시 지난 10년 동안 해온 결정들 때문이다. 이미 지나온 10년은 되돌릴 수 없으며, 크고 작은 수많은 결정이 켜켜이 쌓이고 쌓인 퇴적층 같은 시간이 매각을 최종적으로 결정할 것이다. 그렇다면 지난 10년 동안 내가 해온 결정들을 믿자. 그냥 믿자.'

무라카미 하루키의 2023년 작 장편소설 《도시와 그 불확실한 벽 街とその不確かな壁》에서, 이 구절에 밑줄을 그어두었다.

나는 말했다. "하지만 설령 내가 이곳을 떠나고 싶다 한들, 구체적으로 어떻게 해야 할까? 높은 벽에 엄중히 둘러싸인 이 도시에서 나가기란 결코 간단하지 않을 텐데."
"마음으로 원하기만 하면 됩니다." 소년은 조용한 목소리로 내게 고했다.
"이 방의 이 작은 촛불이 꺼지기 전에 마음으로 그렇게 원하고, 그대로 단숨에 불을 끄면 돼요. 힘차게 한번 불어서. 그러면 다음 순간, 당신은 이미 바깥세계로 이동해 있을 겁니다. 간단해요. 당신의 마음은 하늘을 나는 새와 같습니다. 높은 벽도 당신 마음의 날갯짓을 막을 수 없습니다. 지난번처럼 굳이 그 웅덩이까지 찾아가 몸을 던질 필요도 없습니다. 그리고 당신의 분신이 그 용감한 낙하를 바깥세계에서 안전하게 받아줄 거라고, 진심으로 믿으면 됩니다."

나는 '나 자신을 사랑하라' '나 자신을 믿어라' 같은 말에 잘 공감하지 못한다. 정확히는 그게 어떤 느낌이고 어떤 상태인지 잘 모르겠다. 감도 잡히지 않는다. 하지만 내가 해온 결정들, 내가 쌓아온 시간, 내가 만들어온 흔적들은 내 안에 분명하게 존재한다. 그래서 나는 '나 자신을 믿어라'라는 말보다는 내 머릿속에 존재하는 것들을 믿기로 했다. 그리고 무라카미 하루키가 나에게 해주는 이야기를 믿기로 했다. 눈물이 서서히 멈추고 봄이 오면서, 마지막 넉 달이 시작되었다.

Scene #10

끝을 향한 여정 Part 2

시기
2024년 8월 23일 금요일 오후 2시

장소
성수동 카우앤독 2층 회의실

무엇을
대표이사 퇴사 서류에 사인하다

나의 기억

2024년 5월에 한 일들(1): 회사를 쪼개서 팔자

1. 5월이 시작됨. 지나간 일들은 훌훌 털고, 새롭게 운동화 끈을 조이는 마음으로 출발함.
2. 1~4월을 1차 라운드, 5~8월을 2차 라운드라 할 때, 2차 라운드에서는 퍼블리 멤버십과 커리어리를 각각 따로 매각하기로 노선을 바꿈.
3. 1차 라운드 경험을 토대로, 두 서비스를 함께 인수할 기업을 찾기는 어렵겠다는 판단을 함. 퍼블리 멤버십은 교육/지식 콘텐츠 사업이고, 커리어리는 채용 사업이기 때문이었음. 1차 라운드에서 만난 잠재 인수자 대부분이 교육과 채용을 연계하여 사업하는 곳들임에도 불구하고 두 서비스를 동시에 인수하는 것을 다소 부담스러워했으며, 회사 상황에 따라 둘 중 하나에만 집중된 관심을 보이는 편이었음.
4. 규모가 되는 기업들도 이런 반응이라면, 2차 라운드에서는 두 사업을 쪼개어 매각하는 게 최선이라는 판단을 하게 됨. 두 사업을 쪼개서 판다면, 다소 규모가 작은 곳들도 잠재 인수자 후보로 물망에 오를 수 있다는 이점도 있었음.
5. 한편 하나의 기업에서 여러 사업을 동시에 운영한 것이 얼마나 전선을 넓혀버린 일이었는지를, 잠재 인수자들의 반응을

통해 한 번 더 확인사살당한 것에 현타가 왔음. 2024년 1월 주주에게 보낸 메모에도 관련된 생각을 적어두었음.

> 자원이 풍족할 때 오히려 본질에 집중하지 못하고, 자원이 제한적일 때 비로소 반드시 해야 할 일에 집중하게 되는 아이러니가 있습니다만, 언젠가는 자원이 풍족하면서도 반드시 해야 할 일에 집중하는 사람이 되고 싶습니다.

2024년 5월에 한 일들(2): 퍼블리 멤버십 매각

6. 먼저 진도가 나간 것은 퍼블리 멤버십이었음. 매출과 이익이 나는 서비스였기 때문에 따로 떼어내어 인수가격을 책정하기도 상대적으로 쉬웠고, 회사명과 서비스명이 동일하다 보니 알려진 브랜드였다는 것도 장점으로 작용했음.
7. 5월 중순 무렵, 잠재 인수자가 세 곳으로 좁혀짐. 각 회사는 비즈니스 상황도, 사업 전략도, 장단점도, 주주에게 제공하고자 하는 매각의 대가도 모두 달랐음. 크게 나누자면 인수가격의 지불 방식이 현금이냐 주식교환이냐의 차이였음. 여기에 새 CEO 후보자를 포함하면 총 네 가지 경우의 수가 있었음.
8. 기관 주주들의 의견을 듣고자 구글밋으로 주주간담회를 열었음. 이사회에서 각 선택지의 장단점을 설명하고 Q&A를 진행함. 마지막 순서로 참석한 모든 주주의 의견을 수렴했는데, 이 자리에서 한 방향으로 주주들의 생각이 모임. 그 결과, 우선협상대상자로 뉴닉을 선정함.
9. 5월 초, 뉴닉 대표와 만난 자리에서 그는 퍼블리 멤버십 인수

의지를 강력히 표명함. 뉴닉 대표가 제시한 논리는 네 가지였음.

    a. 뉴닉에는 매출을 낼 수 있는 새로운 비즈니스 모델이 필요하고,

    b. 뉴닉이 뉴스레터로 모아온 고객의 트래픽을 활용해 퍼블리 멤버십의 B2C 유료 고객으로 전환하면 마케팅 비용을 절약하면서 이익 창출이 가능하고,

    c. 뉴닉이 뉴스레터 광고 사업을 하면서 모은 기업 고객들을 퍼블리 멤버십의 B2B 사업 고객으로도 확장할 수 있고,

    d. 더 나아가 뉴닉의 비전이 AI 시대에 '양질의 한국어 콘텐츠'를 갖춘 디지털 IP 콘텐츠 플랫폼이 되는 것이기에, 그 차원에서 뉴닉의 뉴스레터와 퍼블리 멤버십까지 모으면 시장에서 유니크한 경쟁력을 갖출 수 있다는 판단이었음.

10. 1차 라운드의 뼈저린 교훈을 바탕으로, 이번에는 양해각서를 쓰는 단계에서부터 돈과 데드라인을 걸었음. 이것만으로도 내가 이전보다 조금은 성장한 것 같아 마음이 한결 좋았음. 최대한 빠르게 실사를 진행하여 5월 말까지 인수에 대해 최종 의사결정하는 타임라인을 제시했으나, 실제로는 1주 정도 더 여유가 필요할 것으로 예상했음.

11. 1차 라운드에서 A사, B사와 실사 작업을 타이트하게 진행해보았기에, 진행 과정에 대한 나의 이해도가 높아졌다는 이점도 있었음. 뉴닉 대표에게 제안해서 전체 프로세스(무슨 일을 할 것인가, 누가 할 것인가, 언제까지 할 것인가, 단계별로 무슨 일이 있어야 하고 yes/no에 따라 무슨 일이 후속으로 따라와야 하는가 등)의 초안을 내가 짜기로 함. 그 후에는 구글 스프레드시트로 공유하고 하나씩 체크리스트를 지워가며 함께 일을 처리해나감. 무

슨 일을 누가 언제까지 어떻게 해야 하는지 파악한 상태에서 해나가니, 1차 라운드보다 마음도 훨씬 편했음. 일에 대한 '장악력'이 나에게 얼마나 중요한지 알게 된 것도 수확이었음.

12. 6월 초, 뉴닉 대표로부터 전화가 옴. 본 계약서를 쓰자고 함. '세상에, 드디어 하나가 끝나는구나' 싶어서 몹시 기뻤음.

2024년 6월에 한 일들(1):
매각이 되면 따라오는 일들 - 돈, 사람, 커뮤니케이션

13. 본 계약서를 쓰면 매각 작업은 끝나는가? 그렇지 않았음.
14. 2018년 모 투자자와 커피를 마시는 자리에서 이런 이야기를 들었음. 스타트업 대표의 일은 '3R'로 요약할 수 있는데, 그 세 가지가 바로 IR(돈), HR(사람), PR(커뮤니케이션)이라고. 그리고 난이도는 PR, HR, IR 순으로 점점 더 올라가는 것 같다고.
15. 흥미롭게도, 본 계약서를 쓰고 나서도 이 3R의 일을 하나씩 처리해야 했음. 난이도가 높고 중요한 일부터 먼저 진행함.

IR(돈): 매각 대금을 어떻게 분배할 것인가

16. 이 일은 3~4월, A사와 B사와 논의가 오가며 실사를 진행하던 시기부터 준비 작업을 시작했음. 현금이든 주식이든 매각을 통해 받게 되는 보상을 어떻게 배분할 것인지에 대해 주주들에게 공유하며 의견을 주고받는 작업이 필요했음. 회사 전체를 한 번에 매각할 경우와 서비스를 각각 쪼개서 매각할 경우로 시나리오를 나누고, 퍼블리 멤버십과 커리어리의 기업가치를 몇 대 몇으로 배분하느냐에 따라 보상액이 달라졌기에 이

에 대한 논의도 필요했음.

17. 이 작업부터 임진빈 변호사의 일이 크게 늘기 시작함. 각 주주와 체결한 투자계약서상 각종 조건에 의거하여, 이슈 없이 깔끔하게 정리된 매각 대금 분배 엑셀 파일을 만들어야 했음. 주주들이 세금 문제를 질문할 것이 예상되었기에, 회계법인을 통해 세후 금액에 대한 계산 검토도 병행했음.

18. 한 가지 더 준비했던 것은 '만약 주식이 아니라 현금으로 매각 대금을 받는다면 어떻게 분배할 것인가?'에 대한 것이었음. 당시 회사가 주주들에게 현금을 분배하려면 현행 상법상 크게 두 가지 방법이 있었음. 하나는 배당이고, 하나는 유상감자임. 배당은 법인에 배당가능이익이 있을 때만 가능한데 우리는 적자 기업이었기 때문에, 유일한 방법은 자본금을 줄이는 대신 주주에게 대가를 지불하는 유상감자였음.

19. 뉴닉과 본 계약서를 체결하면서 매각 대금을 분배하기 위한 실제 작업이 시작됨. 이사회 논의를 거친 후, 주주 전원에게 매각 대금이 적힌 엑셀 파일을 공유함. 이 파일에서 각 주주가 받게 되는 보상액을 모두가 동일하게 확인할 수 있도록 함.

HR(사람): 누가 이직할 것인가

20. 매각의 형태는 영업양수도 방식이었기 때문에, 본 계약서 체결 후에는 이를 위한 일들이 진행됨. 서비스 이관에 필요한 데이터 이전 업무(콘텐츠 데이터, 고객 데이터, 여러 가지 SaaS 권한 이전 등)가 한 축이었다면, 팀원 중 누가 뉴닉으로 이직할지는 다른 한 축이었음. 서비스를 인수해 가는 입장에서는 안정적인 운영을 위해 기존 팀원이 필요하다면, 팀원 개인에게는 인생의 중요한 결정을 내려야 하는 순간이기에 뉴닉 대표와 팀원

들이 개별 면담을 진행한 뒤 상호 동의할 경우 이직하기로 결정함.

21. 영업양수도가 완결되어 퍼블리 멤버십이 완전히 넘어가는 시점은 7월 초였음. 그래서 이직을 하는 팀원도, 이직하지 않기로 한 팀원도, 퇴사일을 6월 말로 정함. 이직하는 팀원 중에는 리더급 세 명이 있었음. 이들과는 마지막 날 함께 저녁 식사를 하며, 그동안 정말 고생했다고 눈물 대신 웃으면서 인사를 나눴음.

PR(커뮤니케이션): 외부에 언제 어떻게 알릴 것인가

22. 외부 커뮤니케이션 대상은 콘텐츠 소비자인 퍼블리 멤버십의 고객, 콘텐츠 공급자인 저자, 그 밖에 언론사에 보도자료를 배포해 공식적으로 알리는 것까지 세 그룹이었음. 저자를 상대로 알리는 것과 보도자료 배포 시점을 거의 동일하게 가져가기로 하고, 마지막을 고객으로 정리함.

23. 원래는 보도자료 배포 시점을 영업양수도가 완결된 이후인 7월로 생각했음. 그러나 영업양수도 작업에는 콘텐츠 이관을 위해 저자 동의가 필요했고, 저자가 수백 명인 데다 스타트업 관계자들도 많았음. 저자 동의를 구하느라 커뮤니케이션하는 과정에서 시장에 알려질 수밖에 없다고 생각함.

24. 뒤에서 소문이 도는 것보다 선제적으로 공식 커뮤니케이션을 하는 게 낫겠다고 판단했음. 보도자료의 주체는 인수한 기업이 내는 게 맞다고 생각해 뉴닉이 초안 작성 및 배포 업무를 담당함. 보도자료 초안은 이사회 동의를 받은 후 6월 중순쯤 배포함.

25. 한편 보도자료가 배포되기 전, 가족에게는 먼저 알려야겠다고

생각함. 기사를 보고 가족이 알게 되는 일은 없어야 했기 때문임. 마침 6월 제부 생일을 맞아 부모님 댁에서 가족 식사 자리가 잡혀 있었음. 만나기 며칠 전 가족 단톡방에 간단히 상황을 공유했음.

26. 일요일 점심, 가족들이 모두 모인 자리에서 식사를 마친 후 디저트를 먹을 무렵, 미리 출력한 A4 용지 3~4장 분량의 자료를 나눠줌. 속으로는 떨리는 마음이었지만, 겉으로는 아무렇지 않은 척 담담하게 자료를 보며 천천히 이야기를 시작했음. 가족 중에는 스타트업 생태계에 종사하는 사람이 없었기에 이를 감안해 되도록 쉽게 설명하려 했는데, 내가 왜 그만두기로 결심했는지에 대해서만큼은 솔직하게 전달했음. 창업 후 가족들에게는 한 번도 힘들거나 어려운 이야기를 꺼낸 적이 없었기 때문에, 다들 놀랐을 거라 생각함.

27. 첫 장을 설명하던 중 올케가 울기 시작했고 그다음은 여동생, 연이어 엄마가 울면서 나도 눈물이 터졌음. 기력을 끌어모아 마지막 장까지 다 이야기하고 나니, 가족 모두가 한 사람씩 나를 포옹해주었음. 그 눈물에는 슬픔이나 서러움보다는 그동안 고생했고, 10년 동안 잘해왔고, 새로운 시작을 축하한다는 긍정적인 의미가 담겼기에 마음이 평온했음. 아빠는 끝까지 잘 마무리하고, 주주들과 법적으로 아무 문제 없이 정리하는 것이 가장 중요하다고 말씀해주셨음.

28. 보도자료가 배포됨. 어떤 반응일지 약간 신경 쓰였지만, 아무것도 알고 싶지 않았기에 아무 곳도 들어가지 않았음. 나에게 먼저 연락한 사람은 10명 안쪽이었음. 창업 초기에 인연을 맺었던 저자와 개인적 친분이 있는 몇 사람 외에는 먼저 연락하는 사람이 없었는데, 나에게 연락하는 걸 조심스러워하지 않

았을까 싶음. 마음을 써서 연락해준 사람들도, 연락을 유보한 사람들도 모두 고맙게 생각함.

29. 6월 말, 전체 고객을 대상으로 공식 이메일을 발송함. 법적 고지를 위해 개인정보가 이관된다는 안내뿐 아니라, 개인적인 생각을 좀 더 담아서 감사 인사를 길게 쓴 메일이었음. 오른쪽은 메일 중 일부임.

30. 이 메일을 보낸 후 고객들로부터 20통가량 회신 메일이 왔음. 하나하나 읽으면서 눈물이 살짝 나기도 했고, 그래도 지금까지 내가 괜찮게 해온 것 같다는 생각도 함. 이 이메일들은 지금도 내 메일 받은편지함에 그대로 보관되어 있음.

2024년 6월에 한 일들(2): 커리어리 매각

31. 6월 초 뉴닉과 본 계약서를 체결한 후, 본격적으로 커리어리 매각이 진행됨. 7월 초에 퍼블리 멤버십 영업양수도까지 완결되고 나면 회사에는 커리어리라는 서비스와 소희, 은별, 나만 남는 아주 단출한 상황이 될 예정이었음. 즉 커리어리 매각은 곧 주식회사 퍼블리라는 법인의 매각을 의미했음. 커리어리의 잠재 인수자를 찾기 위해 다시 여러 팀을 만남.

32. 주주 중 한 곳의 소개로 시소를 만남. 흥미롭게도 시소의 대표와는 2015년부터 안면이 있었음. 법인 설립 시점부터 1년 동안 다각도로 도움을 많이 받았는데, 오랜만에 다시 만난 것. 시소는 그의 세 번째 창업임. 개발자 아웃소싱 비즈니스를 본업으로 돈을 벌고 있었는데, 최근에는 채용공고 데이터를 활용한 AI 서비스를 시작해 막 달리던 중이었음. 그는 커리어리

[퍼블리] 중요: 박소령님께 드리는 감사인사 및 영업양수도로 인한 개인정보이전 안내

받은편지함

✦ 이메일 요약

퍼블리 CEO 박소령 <hello@publy.co>
나에게

2024년 6월 25일 (화) 오후 4:27

박소령 님께,

안녕하세요, 주식회사 퍼블리 대표 박소령입니다.
2024년 상반기가 곧 끝나가고, 새로운 절반이 다가오기 직전입니다. 2024년을 시작할 때 목표하고 기대하셨던 바들이 차곡차곡 진행되고 있기를 바라겠습니다.

제가 오늘 메일을 드리게 된 까닭은, '퍼블리 멤버십' 서비스의 중요한 변화에 대해 퍼블리 고객인 박소령님께 직접 말씀을 드리기 위해서입니다. 조금 긴 메일이지만, 찬찬히 읽어주시면 감사하겠습니다.

1. 이미 기사를 통해 보셨을 수도 있겠지만, 주식회사 퍼블리는 퍼블리 멤버십 사업을 주식회사 뉴닉에 영업양수도하기 위한 절차를 현재 진행 중이며, 2024년 7월 1일부터 퍼블리 멤버십 사업은 뉴닉이 운영을 맡게 됩니다.
2. 뉴닉은 퍼블리 멤버십 사업을 독립적인 브랜드로 운영할 계획이며, 그동안 퍼블리 멤버십을 만들어온 팀원들 중 일부도 뉴닉으로 함께 이동할 예정이기 때문에, 퍼블리 멤버십 사업의 지속성은 계속될 것입니다.

퍼블리는 신뢰할 수 있는 양질의 한국어 콘텐츠를 고객이 돈을 내면서 만족스럽게 소비할 수 있는 생태계를 만들고자 했고, 주간 뉴스레터와 크라우드 펀딩 비즈니스 모델을 약 2년간 실험한 끝에 2017년 7월부터 정기구독 비즈니스 모델로 퍼블리 멤버십을 시작했습니다.

퍼블리 멤버십 런칭 당일, 사무실 화이트보드입니다.

만 7년동안 퍼블리 멤버십이 수많은 변화를 거듭하면서도, 미션은 동일하게 계속 서비스가 이어질 수 있었던 이유는 박소령님을 비롯한 고객분들 덕분입니다. 귀중한 돈과 시간을 퍼블리에 사용해 주신 고객분들이 계셨기에, 보내주신 목소리들이 저희 팀에 무한한 힘이 되었고 때로는 정신이 번쩍드는 죽비가 되기도 했습니다.

퍼블리 멤버십은 앞으로 뉴닉과의 브랜드 시너지를 바탕으로, 한국의 지식 및 정보 콘텐츠 시장에서 한발 더 크게 나아가려 합니다. 앞으로도 애정과 응원, 그리고 피드백을 아낌없이 부탁드리겠습니다.

그동안 진심으로 감사했습니다.
박소령님의 일과 삶에 있어, 단단한 행운을 빌겠습니다.

고맙습니다.

퍼블리 멤버십 서비스를 만들어 온 모든 팀원들을 대표하여,
박소령 드림

를 활용해 AI 채용 서비스에서 제공하고자 하는 기능들을 빠르게 테스트할 수 있다는 점을 긍정적으로 보았음.

33. 이사회가 시소 대표와 미팅한 후, 매각 조건을 빠르게 협상함. 시소는 매각 대가로 주식교환을 원했고, 이사회도 이에 동의함. 시소는 주주 구성이 단순했기 때문에 의사결정이 빨랐고, 주식교환 조건을 신속하게 보내옴.

34. 커리어리 매각 건에 대해서도 전체 기관 주주들의 의견을 듣고자 구글밋으로 주주간담회를 열었음. 이전과 마찬가지로 이사회에서 먼저 조건을 설명하고, Q&A를 진행함. 마지막으로 참석한 모든 주주의 의견을 수렴하고, 우선협상대상자로 시소를 선정함.

2024년 7월에 한 일들(1): 디데이를 정하다

35. 나로서는 네 번째 실사가 시작되었음. 일이 손에 착 붙는 느낌에 편안한 마음마저 들었음. 시소와 양해각서를 체결하면서 돈과 데드라인을 걸었음. 법률 및 회계실사 역시 앞서 만들어 둔 자료가 있어 어렵지 않았음. 실사해야 하는 범위가 단출한 데다 커리어리는 더욱 단순한 서비스였기 때문에 실사 기간이 오래 걸리지 않았음. 시간을 단축하고자 커리어리 서비스의 인수인계 작업도 곧바로 진행함.

36. 한편 퍼블리 멤버십 매각 당시 아쉬운 지점이 하나 있었는데, 실사 시작 시점에 주요 이해관계자가 대면으로 만나 앞으로 누가, 무엇을, 언제 할 것인지 논의하는 자리가 필요하다는 것이었음. 각자 다른 방식으로 일해온 사람들이 처음 협업해야

할 때 온라인 커뮤니케이션만으로는 부족하다는 생각을 함. 직접 만나 악수도 하고, 명함도 주고받고, 아이스브레이킹하는 대화도 하며 인간 대 인간으로 서로를 알아두는 관계 세팅이 초반에 꼭 필요하다고 생각했음.

37. 시소 대표에게 제안해 7월 초 자리를 마련함. 시소 대표와 시소 측 변호사, 그리고 나와 임진빈 변호사, 소희까지 함께 만나 앞으로 해야 할 일과 일정, 각자의 역할과 책임에 대해 논의하는 미팅이었음. 목적에 부합한 만족스러운 자리였음.

38. 미팅을 마무리하며 한 가지 부탁을 했음. 본 계약서 체결과 법인 인수인계에 필요한 일들을 앞으로 한 달 안에 다 끝내자고. 추가로 일주일 정도 여유를 둔다면 마침 8월 15일 광복절이니, 나는 8월 14일에 공식적으로 퇴사하고 광복절 아침을 퇴사한 채로 맞이하고 싶다고, 웃으면서도 진지하게 모두에게 부탁했음. 애당초 목표로 삼았던 6월 말 퇴사는 달성하지 못했지만, 8월에는 진짜로 나의 '광복'을 맞이하고 싶었고, 이것이 디데이였음.

39. 퇴사 시점이 중요했던 현실적인 이유는 퇴직금으로 양도소득세를 내야 했기 때문이었음. 공동창업자와의 지분 정리 이슈로 인해 내가 내야 할 세금은 1억 원을 훌쩍 넘겼는데, 그 세금의 납부 기한이 8월 31일이었음. 회사를 시작한 후 내 보상은 주식으로 받는 것이 창업자로서 맞다고 생각해 월급은 생활이 가능한 수준으로만 받아왔음. 그래서 여유 자금이 별로 없었고, 세금을 내려면 8월 안에 퇴사해야만 했음. 이사회도 이 사실을 알고 있었음.

2024년 7월에 한 일들(2): 현금 잔고와의 투쟁

40. 매각 과정을 챙기는 일 외에도 7월에 내 시간과 에너지를 많이 썼던 업무가 두 가지 더 있었음.

41. 첫 번째는 법인 매각 또는 파산/청산 시 필요한 법적, 행정적, 세무적 절차들과 인수인계에 필요한 온갖 일들을 완료하는 것이었음. 피인수되어 다른 회사의 자회사가 될 경우, 해당 법인이 해야 하는 일은 아주 사소한 것(예: SaaS 결제에 걸려 있는 법인카드를 인수 회사 카드로 변경)부터 놓치면 안 되는 중요한 일(예: 필요한 납부세액을 체크해서 납부 완료하는 것)까지 대단히 많았음.

42. 소희, 은별과 구글 스프레드시트에 체크리스트를 만들었음. 무슨 일인지, 누가 담당하는지, 언제까지 해야 하는지, 비용이 수반되는 일이라면 돈이 얼마나 필요한지 등. 이 시트에 적힌 항목은 120~130개였고, 셋이 하나씩 체크하며 완료해나갔음. 화이트보드와 포스트잇도 적극 활용함.

43. 두 번째는 현금 잔고와의 투쟁이었음. 4월부터 소희, 은별과 여러 시나리오별로 현금 잔고가 어떻게 달라질지 예측하고, 현금 지출을 타이트하게 통제하고 있었음. 크게는 매각되었을 경우와 파산/청산을 할 경우로 나누고, 2024년 연말까지 매월 말일 기준 예상 잔고를 계산해둠. 영업양수도가 완결된 이후에는 앞으로 들어올 현금 유입은 거의 없었으나, 지출 측면에서는 여전히 불확실성이 남아 있었음. 법인을 매각하든 정리하든 이 과정에서 어떤 비용이 어디에서 튀어나올지 알 수 없었으므로.

44. 현금 잔고 관리가 중요했던 이유는 이사회에서 퍼블리 멤버

섭 매각대금 분배 시 회사의 현금 잔고도 합쳐서 분배하기를 원했기 때문이었음. 주주들에게 내가 할 수 있는 마지막 책임감으로, 분배할 수 있는 현금 잔고를 최대치로 확보하고자 했음. 또한 큰돈을 떼어내는 것이다 보니 추후 예상치 못한 비용이 나오면 괴로운 상황이 발생하기 때문에, 이를 피하고자 두 눈을 부릅뜨고 이중, 삼중, 사중 체크할 수밖에 없었음.

45. 그래서 꼭 나가야만 하는 돈, 특히 세금과 SaaS 비용은 1원 단위까지 세세하게 따지는 작업이 필요했음. 세금과 SaaS 비용은 후행적으로 나가는 돈이 많기 때문에 미리 계산해두어야 했음. 팀원이 퇴사하면 후행으로 나가는 4대 보험료가 있었고 (내가 퇴사한 후에도 마찬가지임), SaaS 역시 후불 결제가 많았음. 은별과 소희에게 이 숫자들을 다 구글 스프레드시트에 정리해 꼼꼼히 점검하도록 부탁했음. 시소와 협상하면서도 이 두 가지 돈에 대해 하나씩 다 리뷰함. 최대한 문제없이 깔끔하게 법인을 넘기고자 하는 마음이 컸고, 문제의 소지가 있다면 사전에 충분히 고지하고자 함.

46. 그럼에도 불구하고, 이 시기에는 현금 잔고가 하루 단위로 수천만 원씩 요동쳤음. 예측하지 못한 큰 비용이 갑자기 튀어나오기도 하고, 반대로 예측했던 비용이 크게 줄어드는 경우도 있었음. 어떻게든 비용을 아끼기 위해 매일 매일 고민하고 애쓰면서, 현금 잔고 예측 시나리오와 실제 잔고를 정리한 구글 스프레드시트를 애착인형마냥 끼고 살았음. 현금 잔고가 오락가락하면 내 마음도 함께 롤러코스터를 타던 날들이었음.

47. 한편 7월에는 사무실을 삼성동에서 성수동 카우앤독으로 옮겼고, 소희와 은별의 퇴사일도 정함. 소희는 몇 달 전 여행 일정을 잡아둔 상태였음. 그렇게 하지 않으면 계속 일에 끌려다

닐 수밖에 없으니 현명한 선택이었음. 둘은 같은 날 퇴사하기로 했고, 둘과 공식적으로 일하는 마지막 날은 7월 19일 금요일이었음. 퇴사 이후에도 시소와의 매각이 완전히 종료되기 전까지 파트타임 재택근무로 좀 더 도와달라고 부탁하자, 둘은 주저 없이 그러겠다고 함. 고마웠음.

48. 마지막 근무일, 셋이서 서울숲 옆 식당에서 점심을 같이 먹었음. 밥 먹기 전에 손으로 쓴 카드를 건넸는데, 카드를 읽기 시작한 소희가 울기 시작하자 나도 함께 눈물이 터짐. 은별은 이 상황이 익숙하다는 듯 티슈를 챙겨줌. 이날은 운 좋게도 날이 덥지 않아 밥을 먹은 후 서울숲 산책을 함께했음. 처음이자 마지막으로 일 이야기를 하지 않은 채 셋이 보낸 시간이었음.

2024년 7월에 한 일들(3): 몸을 혹사시키며 버티다

49. 문제는 7월이 시작되면서 내 건강이 급격히 나빠진 것이었음. 온몸이 나에게 고함을 치는 것 같았음. 어떻게든 버텨오다 몸에 한계가 온 것 같았음.

50. 7월 초, 어깨와 목의 근육통이 심해 밤에 잠을 제대로 자지 못해 아침 일찍 동네 한의원에 갔음. 평소라면 정형외과를 갔을 텐데, 그날 따라 무슨 기분이 들었는지 침을 맞아보면 어떨까 하는 생각에 간 것이었음. 그런데 침을 맞기 전 부항치료를 받다 팔에 2~3도 화상을 입게 됨.

51. 이렇게 심한 화상을 입은 것은 난생처음이었는데, 극심한 통증을 8월 말까지 겪음. 이틀에 한 번, 심할 땐 매일 화상전문외과에 다니면서 치료를 받음. "팔 안에서 뭔가 잘못되어서 제

살이 썩고 있나요?"라고 의사에게 물어볼 정도로 통증이 심해서 밤에 잠을 잘 자지 못했고, 특히 화상 부위가 매트리스에 닿는 탓에 자다가 조금만 움직여도 통증으로 깨기 일쑤였음.

52. 일하는 시간을 쪼개어 병원에 다니는 것도, 화상 부위를 계속 소독하며 습윤밴드를 교체하는 것도 일이었음. 한의원이 가입한 보험회사와 손해배상 건으로 논의도 해야 했음. 의료소송을 전문으로 하는 변호사들과 상의한 끝에 소송 대신 보험회사와 합의하기로 결정함. 이유는 간단했음. 내 시간이 가장 중요하니까.

53. 화상 외에도 7~8월에는 몸의 여기저기가 고장 나듯 아파서 병원비가 급증함. 화상전문외과에서는 회복까지 4~6주를 예상했지만 실제로는 두 배가 걸렸는데, 아마도 전반적인 컨디션이 워낙 좋지 않아 회복할 에너지가 없었던 것 같음.

54. 그러나 몸이 아픈 건 아픈 거고, 일에서 오는 스트레스를 어떻게든 이겨내고자 내가 선택한 방법은 오히려 몸을 더 많이 굴리는 것이었음. 달리기는 물론이고, 2023년 12월부터 다니기 시작한 피아노 학원과 2024년 1월부터 다니기 시작한 발레 학원도 횟수와 강도를 더 높임. 여기에 2024년 5월부터는 일본어 학원도 추가했는데, 아침 7시 수업을 주 3회 들음.

55. 이렇게 나를 혹사하는 것이 신체적으로 좋은 선택은 아니었겠으나 정신적으로는 그래서 버틸 수 있었던 것 같음. 일에서 얻는 고통을 잠시라도 잊고자 한 것도 있었고, 내 인생의 소중한 시간을 이렇게 무의미하게(퇴사를 목표로 했던 6월이 지나자 7~8월에 이 감정이 더욱 강렬했음) 흘려보내는 것을 참을 수 없었음. 그래서 달리기, 피아노, 발레, 일본어처럼 일과 전혀 관계없는 것에서 성취감을 얻어가며 어떻게든 시간을 버티고자 했음.

2024년 8월에 한 일들(1):
문제가 생기면 가장 박살 날 사람은 누구인가

56. 마지막 두 달 동안 내가 가장 강렬하게 그리고 처절하게 배운 교훈을 딱 하나로 요약하자면, '그 누구도 나만큼 절실하지 않다면, 즉 일이 잘못되었을 때 내가 가장 박살 날 사람이라면, 그 일은 내가 책임지고 반드시 장악해야만 한다는 것'이었음.
57. 이 교훈을 깨닫게 해준 사례들이 흥미롭게도 동시다발적으로 발생했는데, 그중 하나를 적어봄.
58. 법인 매각을 위한 본 계약서 체결을 앞두고, 실사 시작 시점에 한 가지 검토를 진행함. 시소와 진행하기로 한 주식교환 체결 방식에는 두 가지 선택지가 있었음.
    a. 하나의 계약서로 두 회사의 주식을 한 번에 통째로 교환하는 포괄적 주식교환.
    b. 우리 회사의 주주가 개별적으로 시소와 계약서를 작성하는 개별 주식교환 방식.
59. 법률적, 세무적 검토를 거쳐 이사회와 두 선택지의 장단점을 논의한 결과, 개별적으로 주식교환하는 방식을 택함. 가장 큰 이유는, 개별적으로 주식교환을 할 경우 커뮤니케이션할 일은 많지만, 포괄적 주식교환을 하기 위해 계약서 문구를 하나로 조율하여 모두가 합의하는 데 드는 시간보다는 훨씬 진행이 빠를 것이라는 판단 때문이었음.
60. 그러나 빠르게 진행하려는 목적으로 이 방식을 선택했음에도, 본 계약서 체결에 진전이 없는 채로 7월이 지나감. 각 주주와 시소 간의 개별적 주식교환이었기에, 나는 양자 간의 커뮤니케이션 체인에서 빠지게 되어 어떤 대화가 오가는지 알 수 없

기도 했음.

61. 8월이 시작되었음. 퇴사를 목표로 한 광복절까지 2주밖에 남지 않았으나, 아직도 본 계약서 초안에 대한 기관 주주들의 피드백이 오지 않은 상황이었음. 주주마다 내부 의사결정 프로세스가 다양했음. 빠르게 승인이 나 수월한 곳도 있지만, 컴플라이언스 기준이 까다롭거나 내부 품의를 구하는 절차가 복잡하거나 승인을 위한 부가자료를 추가로 요청하는 곳들도 있었음. 반면 시소는 주주 구성이 심플했기 때문에, 이렇게까지 기관마다 의사결정 절차가 다채로울 거라고는 미처 예상하지 못했을 것 같음. 결국 진행 속도에 액셀을 밟고자, 내가 도움 될 수 있는 부분은 좀 더 적극적으로 참여하기로 함.

62. 이와 별개로, 7월 중순 이사회에서 리픽싱 Refixing (기업가치 하락 시 기존 투자자의 지분율을 보전해주는 조건) 어젠다가 나왔음. 퍼블리 멤버십의 매각 대가를 배분하는 것도, 매각에 따른 주식교환을 하는 것도, 모두 리픽싱이 된 것으로 간주하고 진행해왔음. 하지만 이제는 법적으로 문제없도록 계약서대로 리픽싱을 발동해서, 주주명부를 정식으로 바꿔놓고 주식교환을 마치는 것이 좋지 않겠냐는 의견이었음. 이 대화는 전화 통화로 이루어졌는데 '누가 무엇을 언제까지'에 대한 결정을 명확히 하지 않고 통화가 마무리됨. 이렇게 끝나는 논의는 실행이 흐지부지하게 되는 경우가 많은데, 내가 딱 그 꼴이었음.

63. 시간이 빠르게 흘러 어느덧 광복절이 되었음. 그러나 기관 주주들 중 단 한 곳도 계약서에 날인하지 않았음. 계약서 초안에 대한 적극적인 피드백이 뒤늦게 오가면서 세부 조항 조율에 시간이 걸렸고, 어떤 주주는 아예 처음부터 다시 계약서를 쓰는 게 좋겠다는 피드백을 하는 등 상황은 점점 더 오리무중으

로 흘러감. 미칠 것 같았음.

64. 광복절 다음 날인 8월 16일 금요일, 여느 때와 마찬가지로 현금 잔고와의 투쟁과 주주 커뮤니케이션을 정신없이 하던 중 이사회로부터 리픽싱 어젠다가 또다시 나옴. 공식적으로 리픽싱을 완료해서 주주명부를 바꾼 다음 본 계약서 체결을 완료하자는 것이었음. 이 말을 두 번째 듣고서야 깨달음. 아, 망했다….

65. 알겠다고, 내가 직접 처리하겠다고 했음. 전화를 끊고 나서 눈물이 터졌음. 이 상황 자체도, 나 자신에게도 너무 화가 났음. 이럴 거였으면 처음부터 포괄적 주식교환을 할걸. 그랬으면 내가 주주들과 직접 커뮤니케이션해서 하나의 계약서로 빨리 동의를 받았을 텐데. 포괄적 주식교환을 했더라면 리픽싱도 7월에 진즉 처리할 수 있었을 텐데. 다수의 기관 주주를 대상으로 계약서에 날인받는 것이 얼마나 어렵고 복잡한 일인지 지난 10년의 경험으로 뻔히 알고 있으면서도, 왜 내가 직접 빠르게 처리할 생각을 하지 못했는가. 조금이라도 시간을 아껴보겠다고 택한 방법이 오히려 시간을 더 허비하게 만든 꼴이었음.

66. 감정을 추스르고 화이트보드에 해야 할 일을 정리함. 가장 시급한 일은 단연 리픽싱이었음. 유상감자 건으로 협업했던 법무사에게 곧바로 전화함. 리픽싱에 대한 주주 동의 및 등기소 등기까지 최단시간에 해내야 했음. 금요일 저녁에 바로 일을 시작해서, 3일 만에 등기까지 완료한 후 주주들에게 변경된 주주명부를 공유함.

67. 7월 말에 끝날 수 있었던 일을 8월 말까지 붙잡게 되면서, 뼈에 사무치게 배운 강렬한 교훈이 있었음. '이 일이 잘못될 때

가장 박살 날 사람이 누구인가?' 그 사람이 바로 나라면, 내가 직접 달라붙어서 챙기는 것이 정답이라는 것이었음. 본 계약서 체결이 늦어져도, 그래서 내 퇴사가 늦어져도, 애가 타는 건 오로지 나뿐임. 8월 31일에 세금을 내야 하는 건 바로 나니까! 내 인생의 귀한 하루하루가 사라지고 있으니까!

68. 이 깨달음은 여러 상황에 적용되는 보편적인 원칙이었음. 계약서를 쓸 때도 마찬가지였음. '이 계약서를 꼼꼼하게 검토하지 않아서 나중에 문제가 생기면, 가장 손해 보는 사람이 누구지?'라는 질문에 답이 나라면, 내가 그 누구보다 눈을 부릅뜨고 한 줄 한 단어 다 체크해야 함. 현금 잔고도 마찬가지임. 현금 잔고 계산에 실수가 생기면 가장 박살 날 사람은 바로 나였음. 그래서 2016년부터 기장 업무를 맡아온 회계사에게 전화를 걸어 맥락을 설명하면서 부탁함. "만약 여기에서 오류가 생겨 현금 잔고에 펑크가 나면 제 개인 돈으로 물어야 해요. 그래서 제가 두 번 세 번 계속 체크하는 것이니, 제발 도와주세요."

69. 레이 달리오는 책 《원칙》에서 이렇게 썼음.

> 실패의 결과를 당신이 감당해야 한다면 최종적인 책임 당사자는 당신이다. 예를 들어 당신이 질병에 대한 치료 방법을 찾아내는 일을 의사에게 위임할 수 있지만, 의사가 잘못할 경우 그 책임은 당신이 감당해야 한다. 그렇기 때문에 올바른 방법을 선택하는 책임은 당신에게 있다.
>
> (…)
>
> 최종적인 책임 문제는 돈과 관련이 있을 때 더욱 크게 드러난다. 다른 사람에게 재무에 대한 감독 책임을 위임하면 그들은 자신의 돈처럼 당신의 돈을 책임지지 않을 것이다. 최종적인 책임 당사자만이 그렇게

할 수 있다.

2018년에 이 책을 처음 읽었을 때는 이 문장이 무슨 의미인지 전혀 알지 못했음. 하지만 지금은 알고 있음. 레이 달리오가 구체적인 사례를 들진 않았지만, 그가 얼마나 큰 고통 끝에 이 문장을 썼을지 충분히 짐작되는 느낌이었음.

70. 그리고 무엇보다도, 창업자는 회사가 잘못될 때 가장 '박살 날' 사람임.

2024년 8월에 한 일들(2): 최후의 스퍼트

71. 8월 16일, 강렬한 교훈을 얻은 후 마지막 스퍼트를 각오함. 이 사회에는 다시 한번 강조하여 커뮤니케이션했음. 세금 납부 마감일이 8월 31일이고, 어떤 변수가 생기더라도 대응할 수 있도록 내 퇴사일은 일주일 후인 8월 23일이어야 한다고. 만약 이날까지 본 계약서 체결이 완료되지 않으면, 그다음엔 임시로라도 새 CEO로 누군가를 앉혀야 한다고. 못을 박고자, 8월 23일에 퇴사 서류 작성을 위한 미팅도 미리 잡아둠.

72. 그리하여 8월 16일부터 23일까지 일주일 동안 동시다발적으로 다양한 카테고리의 일들이 숨 가쁘게 돌아감. 어떻게든 끝을 내야 한다는 의욕이 높았음. 그 끝을 내기 위해서는 내가 주도적으로 일을 챙기고, 상대에게 두 번 세 번 확인하고, 답이 없을 땐 전화든 미팅이든 수단과 방법을 가리지 않았음. 반드시 일을 완결짓겠다는 각오가 최고조였음. 화이트보드와 포스트잇, 구글 스프레드시트가 나를 움직이게 함.

73. 1년 전 결심했던 대로, 내가 법인의 마지막을 책임지고 마무리하고 있다는 감각도 한편으로는 좋았음. 회사의 시작과 끝을 내 손으로 직접 해내고 있다는 것이 만족스러웠음.

74. 마지막 변수는 투자계약서상 대표이사 퇴사제한 약정이었음. 나의 퇴사에는 IPO나 M&A 등 특정 시점까지 제한이 있었고, 이를 위반하여 퇴사할 경우 위약벌이 걸려 있었음. 다만 투자자의 사전 서면동의를 받으면 예외로 인정된다는 조항이었음.

75. 주주들과 주식교환이 다 완료되면, 퇴사제한 약정에서 자유로워질 수 있음. 문제는 노력에도 불구하고 8월 23일까지 본 계약서 체결이 완료되지 않을 경우였음. 그때는 어떻게 할 것인가? 여기에 대한 솔루션을 다시 고민해야 했음. 왜냐하면, 잘못되면 결국 박살 나는 건 나였기 때문임.

76. 임진빈 변호사와 이 건에 대해 상의함. 그는 법률적으로는 투자자들의 동의를 구하는 게 안전하지만, 이미 주주들이 시소와 주식교환 계약서를 체결하기 직전인 데다 내 퇴사를 인지하고 있으니 퇴사 하루 전에 주주들에게 이메일로 알리는 방식도 괜찮다고 조언해줌. 만약 이슈를 제기하는 주주가 있다면, 그때 대응하자고도 덧붙였음.

77. 이사회와 시소에도 향후 타임라인을 공유함. 나의 퇴사 서류는 8월 23일 금요일에 작성하되 서류상 공식 퇴사일은 8월 26일 월요일로 하고, 주주들에게는 8월 23일 금요일에 미리 메일로 안내를 드리겠다고 함.

2024년 8월에 한 일들(3): 퇴사

78. 모든 주주들의 날인된 계약서가 시소에게 도착한 것은 8월 23일 금요일 오전이었음. 마치 농구 경기에서 버저비터가 터지는 순간을 보는 기분이었음.

79. 같은 날 오후 2시, 시소 대표와 시소 측 변호사, 나와 임진빈 변호사까지 넷이 카우앤독에서 만나기로 함. 임진빈 변호사는 혹시 모를 상황에 대비해 직접 참석해 이슈가 생기면 바로 해결해주겠다고 함. 정말 고마웠음.

80. 2층 회의실에서 만났을 때, 무사히 본 계약서 수령이 완료되었기에 모두가 기쁘고 홀가분한 상태였음. 시소 측 변호사가 준비해온 서류들을 임진빈 변호사가 체크하며 문제없다고 확인해준 다음, 나는 법인 인수인계에 필요한 모든 것(사업자등록증, 법인통장, 법인인감, 법인인감카드 등)을 시소 대표에게 전달함.

81. 최종적으로 할 일은 내 퇴사 서류를 작성하는 것이었음. 시소에서 준비해온 사직서를 찾을 수 없어서, 내가 직접 내 사직서를 출력하러 다녀오는 해프닝이 있었음. 대표이사의 퇴사 서류는 자필 서명이 아니라 개인인감으로 날인해야 한다는 것도 이날 처음 알게 됨.

82. 몇 글자 없는 간단하기 그지없는 한 장짜리 사직서를 보는 순간 오만가지 감정이 물밀듯이 밀려왔음. '죽음을 앞두면 지난 삶이 주마등처럼 스쳐 지나간다'는 표현처럼, 나 또한 그러했음. 지난 10년의 장면들이 갑자기 머릿속으로 파파팍 쏟아져 들어왔다가 다시 밀물처럼 빠르게 빠져나감.

83. 서류에 날인하는 순간, 회사와 나는 결별하는구나 싶어 한없이 슬프기도 하고, 동시에 드디어 자유를 얻었다는 해방감에

소름 끼칠 만큼 기쁘기도 했음. 법적 문제 없이 이 서류 한 장을 얻어내기 위해 지난 1년 2개월 동안 버티고 버텨냈다는 사실에 대해 회한과 자부심이 동시에 들었고, 10년간 나와 회사를 하나로 묶어왔던 무거운 쇠사슬이 드디어 툭 끊어지는 느낌도 들었음. 그 짧은 순간에 퇴사 서류를 보면서 이렇게 복잡한 생각과 감정이 교차했다는 것이 신기했음.

84. 눈시울이 붉어졌지만 꾹 참았음. 내가 사직서에 개인인감을 찍는 동안, 고맙게도 두 변호사가 마지막 기념이라며 사진과 영상을 찍어줌. 눈과 코가 빨개진 채로 도장을 찍고 나서, 사직서를 손에 들고 웃고 있는 내가 있음.

85. 미팅은 30분도 걸리지 않고 끝남. 사무실로 돌아와 화이트보드를 두 장의 사진으로 남김. 할 일들이 빼곡히 적힌 화이트보드, 그리고 다 지우고 다시 백지로 돌아간 화이트보드. 짐을 챙기고 사무실 문을 닫고 밖으로 나오니 한낮이었음.

86. 그날 밤, 자정이 되기 직전 모든 주주에게 안내 메일을 보냄. 퇴사일은 다음 주 월요일이니 그사이에 질문이나 이슈가 있으면 바로 연락 달라고. 주말 사이에 모두 해결하겠다고. 이것이 내가 주식회사 퍼블리의 대표로서 한 마지막 일이 되었음.

87. 주말 동안 연락 온 주주는 없었음. 다행이었음. 다음 쪽 사진은 당시 보낸 메일임.

88. 2024년 8월 26일 월요일, 나는 마침내 자유인이 되었음.

[퍼블리] Update: 대표이사 사임일정 안내

퍼블리 주주 여러분께,

안녕하세요, 퍼블리 박소령입니다.
아마도 이번 메일이 퍼블리 전체 주주 분들께 제가 대표이사로서 드리는 마지막 메일이 될 것 같습니다.

모든 주주 분들께서 열과 성을 다해 적극적으로 도와주신 덕분에 드디어 오늘자로 필요한 모든 작업이 마무리되었습니다.
이에 따라,

- 2024년 8월 23일 금요일 오늘자로 (주)퍼블리의 주주명부에서 (주)시소가 100% 주식을 가지게 되었습니다.
- 2024년 8월 26일 월요일자로 저 박소령은 (주)퍼블리의 대표이사 및 사내이사 사임을 합니다.
- 2024년 8월 26일 월요일자로 박병규 대표가 (주)퍼블리의 대표이사로 선임됩니다.

—

2015년 3월에 성수동 카우앤독에서 이 일을 시작했는데요.
당시엔 퍼블리라는 이름이 세상에 나오기 전이었고, 콘텐츠를 가지고 세상에 기여할 수 있는 무언가를 해 보고 싶다, 라는 강한 열망만이 있던 시점이었습니다.

지난 10년동안
매일 매일이 때로는 길기도 하고 때로는 짧기도 하고 수많은 사건사고와 희노애락이 가득했다면,
정작 10년 그 자체는 이상하게도 순식간에 지나간 느낌이 듭니다.

저의 첫 창업이자 첫 대표이사로 만들어온 우여곡절의 롤러코스터를 함께 해 주신 주주 분들께, 무엇보다 진심으로 감사하다는 말씀을 드리고 싶습니다.
특히 올초부터 지금까지 주주 분들께서 애써주신 도움에 대해서는 앞으로도 내내 잊지 못할 것 같습니다.
그 덕분에, (주)퍼블리라는 회사와 퍼블리 멤버십/커리어리라는 서비스가 next stage 를 향해서 앞으로 나아갈 수 있게 되었습니다.
또한 그동안 제가 보여드렸던 부족함과 미숙함에 대해서는, 다시 한번 너그러운 용서와 양해를 부탁드리고 싶습니다.

오늘 메일의 목적은 제 사임일정을 알려드리는 것이 더 중요한 것이었기에, 감사 인사는 따로 드리도록 하겠습니다.
그리고 8월 26일 월요일 이전에 제가 대표이사로서 마무리해야 할 부분이 있다면, 주말 언제든 괜찮으니 제게 연락주시면 빠르게 대응하도록 하겠습니다.
혹시 제가 처리하지 못하는 것이 있다면, 박병규 대표님께 잘 전달하도록 하겠습니다.

모두 편안한 주말 보내시길 바라겠습니다.
고맙습니다.

—

ps. 얼마 전에 회사 설립할 당시 만든 명함부터 지금까지 바뀌어 온 명함들을 한번에 다 모아보았습니다.
10년의 시간이 이 명함에 다 들어있는 것 같아서, 공유드려 봅니다.

지금의 생각

누가 의사결정권자인가

'RACI'라는 개념을 처음 알게 된 것은 2018년 전후였던 것으로 기억한다. 여러 사람이 함께 모여서 공동의 프로젝트를 진행해야 할 때 각자의 역할, 그중에서도 특히 의사결정권자를 명확히 하는 데 도움을 주는 장치다. 새로운 일을 시작해야 할 때면, 이해관계자들이 모인 첫 미팅 자리에서 RACI를 결정하는 것이 우리 회사의 일하는 방식이었다.

RACI에 대한 설명 자료는 다양한데, 그중 팀워크 솔루션 기업 아틀라시안이 만든 문서를 보면 RACI의 장점으로 '역할 및 책임의 명확성 향상: RACI 차트는 각 작업의 담당자, 책임자, 조언자, 정보 수신자를 식별하여 역할을 명확히 하므로 혼동과 중복을 최소화한다'를 첫 번째로 꼽는다. RACI를 하나씩 풀어서 설명하자면 다음과 같다.

- Responsible(담당자): 담당자는 책임자로부터 책임을 위임받아 합의된 매개 변수 및 기한 내에 그 책임을 완수해야 한다. 한 작업의 담당자는 두 명 이상일 수 있다.

- Accountable(책임자): 책임자는 모든 담당자 구성원이 작업을

완료하도록 보장하는 사람이다. 의무를 위임해서는 안 되며, 의사결정권자 및 가이드 역할을 할 수 있는 한 명의 개인에게 작업을 할당하는 것이 가장 좋다.
- Consulted(조언자): 조언자는 팀의 지식 보유자다. 작업에 대한 도움, 추가적인 배경 설명 및 조언을 할 수 있다. 조언자를 초기에 파악하여 프로젝트 및 워크플로에 통합해야 한다.
- Informed(정보 수신자): 정보 수신자는 주로 팀의 프로젝트에 대한 정보를 원하고 필요로 하는 이해관계자, 리더십팀 또는 승인자다. 정보 수신자가 있으면 내부 투명성, 팀 얼라인먼트, 정확한 프로젝트 타임라인을 촉진할 수 있다.

2024년 1월부터 8월까지 전체적으로 돌아볼 때, '주식회사 퍼블리와 나와의 결별 프로젝트'에서 핵심적인 문제는 RACI가 불명확한 채로 떠 있는 시간이 길었다는 점이다. 그중에서도 가장 중요한 역할인 '책임자 Accountable', 즉 의사결정권자가 불명확했다는 점이 치명적이었다. 회사 일을 할 때는 RACI를 그토록 강조해왔으면서 정작 가장 중요한 프로젝트에서는 초반에 RACI 설정을 놓쳤고, 놓쳤다는 것을 인지한 후에도 이를 바로잡자고 주장하지 못했던 점이 참으로 아이러니하면서 나 자신에게 화도 난다.

RACI가 설정되지 않았다는 점을 인지한 건 3~4월 무렵이었다. 결정해야 하는 일들이 매일 쏟아지는데, 그때마다 '이걸 책임지고 최종 결정하는 사람이 누구지?'를 생각하는 나 자신을 발견하면서부터였다. 3월 한 달을 더 잘 쓸 수 있었음에도 그렇지 못했던 이유 중 하나 역시 의사결정권자가 명확하지 않았기 때문이었다. 매각을 주도적으로 끌고 갈 의사결정권자가 없다 보니, 잠재 인수자에게 어영부영 끌려다닌 것은 당연한 결과였다. 3월 말에 이사회가 생기면서 그나마 정리되어 다행이었지만, 그 뒤로도 혼돈은 이어졌다.

이 프로젝트 안에는 매각 안건 외에도 수많은 사안이 얽혀 있었다. 예를 들어 회사를 누구에게 어떤 조건으로 매각할지는 이사회에서 결정한다 해도, 레이오프 시기 퇴사자에 대한 보상 패키지 결정, 매일 발생하는 크고 작은 현금 지출에 대한 결정, 그 외에도 회사가 존재하는 한 일어나는 수많은 일에 대해서는 누가 최종 의사결정 권한을 갖고 있는가? 어디에서 어디까지가 이사회와 공유해서 결정해야 하는 건인가? 이사회는 3인 체제인데, 의사결정은 다수결로 하는 건가? 이사회의 한 명으로서 나는 어느 정도까지 목소리를 낼 수 있나? 이런 질문들이 당시 내가 반복해서 고민했던 의사결정의 공백들이었다.

《놀라운 환대》에서 저자는 자신의 커리어 중 가장 큰 실수담을 솔직하게 털어놓는다. 뉴욕에서 손꼽히는 최고의 레스토랑 하나를 성공시킨 후, 그는 근처에 두 번째 식당을 연다. 새로운 사업을 시작했기 때문에 하루 24시간이 모자랄 정도였지만, 그는 마땅한 적임자를 찾지 못해 첫 번째 식당 총지배인 역할도 계속 맡는다. 첫 번째 식당에 거의 가지 못하는 상황에서도 의사결정 권한을 여전히 본인이 쥐고 있었다는 뜻이다. 결과는 어땠을까?

> 워낙 오랫동안 우수한 팀이 최고 수준으로 운영해오고 있어서 상대적으로 소홀해질 수밖에 없었다. (…) 하지만 완벽하고 협력적인 조직도 리더는 필요하다. 토론과 의견 교환도

중요하지만, 현장에서는 결정을 내려줄 사람이 필요하다. 결정해줄 사람이 없으면 문제는 점점 쌓인다. 그로 인해 업무가 중단되거나 누군가가 나서서 대신 결정을 내리게 되는데, 이런 경우 종종 동료들의 불만을 사게 된다. 결국 조직은 혼란스러운 상태가 되고, 직원들 사기는 떨어지게 된다.

손발이 잘 맞는 팀도 의사결정권자가 부재하면 조직이 망가지는 건 한순간임을 보여주는 사례다. 우리 상황도 마찬가지였다. 우리는 망망대해에 홀로 떠 있는 배 같았다. 안팎으로 오만가지 일들이 돌아가고 있는데, 그때마다 매번 '의사결정권자가 누구지?'를 확인해야 했으니 답이 없었다. 그렇다면 나는 왜 초반에 RACI를 설정하지 못했으며, 문제를 인지한 이후에도 팔을 걷어붙이고 해결하고자 나서지 않았을까?

1~2월, 나는 내 역할에 대해 매우 위축되어 있었다. 먼저 나서서 내가 만든 회사와 결별하겠다고 했고, 그 선택은 주주들에게 투자 손실을 끼칠 가능성이 높았다. 이런 상황에 나와 회사와의 결별에 대한 중요한 의사결정을 내가 내린다는 것이 뭔가 이상하다고 느껴졌다. '이런 대표가 계속 의사결정권을 행사한다고?' 그러다 보니, 이 프로젝트에서 내 역할은 최소한일 것이라고 내 마음대로 기대치를 설정했다.

그러나 3월이 되면서 상황은 점점 달라졌다. 내가 해야 하는 일들이 기하급수적으로 늘었는데 진도는 더디고, 시간은 늘어지고, '아차 하면 나만 망하겠네' 싶은 일들이 여기저기에서 두더지 게임처럼 튀어나왔다. 그래서 2차 라운드가 시작된 후에는 내가 일하던 방식으로 다시 돌아가고자 했다. 내가 주도권을 잡고 나갈 수 있는 모양새로 일을 진행시키고자 했다.

하지만 여전히 RACI를 명확히 하지는 못했다. 어느 정도의 불확실성은 내 안에서 소화하기로 마음먹고, 그때그때 필요한 건마다 이사회 및 다른 이해관계자들에게 공유하고 도움을 요청하는 식으로 처리해나갔다. 최선의 방식은 아니라고 느꼈지만, 당시에는 현실적인 타협안이었다.

같은 팀 내에서도 RACI를 명확히 정하고 움직이는 데는 시간과 노력이 필요하다. 하물며 돈으로 이해관계가 얽혀 있는 여러 주체가 모인 상황이라면 그 난이도는 말할 것도 없다. 그럼에도 다시 2024년 1월로 돌아갈 수 있다면, 나는 두 가지를 다르게 하고 싶다.

첫째, 주요 이해관계자들에게 RACI, 특히 'A'에 해당하는 의사결정권자를 명확히 한 명으로 정하자고 제안하고 싶다. 초반에 다소 수고스럽더라도 RACI를 정해두는 것이 이후 닥칠 혼돈 비용을 훨씬 줄일 수 있기 때문이다. RACI는 한번 정하면 끝이 아니라, 상황에 따라 유연하게 조정하면 된다.

둘째, 대표의 권한에 대해서도 미리 범위를 정해두고 싶다. '이것만 허용한다'보다 '이것을 제외한 나머지는 다 대표가 결정한다'에 대해 이사회의 승인을 명확히 받아두는 게 좋을 것 같다. 그래야 대표로서 자율적으로 움직일 수 있는 범위가 명확해지고, 이사회가 대응하기 어려운 내부 의사결정도 빨라지기 때문이다.

김강석 크래프톤 전 대표님에게, 만약 2023년 6월에 찾아갔더라면 무슨 조언을 해주셨겠느냐는 질문을 했을 때, 하나는 앞에서 언급한 대로 '현실적으로 1~2년 정도 걸릴 거다'였고, 다른 하나는 '결국 다 네가 직접 해야 할 거다'라는 답이 돌아왔다. 결국 나는 내 역할에 대한 기대치 관리를 첫 단추부터 잘못 끼웠던 것이다.

벤 호로위츠는 《하드씽》에서 지극히 현실적인 조언을 한다. 회사가 잘못 돌아가고 있을 때는 아무도 신경 쓰지 않는다는 것이다. 언론도, 투자자도, 이사회도, 직원들도, 심지어 당신의 어머니도 신경 쓰지 않는다. 그러므로 '이런저런 일을 했더라면 상황이 어떻게 달라졌을까?'와 같은 비생산적인 후회에는 단 1초도 허비하지 말고, 모든 시간을 '이제 어떻게 하면 좋을까?'를 궁리하는 데 쓰라고 그는 적는다. 결국에는 아무도 신경 쓰지 않으니까, 그냥 회사를 운영하면 된다는 것. 이것이야말로 CEO를 위한 역사상 최고의 조언이라고 벤 호로위츠는 말한다.

그리하여, 내 생각은 이렇게 정리되었다.

첫째, 왜 창업자는 어떤 상황에서도 최종 의사결정권자여야 하는가?

둘째, 여러 이유가 있겠지만, 회사가 잘못됐을 때 그 누구보다도 크게 망하는 사람이 바로 창업자이기 때문이다. 주주도, 팀원도, 그 누구도 아니다.

셋째, 만약 지금 누가 의사결정권자인지 모호해서 혼란스럽다면, 누가 가장 큰 타격을 받는지 생각하자. 바로 그 사람이 의사결정자다.

돈의 속성에 관하여

2024년 1월부터 8월까지, 8개월간 총 11곳의 투자자들과 수많은 일을 겪으며 다양한 생각과 감정이 오갔다. 회사를 창업한 이후 2023년 12월까지 주주들과의 관계에서 배운 것보다, 마지막 8개월이 훨씬 격렬한 배움의 시간이었다. 큰돈이 걸린 문제였고 까다로운 상황이었던 만큼 생생한 날것의 교훈을 온몸으로 체득할 수 있었다.

가장 인상적이었던 것은, 돈의 속성에 따라 주주들의 행동과 판단이 뚜렷하게 갈린다는 사실이었다. 자신의 돈으로 투자하는 투자자와 LP의 자금을 운용하는 펀드를 만들어 그 돈으로 다시 투자하는 투자자의 의사결정 체계는 다를 수밖에 없다. 그 차이는 결정적인 순간, 즉 좋은 상황이 아니라 나쁜 상황에서 확연히 드러난다는 것을 알게 되었다. 조금 더 나아가자면, '돈의 속성×기관의 스타일×개인의 가치관=투자자의 행동양식'이라는 공식으로 나타난다는 생각을 했다.

창업 초기부터 "돈에는 꼬리표가 없으니, 가장 높은 기업가치를 인정해주거나 가장 큰돈을 투자한다는 곳을 선택해라"라는 조언을 종종 들었다. 지금은 이 말에 반박할 수 있다. 돈에는 분명 꼬리표가 존재한다. 그리고 이 꼬리표는 투자계약서에 사인할 때나 평소에는 잘 보이지 않다가 힘들고 어려운 상황일 때 창업자의 눈앞에 짠 하고 등장한다.

그렇기에 창업자 입장에서는 돈의 속성도, 기관의 스타일도, 개인의 가치관도 돌다리 두드리듯 신중히 따져보는 노력(물론 어렵지만)이 반드시 필요하다고 생각한다. 운 좋게도 캡스톤파트너스 오종욱 팀장의 의견이 나에게는 줄곧 큰 도움이 되었다. 그는 본인의 경험상 창업자가 주주의 동의를 받아야 할 때, 창업자를 힘들게 했던 투자자들의 몇몇 사례를 언급하면서 만나기를 추천하는 기관과 그렇지 않은 기관에 대한 솔직한 의견을 공유해주었다.

2024년 1월부터 8월까지 우리 회사의 투자자들은 어렵고 복잡한 상황에도 불구하고 내 앞에서는 다들 수도승처럼 침착했으며 어떻게든 해결책을 찾고자 다 같이 머리를 모았다. 주주간담회 시간이 새벽이든 밤늦게든 상관없이 모두 모였다. 하지만 문제는 투자 결정으로 나쁜 결과, 즉 손실이 발생했을 때 'LP-기관-개인'으로 이어지는 연결고리에서, 내가 만나는 심사역 개인은 소속된 기관과 펀드에 투자한 LP의 영향력에서 자유로울 수 없어 보였다는 점이다. 안타깝게도 현실적인 문제가 연이어 터졌고, 그로 인해 속앓이를 하는 날도 많았다.

　　찰리 멍거는 《가난한 찰리의 연감》에서 '페르시아 전령 증후군'이라는 개념을 소개한다.

> 고대 페르시아인은 전투 패배 같은 나쁜 소식을 갖고 왔다는 이유만으로 전령을 죽였습니다. 전령 입장에서는 임무를 수행하기보다 달아나서 숨는 편이 더 안전했죠. 현명한 상사라면 전자의 경우를 원했을 겁니다. (…) 이런 페르시아 전령 증후군과 그 악영향을 막는 적절한 해결책은 의지력을 발휘해 나쁜 소식을 환영하는 습관을 들이는 겁니다. 버크셔에서는 흔히 이렇게 주문합니다. "나쁜 소식은 항상 즉시 말해주세요. 좋은 소식은 뒤로 미뤄도 좋고요."

　　나쁜 소식을 전달하는 것도, 접하는 것도 가능하다면야 회피하고 싶은 것이 인간의 본성이라 생각한다. 그래서 인간의 본성을 뛰어넘는 행동을 요구해야 한다면, 개인의 몫으로만 남겨두기보다는 조직의 문화나 시스템을 통해 풀어내야 한다는 생각도 하게 되었다. '좋은 투자자란, 좋은 주주란 무엇일까?' 이 질문을 붙잡고 오랫동안 생각했던 여름을 보내면서, 당시 썼던 일기의 한 구절이다.

> (2024년 7월 1일)
>
> 어떤 VC가 좋은 VC인가? - '후속 투자를 잘해주는 곳이 좋은 VC다'라는 말을 10년 동안 정말 많이 들었는데, 사실 후속 투자란 사업이 잘되면 고민할 필요가 없다. 문제는 통계적으로 스타트업은 같은 시기에 시작한 10개 중 9개가 사라진다는 점이다. 그렇다면 창업자 입장에서 냉정하게 따져볼 때, 내가 겪을 확률이 더 높은 것은 남는 한 개가 아니라 사라지는 9개 쪽이다. (그런데 나 역시 이 생각을 지금껏 단 한 번도 해보지 않았다. 창업이 이렇게 무섭다….)
>
> 그렇기에 좋은 VC란 무엇인가? 내가 사라지는 9개 쪽일 때, 즉 회사를 정리해야 할 때 얼마나 창업자에게 우호적인 의사결정을 해주는 곳인가? 그게 창업자에게는 훨씬 중요한 문제라는 것을 이번에 뼈저리게 느꼈다. 아무리 유니콘 기업을 많이 배출한 곳이든 펀드 규모가 크든, 사실 9개 쪽에 해당하는 창업자에게는 하나도 중요하지 않다.
>
> 그런 점에서 '벤처캐피털에서 '벤처 Venture'의 의미는 무엇인가'라는 생각도 한다. 모험은 실패가 디폴트 값이다. 실패에 대해 우리는 얼마나 준비되어 있나. 창업가는 자신이 만든 사업의 실패를 정직하게 마주할 준비가 얼마나 되어 있나. VC는 투자한 스타트업의 실패를 받아들일 준비가 얼마나 되어 있으며, LP는 펀드 투자 실패를 수용할 준비가 얼마나 되어 있는가. 실패를 디폴트 값으로 바라보지 않는다면, '벤처'는 떼고 그냥 '캐피털'이라고 하면 좋겠다.

내가 만약 다시 투자받을 일이 있다면, 그때는 투자한 회사 중 잘 안 된 곳 대표를 소개해달라고 할 것 같다. 그 대표와 이야기를 하면 이 VC가 어떤 곳인지 가장 잘 알 수 있을 것 같다.

(2024년 7월 16일)
창업 경력이 20년에 달하는 모 대표님과 커피를 마셨다. '좋은 투자자란 무엇일까'라고 질문을 드리니, 이렇게 답이 돌아왔다. "내가 생각하는 좋은 투자자란 창업자의 말이 수없이 고민하고 또 고민한 끝에 나온 결과라는 걸 이해하는 사람이에요. 투자자가 말하는 것보다, 창업자는 수백만 배는 더 많이 고민했을 거라는 걸 아는 거죠. 물론 전제는, 창업자에게 모럴 해저드가 없어야 한다는 거고요. 그런 사람을 골라서 투자하는 건 결국 투자자의 몫이죠."

근검절약의 중요성

현금 잔고와의 투쟁을 치르는 동안, 1원이라도 더 확보하기 위해 할 수 있는 노력을 다했다. 예를 들자면, 법인통장에 연결된 신용카드를 해지하러 은행에 갔다가 그동안 쌓인 포인트를 현금으로 돌려받을 수 있다는 사실을 처음 알게 되어 뛸 듯이 기뻤다. 반대로 체크카드는 해지하더라도 돌려받는 현금이 미미하다는 것도 알게 되어 슬프기도 했다. (그래서 법인 비용은 가능하다면 신용카드로 결제하는 게 좋은 것 같다.) 막판에는 회사의 남은 기자재를 싹 다 모아 번개장터에서 팔아 현금화했다. 이 모니터는 2만 원, 저 의자는 3만 원, 맥북은 윈도

우 노트북보다 더 쳐준다. '티끌 모아 태산'이라는 생각으로 어떻게든 돈을 긁어모았다. 그러다 보니, 역설적으로 그간 돈을 얼마나 느슨하게 써왔는지 깨닫게 되었다.

매각을 진행하면서 팀 리더들과 함께 SaaS 사용 내역 및 지출 내역을 정리한 구글 스프레드시트를 보면서 점검하는 자리가 몇 차례 있었다. 지금은 더 이상 사용하지 않는 SaaS에 정기결제 비용이 계속 빠져나가고 있거나, 더 저렴한 플랜으로 바꿔도 무방한데 최고급 플랜을 유지하고 있는 경우가 부지기수였다. 그런 항목들만 합쳐도 한 달에 수백만 원이 새고 있었다. SaaS는 빙산의 일각일 뿐이다. 인건비, 마케팅비, 운영비 등등 회사의 비용구조를 하나하나 뜯어보면 줄줄 새고 있는 돈이 훨씬 더 많았을 것이다. 현금 잔고를 어떻게 하면 1만 원, 2만 원이라도 더 늘릴 수 있을지 발을 동동 구르면서, 지난날 헛되게 쓴 수천, 수억 원의 지출을 생각하면 피눈물이 났다. 아, 그때 그 돈이 지금 있었더라면….

왜 그렇게 돈 관리가 느슨했는지 돌이켜보면, '스타트업은 속도가 생명이니, 돈으로 시간을 살 수 있다면 돈을 쓰는 게 맞다'라는 분위기에 나도 별생각 없이 편승했기 때문이라고 생각한다. 문제는 이 명제가 언제나 그리고 모든 사업에 통용되는 건 아니라는 사실이다. 우리 사업은 '지금 돈과 시간 중 무엇에 더 높은 가치를 둘 것인가'에 대해 건강검진하듯 꾸준히 체크했어야 했는데, 그러지 못했다.

법인통장에서 나가는 돈에 둔감했던 것도 문제였다. 만약 2017년처럼 회사 운영비를 내 신용카드로 돌려막기하고 있었다면, 즉 내 통장에서 빠져나가는 내 돈이었다면 결코 이렇게 쓸 수 없었을 것이다. '돈으로 시간을 사는 것'과 '느슨하게 돈을 쓰는 것'은 전혀 다른데, 그 차이를 제대로 구분하지 못한 바보 같은 시절이었다.

    소희, 은별과 온갖 난리를 치며 현금 잔고와 씨름하다 보니, 왜 제프 베이조스가 '근검절약frugality'을 아마존의 핵심 가치 10가지 중 하나로 명문화했는지 조금은 알 것 같았다. 2020년 1월, 아마존에 근무하는 친구 덕분에 시애틀 본사 사무실을 둘러볼 기회가 있었는데, 내부 인테리어는 물론 탕비실마저 썰렁했다. 아침에 볼 수 있는 간식이라고는 바나나뿐이라고 했다. 아마존은 낮은 가격과 박한 마진으로 경쟁에서 살아남아야 하는 유통 비즈니스로 성장한 회사이다 보니, 실리콘밸리 기업들이 한때 경쟁적으로 도입한 너그러운 복지가 끼어들 틈이 없었던 것 같다.

    《월마트, 두려움 없는 도전》을 읽고 나서, 제프 베이조스는 분명 샘 월턴으로부터 영향을 받았을 것이라고 생각했다. 샘 월턴은 '성공적인 기업 운영을 위한 10가지 규칙' 중 아홉 번째 항목으로 이렇게 적는다.

> 경쟁에서 이기는 것보다 비용 관리에 더 집중하라. 이를 잘하면 반드시 경쟁우위를 선점할 수 있다. 25년 전으로 잠깐 돌아가 보자. 그때는 월마트가 전국적으로 유명한 할인업체가 되기 전이었지만, 우리는 매출액 대비 비용이 가장 낮다는 점에서 업계 내 1위를 차지했다. 사업을 하다 보면 몇 차례 실수하기 마련이다. 그래도 전반적인 운영 효율이 높으면 실수를 해도 큰 타격을 입을 우려는 없다. 반대로 당신이 남들보다 훨씬 뛰어난 실력이 있더라도 비효율적인 운영을 개선하지 않으면 사업은 실패하고 말 것이다.

샘 월턴이 비용 관리를 어떻게 했는지 이 책에는 다양한 사례가 나오는데, 나에게 가장 강렬했던 장면은 이것이다.

> (월마트 사업 초창기 매장별 손익계산서 작성 관련) 매출, 비용, 순수익, 그 밖에 전기요금, 수도요금, 우편요금, 보험, 세금 등을 모두 구분해서 기입했다. 이 일은 남에게 맡기지 않고 매달 한 번씩 내가 직접 수기로 작성했다. 그래야만 매장에 관한 세부 사항을 빨리 기억해낼 수 있기 때문이었다. 이렇게 기록하는 것은 내 오랜 습관이 되었고, 매장을 직접 둘러보러 나갈 때 이 장부 챙기는 것을 잊지 않았다.
>
> (…)
>
> 나는 토요일에는 어김없이 새벽 2~3시에 사무실에 나와서 주간 통계 자료를 모두 검토했다. 토요일 오전 회의를 준비하는 면에서는 나보다 선수 치는 사람이 없었다. (…) 그러면 시간이 흐른 뒤에도 이번 주에 그 매장에서 어떤 일이 있으며, 직원 월급이 얼마인지도 기억할 수 있었다.

샘 월턴은 사업이 커질수록 군살이 붙고 느려지는 것이 인간의 본성이라고 보았다. 그렇기에 반대로, 기업의 최고경영진은 회사의 미래를 위해 언제나 신경을 곤두세우고 있어야 한다고 강조한다. 결국 근검절약은 리더가 일관된 메시지를 끊임없이 커뮤니케이션하고, 스스로도 솔선수범하는 행동을 지속적으로 보여줄 때 겨우 유지될 수 있는, 아주 어려운 일이라고 생각한다. 조금이라도 느슨해지면 조직은 금세 흐트러질 수밖에 없다. 나중에 다시 창업을 하게 된다면, 핵심가치에 '근검절약'을 꼭 포함시킬 것이다.

간단 스케치 - 10가지 교훈

추가로, 매각 및 회사 마무리 과정에서 배운 10가지를 간단하게 적어본다.

하나, 비즈니스 협상에서 말은 아무런 의미도 구속력도 없다. 그리고 상대의 말이란 보통 내가 듣고 싶은 것만 듣게 될 가능성이 크기 때문에 위험하다. 말이 아니라 행동을, 행동이 아니라 이메일과 계약서를, 오로지 문서written document만 믿자. 잠재 인수자와 미팅을 마치면 분위기가 어땠는지 잘될지 아닐지 느낌을 리뷰하곤 했는데, 지금 돌아보니 하등 쓸모가 없었다….

둘, 상대의 의중을 추측하지 말자. 직접 대화하고, 돌직구로 물어봐야 한다. '물어볼까 말까' 싶을 때도 물어봐야 한다. 그래야 상대가 어디까지 수용 가능한지 파악할 수 있다. 내 눈으로, 내 귀로 직접 확인해야만 후회가 없다.

셋, 중요한 문제일수록 급하게 결정할 필요가 없다. 중요한 문제와 급한 결정은 상극이라는 것을 반드시 기억하자.

넷, 아무리 마음이 급해도 계약서는 나를 대리하는 변호사와 함께 하루 이틀이라도 시간을 들여 찬찬히 써야 한다. 여기에 쓴 시간과 돈이 나중에 닥칠지 모르는 역효과를 해결하는 데 들어가는 시간과 돈과 감정적 에너지보다 훨씬 저렴하다.

다섯, '내가 약간은 손해 보는 것이 좋다'는 생각으로 임하자. 2021년, 팟캐스트 '씨네마운틴'을 즐겨 들었는데 어느 에피소드에서 장항준 감독이 한 말이 무척 인상 깊어 지금도 기억하고 있다. 그는 내가 약간은 손해 본다는 생각으로 타협해야만 상대방은 5대 5라고 느낀다고 했다. 반대로 내가 5대 5라고 생각하고 타협하면 상대는 오히려 손해 봤다고 생각할 거라고. 그래서 본인은 항상 '내가 살짝 손해 봐도 괜찮아'라는 마음으로 생각하고 결정한다고 했는데, 이런 마인드는 상대와 반복적이고 장기적인 거래 관계가 이어질 경우 효과적이고, 설령 그렇지 않더라도 본인은 이렇게 결정하는 것이 더 마음 편하다고 했다.

여섯, 1991년 미국 하원 청문회에 출석한 워런 버핏이 말했던 '신문 1면 테스트'를 적용하자. 워런 버핏은 어떤 결정을 하기 전, '만약 비판적인 기자가 내가 한 일을 신문 1면에 보도해서 배우자, 자녀, 친구들이 보게 되더라도 괜찮은가?'를 자문해야 한다고 강조했다. 현금 잔고와 투쟁하던 시기, 특히 마지막 두 달 동안 다섯 번째와 여섯 번째 교훈을 계속 생각했다. 다른 사람들이 보기에 내게 유리한 것 같은 결정을 내려서는 안 된다고 생각했다. 내 퇴직금 계산을 할 때도, 각종 비용 계산을 할 때도, 회계사와 이 기준에 대해 먼저 이야기하고 작업했다. 윤리적으로 내 마음에 껄끄러움이 없고자 했고, 그래서인지 장항준 감독의 말처럼 마음이 편했다.

일곱, 그동안 아무리 합을 잘 맞춰오고, 좋은 성과를 보여온 사람이라도 그에게 숫자로 목표를 명확히 부여하고 주기적으로 진행 상황을 체크하며 결과에 대해 피드백하는 일은 반드시 필요하다. 매각 과정이 아무리 정신없이 바쁘더라도 이것은 리더로서 해야 할 디폴트 역할이다. 내가 못 할 것 같으면 누군가에게 위임해서라도 반드시 해야 한다.

여덟, 같은 한국말을 사용해도 사람마다 단어와 표현에 대한 이해도는 천지차이라는 것을 잊지 말자. 조금이라도 서로 다르게 이해한 것 같다면 반드시 다시 확인하자. 그냥 물어보기만 해도 충분하다. 이걸 초반에 놓치면, 어느 순간 단어 하나에 감정이 상하고 '말이 안 통한다'는 생각이 들기 쉽고, 그로 인해 관계가 더 나빠지는 악순환이 발생한다.

아홉, 전화, 메신저, 대면 혹은 온라인 미팅을 했더라도 이메일로 다시 한번 정리해서 공유하는 것은 필수다. 누가, 무엇을, 언제까지 하기로 했는지 할 일만 정리해도 충분하다. 아무리 바쁘고 피곤해도, '미팅에서 이미 다 같이 합의했잖아'라고 생각해도, 그래도 하자. 그리고 이메일의 참조cc에 누구를 포함할지도 RACI 관점에서 한 번 더 생각하자. 이메일을 쓰는 5~10분 노력이, 뒤에 따라올 수도 있는 수많은 문제를 예방한다. 돌아가는 길이 아니라 오히려 지름길이다.

열, 아무리 작은 일이라도 도움을 받으면 감사 인사를 꼭 하자. 평소에 한 행동이 시차를 두고 좋게든 나쁘게든 반드시 나에게 돌아온다. 오늘 내가 전한 한마디 감사 인사가 나중에 어떻게 돌아올지는 아무도 모른다.

끝을 잘 낸다는 것

2023년 6월에 결심하고 나서 끝을 내기까지 1년 2개월이 걸렸다. 그사이에 수많은 실수와 굵직한 실패와 감정적 좌절을 맛보았지만, 그럼에도 나 자신에게 칭찬해주고 싶은 것이 딱 한 가지가 있다. 도망가지 않았다는 것, 회피하지 않았다는 것, 그리고 끝까지 내 손으로 직접 마무리했다는 것이다. 이 경험을 해냈다는 것이 나에게는 가장 소중한 자산으로 남았다. 모 투자사 대표님과의 대화에서 들은 말이 기억에 남는다. 창업자 대표들이 존경스러운 이유는, 회사의 시작과 끝이라는 가장 고독하고 거지 같은 시간을 버텨내기 때문이라고(어떤 끝이냐에 따라 차이는 있겠지만).

1년 2개월의 시간이 어떤 날은 너무나도 느리게, 어떤 날은 순식간에 지나갔다. 〈유 퀴즈 온 더 블럭〉에 출연한 김연아 선수의 방송을 여러 번 봤 다. 그는 선수 시절 스스로 대단하다고 생각한 적이 한 번도 없었다고 말한다. 딱 한 가지, 2014년 소치 동계올림픽에 출전한 일을 제외하고는. 당시 더는 메달을 따고 싶은 욕심도, 기록에 대한 욕심도 없었지만 여러 사정으로 출전을 결심했고, 힘든 훈련을 견디며 시합을 마친 것 자체만으로 '그래, 나 정말 잘했어'라고 자신을 토닥여주었다고 한다. 숨이 턱끝까지 차오를 때까지 했고, 어떻게든 버텼고, 끝이 났기에 아무런 미련 없이 후련하게 피겨를 그만둘 수 있었다고.

나도 끝을 낸 후 김연아 선수처럼 말할 수 있는 사람이 되고 싶었다. 그 끝의 결과가 성공이든 실패든 상관없었다. '그 끝으로 가는 과정에 얼마나 성심성의껏 최선을 다해서, 책임감을 갖고 임했는가'라는 질문에 나 스스로 한 점 부끄럼 없이 'Yes'라고 답할 수 있다면 충분하다고 생각했다. 나는 나 자신에게 가장 가혹한 사람이기 때문에, 내 기준을 통과할 수 있다면 만족할 것 같았다.

무라카미 하루키는 《신의 아이들은 모두 춤춘다 神の子どもたちはみな踊る》라는 연작소설에서 이렇게 쓴다.

> "아무튼 모든 격렬한 싸움은 상상력 속에서 이루어졌습니다. 그것이야말로 우리의 싸움터죠. 우리는 거기서 이기고, 거기서 패배합니다. 물론 우린 누구나 유한한 존재이고, 결국은 패배하죠. 하지만 어네스트 헤밍웨이가 간파한 것처럼, 우리의 인생은 이기는 방법보다 패배하는 방법에 따라 최종적인 가치가 정해지는 겁니다."

모든 생명에는 끝이 있다. 생명체는 아니지만 기업도 생로병사의 과정을 겪는다. 사람도, 기업도 '죽음'이라는 끝을 향하는 것은 피할 수 없다. '어떻게 죽을 것인가' '어떻게 끝낼 것인가'라는 질문은 누구에게나 공평하게 주어진다. 문제는 그 질문에 대한 답을 스스로 생각하고 결정하고 실행할 각오가 되어 있느냐는 것이다.

끝내는 방식을 스스로 선택하겠다는 각오는, 치러야 할 비용까지 감내하겠다는 의미다. 무언가를 강력하게 원한다면, 그 대가가 결코 공짜일 수는 없다. 빠르든 늦든, 많든 적든, 비용 청구서는 반드시 도착한다. 그렇기에 다른 것은 다 포기하고 양보하고 타협하더라도, 내가 정말 원하는 단 한 가지를 정확히 아는 것이 중요하다는 것을 배웠다.

문제는 이걸 아는 것이 참 어렵다는 점이다. 내가 정말 원하는 것인지, 누군가의 생각을 내 생각이라 착각하고 있는 것은 아닌지 구분하기 위해 나는 창업 기간 내내 많은 어려움을 겪었다. 그리고 타인의 것을 내 것인 양 착각해서 내린 결정 뒤에는 대부분 막대한 후폭풍이 휘몰아쳤다. '끝'을 각오하고 나서야, 그리고 어떻게 끝낼 것인가를 결단하고 나서야 비로소 내가 원하는 것이 무엇인지 깨달을 수 있었으니, 참으로 지난한 여정이었다.

이따금 나는 나 자신을 난기류에 휩쓸린 비행기를 모는 조종사 같다고 생각했다. 아무리 심한 난기류에 온몸이 덜덜 떨리더라도, 조종간을 꽉 붙잡고서 목적지에 반드시 도착하고 말겠다고 의지를 다지고 또 다졌다. '나는 도착할 수 있다'라는 막연한 믿음보다 '나는 도착하고야 말겠다'라는 굳은 각오가 나에겐 이를 악물고 버티게 하는 연료였다.

드디어 땅에 착륙했던 날의 안도감은 오랫동안 잊지 못할 것 같다.

에필로그

나다운 길을 걷기 위해

고통을 동반하지 않은 교훈에는 의의가 없다.
인간은 어떤 희생 없이는 아무것도 얻을 수 없으므로.

만화 《강철의 연금술사 鋼の錬金術師》는 시작과 끝의 대사가 동일하다. 작가 아라카와 히로무는 인터뷰에서 최종화에서 할 이야기를 가장 먼저 정해두고, 중간에 나올 변곡점들을 정한 후에야 첫 화를 시작한다고 말한다. 2001년부터 2010년까지 오랜 기간 연재하면서도 시종일관 빈틈없이 스토리가 이어지며 명작의 반열에 오를 수 있었던 것도 이러한 이유 때문일 것이다. 시작과 끝의 대사가 같은 것도 이미 처음부터 정해져 있었을 테고.

작가가 이 작품에서 전달하고자 하는 메시지는 이렇다. 무언가를 얻고 싶다면 그에 상응하는 것을 내놓아야만 한다. 강하게 원하는 것일수록 나에게 가장 소중한 것을 내놓을 각오를 하고 덤벼들어야 한다. 작가는 이것을 '등가교환의 법칙'이라 부른다.

내가 가장 강렬하게 바라는 것은 무엇인가. 그것을 얻기 위해 나는 어디까지 희생하고 포기할 수 있는가. 희생을 거부하고 싶다면 목표와 욕망도 내려놓을 준비가 되어 있는가. 만화 속 등장인물들처럼 나 또한 이 질문에 대한 답을 파고들다

보면, 결국 '나는 누구인가'라는 질문으로 이어진다.

이 책의 메시지를 하나로 응축한다면, '나는 누구인가에 대해 깨닫게 된 10년의 여정'이라고 말하고 싶다. '나는 누구인가'에 창업의 시작부터 마지막까지의 모든 결정이 연동된다. 내가 누구인지 잘 알고 있어야만 후회를 최소화하는 결정을 할 수 있다는 것을 배웠다.

앞으로는 '내 몸에 맞는 옷을 고르자'라는 결심도 하게 되었다. 콘텐츠 다음으로 좋아하는 것은 옷이기에 옷으로 비유해보자면 이렇다. 나는 클래식하고 심플한 옷이 좋다. 이런 옷을 입은 내 모습이 좋다. 절로 자신감이 생긴다. 아무리 요즘은 이 브랜드가 유행이고 저 스타일이 잘나간다는 말을 들어도, 정작 내 몸에 안 맞는 옷을 입으면 우스꽝스럽게 보이고 촌스러워진다는 것을 잘 알고 있다.

더 큰 시장이라는 이유로, 더 많은 돈을 벌 수 있다는 이유로, 더 높은 기업가치를 노릴 수 있다는 이유로 일하는 것은 나에게 동기부여가 되지 않는다는 사실을 직접 해보고 나서야 알게 되었다. 잠깐은 할 수 있어도 오래 할 수는 없었다. 스티브 잡스의 말처럼, 내 인생의 시간은 유한하기 때문에 다른 이의 삶을 사느라 시간을 낭비해서는 안 된다.

사업은 잠깐만 한눈팔아도 한순간에 맛이 갈 수 있다는 것도 깨달았다. 창업자가 눈에 불을 켜고 새벽이든 밤이든 주말이든 공휴일이든 고객의 선택을 받을 수 있도록 집착해야만 사업은 오래 갈 수 있는 것 같다. 그러려면 이렇게 일하는 것 자체가 즐겁든 편안하든, 적어도 둘 중 하나는 필요하다. '좀만 더 하다 보면 결과가 나올 거야'라고 생각하며 버티는 일은 한계가 있다. 내 영혼을 담아서 일할 수 있는 것, 24시간

365일 내내 생각해도 전혀 지루하지 않은 것, 호기심과 아이디어가 샘물처럼 솟아나는 일을 하고 싶다.

내 몸에 맞는 옷을 고르다 보면 주위의 반대에 부딪힐지도 모른다. 내가 너무 나간 건가, 라는 의구심이 들 수도 있다. 그럴 때는 샘 월턴의 말을 떠올려야겠다고 생각한다. 그는 자서전의 마지막에, 다음 세대를 위해 자신이 줄 수 있는 가장 중요한 조언으로 이것을 꼽았다.

> 시류를 거슬러 움직여라. 남들과 다른 방향으로 가는 것을 두려워하면 안 된다. 기존의 방식이나 틀에 얽매이지 말고 새로운 시도를 해야 한다. 사람들이 모두 같은 방향으로 움직일 때 반대 방향으로 눈을 돌리면 틈새시장을 발견할 확률이 높다. 단, 많은 사람이 당신을 만류하며 그쪽으로 가면 안 된다고 할 것이므로, 그런 반대를 이겨낼 마음의 준비를 해야 한다. 나는 인구 5만 명 이하의 소도시에서는 할인 매장을 그렇게 오랫동안 운영할 수 없을 거라는 말을 평생 가장 많이 들은 것 같다.

* * *

불교에서는 모든 것이 '인연'에 의해 생겨나고 사라진다고 해석한다. '인因'은 직접적인 원인, '연緣'은 간접적인 조건을 뜻하는데, 이 둘이 합쳐져 결과가 발생한다는 것이다. 사람과 사람 사이의 만남 또한 인연의 결과다.

지난 10년 동안 만난 인연들 덕분에 사업도, 이 책도 가능했다. 나 자신도 마찬가지다. 지금의 나라는 인간으로 담금질되기까지 한 분 한 분이 소중한 '선생님'이 되어주셨다. 서비스가 살아 숨 쉴 수 있도록 해주신 고객과 저자, 잊지 못할 희로애락의 시간을 함께 보낸 동료와 주주, 그 외에도 하나의 회사가 탄생하고 움직이는 과정에서 만난 모든 분께 진심으로 감사를 드리고 싶다. 다른 건 다 필요 없으니 그저 무탈하면 된다며 사랑으로 지켜봐준 가족들이야말로 평생 가장 긴 인연이다. 말로 못다 한 마음을 전한다.

    무엇보다, 이 책을 통해 만난 독자와의 인연에 감사하다. 읽는 분에게 도움이 되기를 바라는 마음, 딱 하나의 목적으로 썼다. 부디 그 마음이 많은 분들에게 가 닿기를.

2025년 8월
박소령 드림

참고자료

프롤로그
찰리 멍거 저, 김태훈 역, 《가난한 찰리의 연감》, 김영사, 2024
브라이언 키팅 저, 이한음 역, 《물리학자는 두뇌를 믿지 않는다》, 다산초당, 2024

Scene #1: 창업자가 그만둘 때
영화, 〈듄〉, 2021
필립 델브스 브러턴 저, 문희경 역, 《장사의 시대》, 어크로스, 2013
요네자와 호노부 저, 김선영 역, 《흑뢰성》, 리드비, 2022
넷플릭스 오리지널 시리즈, 〈투르 드 프랑스: 언체인드 레이스 시즌 1〉, 2023
모건 하우절 저, 이수경 역, 《불변의 법칙》, 서삼독, 2024
영화, 〈컨택트〉, 2016
임경선 저, 《나 자신으로 살아가기》, 마음산책, 2023
'PERSONAL BOARD OF DIRECTORS', 〈월스트리트 저널〉, 2018-2024
앤드루 S. 그로브 저, 유정식 역, 《하이 아웃풋 매니지먼트》, 청림출판, 2018
'What Does It REALLY Mean To Do Things That Don't Scale? – Dalton Caldwell and Michael Seibel', 유튜브 채널 'Y Combinator', 2022년 2월 10일
'인간 중 유일하게 AI를 이긴 후 바둑을 포기해야 했던 이유 | 지식인초대석 EP.24 (이세돌 전 바둑기사 2부)', 유튜브 채널 '지식인사이드', 2025년 1월 19일
'The Last Decision by the World's Leading Thinker on Decisions', 〈월스트리트 저널〉, 2025년 3월 14일

Scene #2: 창업자가 시작할 때
기업 웹사이트, 〈뉴욕타임즈 혁신 보고서 2014〉, 2014
'NVIDIA CEO Jensen Huang', 유튜브 채널 'Acquired', 2023년 10월 16일
드라마, 〈더 베어〉, 2022 – 2025
샘 월턴·존 휴이 저, 정윤미 역, 《월마트, 두려움 없는 도전》, 라이팅하우스, 2022
찰리 멍거 저, 김태훈 역, 《가난한 찰리의 연감》, 김영사, 2024

Scene #3: 펀드레이징
영화, 〈바람과 함께 사라지다〉, 1939
필 나이트 저, 안세민 역, 《슈독》, 사회평론, 2016
피터 F. 드러커 저, 이재규 역, 《피터 드러커 미래경영》, 청림출판, 2013
영화, 〈파운더〉, 2016
앤드루 윌킨슨 저, 조용빈 역, 《나는 거인에게 억만장자가 되는 법을 배웠다》,
 갤리온, 2025
장병규 저, 《장병규의 스타트업 한국》, 넥서스BIZ, 2018

Scene #4: 공동창업 (시작을 함께하는 사람 vs. 끝을 함께하는 사람)
후루다테 하루이치 글그림, 《하이큐》, 2012-2020
영화, 〈라라랜드〉, 2016
앤드루 윌킨슨 저, 조용빈 역, 《나는 거인에게 억만장자가 되는 법을 배웠다》,
 갤리온, 2025
찰리 멍거 저, 김태훈 역, 《가난한 찰리의 연감》, 김영사, 2024
워런 버핏, '2023 버크셔 해서웨이 주주 서한', Berkshire Hathaway Inc., 2024년 2월
테일러 스위프트 저, 헬레나 헌트 편, 김선형 역, 《테일러 스위프트》, 마음산책, 2024
Julia Austin, 'How to Identify the Perfect Cofounder', 〈하버드 비즈니스 리뷰〉,
 2025년 7-8월호
샘 월턴·존 휴이 저, 정윤미 역, 《월마트, 두려움 없는 도전》, 라이팅하우스, 2022
레이 달리오 저, 고영태 역, 《원칙》, 한빛비즈, 2018

Scene #5: 전시 CEO로 산다는 것
샘 월턴·존 휴이 저, 정윤미 역, 《월마트, 두려움 없는 도전》, 라이팅하우스, 2022
벤 호로위츠 저, 안진환 역, 《하드씽》, 한국경제신문사(한경비피), 2021
앤드루 S. 그로브 저, 유정식 역, 《편집광만이 살아남는다》, 부키, 2021
벤 호로위츠 저, 김정혜 역, 《최강의 조직》, 한국경제신문사(한경비피), 2021
이나모리 가즈오 저, 김윤경 역, 《왜 리더인가》, 다산북스, 2021
Danny Denhard, 'Founder Mode Explained By Brian Chesky', 2024년 10월 25일
Dan Rose, X 게시물, 2021년 2월 18일
알렉산더 왕, 'DO TOO MUCH', Substack 블로그, 2024

Scene #6: 자원배분의 문제 (100억 원 이상의 돈이 생겼을 때)
사라 프라이어 저, 이경남 역, 《노 필터》, 알에이치코리아, 2021
앤드루 첸 저, 홍경탁 역, 《콜드 스타트》, 알에이치코리아, 2023
크리스 예·리드 호프먼 저, 이영래 역, 《블리츠스케일링》, 쌤앤파커스, 2020
앤드루 S. 그로브 저, 유정식 역, 《편집광만이 살아남는다》, 부키, 2021
'The Series B Trap – And How to Avoid It', 알토스 벤처스 블로그
세바스찬 말라비 저, 안세민 역, 《투자의 진화》, 위즈덤하우스, 2023
피터 틸·블레이크 매스터스 저, 이지연 역, 《제로 투 원》(10주년 기념판), 한국경제신문사(한경비피), 2025
'미수의 심장', 유튜브 채널 '슈카월드 코믹스', 2025년 4월 8일
로널드 A. 하이페츠·알렉산더 그래쇼·마티 린스키 저, 《어댑티브 리더십 1: 발코니에 올라 (변화를 이해하라)》, 진저티프로젝트, 2022
영화, 〈12인의 성난 사람들〉, 1957
피터 F. 드러커 저, 이재규 역, 《피터 드러커 미래경영》, 청림출판, 2013
윌리엄 손다이크 저, 이혜경 역, 《현금의 재발견》, 마인드빌딩, 2019

Scene #7: 레이오프
레이 달리오 저, 고영태 역, 《원칙》, 한빛비즈, 2018
월터 아이작슨 저, 안진환 역, 《스티브 잡스》, 2015
Bill Murphy Jr., '27 Years Ago, Steve Jobs Explained How He Fired People. Here's How He Did It', 〈Inc.〉, 2022년 12월 15일
민태기, '[민태기의 사이언스토리] 챌린저호 비극을 수학으로 분석한 경제학자의 메시지', 〈조선일보〉, 2020년 11월 17일
패티 맥코드 저, 허란·추가영 역, 《파워풀》, 한국경제신문사(한경비피), 2018
벤 호로위츠 저, 안진환 역, 《하드씽》, 한국경제신문사(한경비피), 2021
마크 랜돌프 저, 이선주 역, 《절대 성공하지 못할 거야》, 덴스토리, 2020
영화, 〈머니볼〉, 2011
앤드루 S. 그로브 저, 유정식 역, 《하이 아웃풋 매니지먼트》, 청림출판, 2018
윌 구이다라 저, 우혜림 역, 《놀라운 환대》, 더토브, 2024
찰리 멍거 저, 김태훈 역, 《가난한 찰리의 연감》, 김영사, 2024
모건 하우즐, 'Lazy work, Good work', 콜라보레이티브 펀드 블로그, 2024
워런 버핏, '2024 버크셔 해서웨이 주주 서한', Berkshire Hathaway Inc., 2025년 2월
'A Personal Note From Our Founder', HINDENBURG RESEARCH, 2025년 1월 15일

Scene #8: 주주 관계의 본질

나심 니콜라스 탈레브 저, 김원호 역,《스킨 인 더 게임》, 비즈니스북스, 2019
Neal H. Kissel, Patrick Foley, 'The 3 Challenges Every New CEO Faces',〈하버드 비즈니스 리뷰〉, 2019년 1월 23일
다큐멘터리,〈언노운 노운〉, 2013
이나모리 가즈오 저, 김욱송 역,《이나모리 가즈오의 회계경영》, 다산북스, 2022
세바스찬 말라비 저, 안세민 역,《투자의 진화》, 위즈덤하우스, 2023
'The Series B Trap – And How to Avoid It', 알토스 벤처스 블로그
김규현 저,《엑시트 바이블》, 경이로움, 2023
츠다 마사미 글그림,《그 남자! 그 여자!》, 학산문화사, 2011
드라마,〈왕좌의 게임 시즌 5〉, 2015

Scene #9: 끝을 향한 여정 Part 1

허브 코헨 저, 양진성 역,《허브 코헨의 협상의 기술 1》, 김영사, 2021
야마구치 츠바사 글그림,《블루 피리어드》, 시프트코믹스, 2022
드라마,〈쇼군〉, 2024
'M&A 절대 쉽지 않습니다', 유튜브 채널 '오늘부터 회계사', 2024년 12월 11일
마리사 킹 저, 정미나 역,《인생을 바꾸는 관계의 힘》, 비즈니스북스, 2022
무라카미 하루키 저, 홍은주 역,《도시와 그 불확실한 벽》, 문학동네, 2023

Scene #10: 끝을 향한 여정 Part 2

레이 달리오 저, 고영태 역,《원칙》, 한빛비즈, 2018
'RACI 차트의 이해 및 사용', 아틀라시안 홈페이지
윌 구이다라 저, 우혜림 역,《놀라운 환대》, 더토브, 2024
벤 호로위츠 저, 안진환 역,《하드씽》, 한국경제신문사(한경비피), 2021
찰리 멍거 저, 김태훈 역,《가난한 찰리의 연감》, 김영사, 2024
샘 월턴·존 휴이 저, 정윤미 역,《월마트, 두려움 없는 도전》, 라이팅하우스, 2022
팟캐스트, '씨네마운틴', 2020-2023
'[#유퀴즈온더블럭] (1시간) "기쁘다 연느 오셨다" 동반 출연 케미 기대하게 만드는 커플 1위 김연아×고우림 러브 스토리', 유튜브 채널 '디글', 2023년 6월 29일
무라카미 하루키 저, 김유곤 역,《신의 아이들은 모두 춤춘다》, 문학사상, 2024

에필로그

아라카와 히로무 글그림,《강철의 연금술사 완전판 1》, 학산문화사, 2012

실패를 통과하는 일
비전, 사람, 돈을 둘러싼 어느 창업자의 기록

2025년 9월 19일 초판 1쇄 발행
2026년 1월 6일 초판 16쇄 발행

지은이 박소령

펴낸이 김은경
편집 권정희, 한혜인
마케팅 김예은
디자인 황주미
경영지원 이연정
펴낸곳 ㈜북스톤
주소 서울시 성동구 왕십리로6길 4-5 2층
대표전화 02-6463-7000
팩스 02-6499-1706
이메일 info@book-stone.co.kr
출판등록 2015년 1월 2일 제 2018-000078호

ⓒ 박소령
(저작권자와 맺은 특약에 따라 검인을 생략합니다)

ISBN 979-11-7523-008-8 (03320)

- 이 책은 저작권법에 따라 보호받는 저작물이므로 무단전재와 무단복제를 금지하며, 이 책 내용의 전부 또는 일부를 이용하려면 반드시 저작권자와 북스톤의 서면동의를 받아야 합니다.
- 책값은 뒤표지에 있습니다.
- 잘못된 책은 구입처에서 바꿔드립니다.

북스톤은 세상에 오래 남는 책을 만들고자 합니다. 이에 동참을 원하는 독자 여러분의 아이디어와 원고를 기다리고 있습니다. 책으로 엮기를 원하는 기획이나 원고가 있으신 분은 연락처와 함께 이메일 info@book-stone.co.kr로 보내주세요. 돌에 새기듯, 오래 남는 지혜를 전하는 데 힘쓰겠습니다.